本作品受广州市宣传文化出版资金资助

收入分配演进对中等收入阶段生产率提升的影响机制研究

RESEARCH ON THE INFLUENCE MECHANISM OF
INCOME DISTRIBUTION EVOLUTION ON
PRODUCTIVITY IMPROVEMENT IN MIDDLE-INCOME STAGE

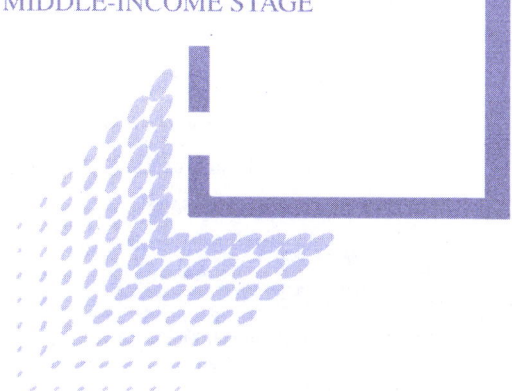

李景睿 著

图书在版编目（CIP）数据

收入分配演进对中等收入阶段生产率提升的影响机制研究／李景睿著．—北京：经济管理出版社，2020.10
ISBN 978-7-5096-7588-5

Ⅰ.①收⋯　Ⅱ.①李⋯　Ⅲ.①收入分配—影响—劳动—生产率—研究—中国
Ⅳ.①F249.22

中国版本图书馆 CIP 数据核字（2020）第 169716 号

组稿编辑：丁慧敏
责任编辑：丁慧敏
责任印制：黄章平
责任校对：陈晓霞

出版发行：经济管理出版社
　　　　　（北京市海淀区北蜂窝 8 号中雅大厦 A 座 11 层　100038）
网　　址：www.E-mp.com.cn
电　　话：（010）51915602
印　　刷：北京玺诚印务有限公司
经　　销：新华书店
开　　本：720mm×1000mm/16
印　　张：15.75
字　　数：276 千字
版　　次：2020 年 10 月第 1 版　2020 年 10 月第 1 次印刷
书　　号：ISBN 978-7-5096-7588-5
定　　价：78.00 元

·版权所有　翻印必究·
凡购本社图书，如有印装错误，由本社读者服务部负责调换。
联系地址：北京阜外月坛北小街 2 号
电话：（010）68022974　邮编：100836

序

当今世界面临百年未有之大变局，中国发展仍处于重要战略机遇期。在全球收入分配的演进过程中，中国正在扮演着一个越来越重要的角色。如何利用中等收入阶段收入分配改革的契机，通过逆转传统比较优势，实行"有限赶超"战略；如何通过适当的收入分配演进路径，推动内需与外需的交互促进，实现增长方式转变和人民福利改善的良性互动是该书的研究初衷。

纵观经济发展的现代历史，在技术和产业革命加速的过程中，常常伴随着收入差距扩大的趋势。20世纪中叶以来的信息技术革命和人工智能革命，使这种趋势更加明显。伴随着从工业社会向知识社会的转型和全球化，发达国家收入分配的两极分化已成为一个较为棘手的政治、经济问题。而以中国为首的新兴工业化国家，如何吸取发达国家的经验教训，利用制度优势和后发优势，既能通过收入分配的激励作用促进创新，提高生产率和促进产业升级，又能抑制收入差距的扩大，实现全民的共同富裕，是一个十分重要的研究课题，也是中国摆脱"中等收入陷阱"面临的实际挑战，具有重要的理论创新可行性。

本书从人力资本、经济转型、需求升级、技术进步4个方面研究了中国的收入分配对生产率提升的影响机制。每个部分先通过国际比较，再具体分析中国的演进和现实，并研究了中国收入再分配和个人所得税问题，对中国工业化、城市化、全球化和信息化中期发展阶段如何通过创新实现高质量发展，提供了一个十分有启发性的观察角度，也对中国如何跨越"中等收入陷阱"，最终缩小与发达国家的差距提供了清晰的对比和冷静的思考。

改革开放40多年以来，中国在全球范围的快速增长，减少了本国的绝对贫困人口数量。在经济增长进入新常态的今天，中国社会不得不在整体的经济发展和进一步的增长之间进行选择。人力资本积累与经济转型、需求升级与技术进步、本土消费与国际贸易、收入分配与税收政策之间并非孤立的存在，而是具有或多或少的关联性。该书系统梳理了收入分配与各个要素之间的内在联系，为多角度探讨收入分配演进对中等收入阶段生产率提升的影响机制提供了一种新的思路。

前言

按照世界银行的划分标准，2001年中国的人均GDP达到1053美元，进入了中等偏下收入国家的行列；2010年达到4524美元，进入了中等偏上收入国家的行列；2018年达到9771美元，正处在与20世纪90年代拉美国家跌入"中等收入陷阱"（Middle Income Trap）时相似的发展阶段。中等收入阶段是一国经济发展的重要阶段，能否顺利发展并跻身高收入水平国家行列取决于经济总量的扩张，更取决于经济增长质量的提升。衡量经济增长质量的重要宏观指标是全要素生产率的提升。

世界银行在《东亚经济发展报告（2006）》中提出"中等收入陷阱"概念：一个经济体从中等收入向高收入迈进的过程中，既无法在工资方面与低收入国家竞争，又无法在尖端技术研制方面与富裕国家竞争，往往陷入了经济增长和生产率提升的停滞期。鲜有中等收入的经济体能够成功跻身高收入国家。国际上公认的成功跨越"中等收入陷阱"的国家只有日本和韩国；拉美地区和东南亚的一些国家则是陷入"中等收入陷阱"的典型代表，如阿根廷、墨西哥、菲律宾和马来西亚。

"中等收入陷阱"发生的原因主要是低端制造业转型失败，而高端制造业又难以一蹴而就，经济增长难以从量的扩张转变到质的提升。而这一现象的根源在于收入差距扩大导致国内消费需求不足，投资结构不合理使得产业结构升级困难，出口产品技术水平低下而易受外部经济冲击等。其中，收入分配问题是基础。收入分配不仅通过影响一国的需求水平和需求结构作用于消费升级，还通过影响人力资本投资和要素禀赋结构作用于产业升级，并通过比较优势和国际分工影响出口升级。从收入分配的角度探讨生产率提升的机制和路径，对于成功跨越"中等收入陷阱"，实现经济增长从量的扩张转变到质的提升具有现实意义。

首先，形成收入分配演进与生产率提升的良性互动机制是实现经济可持续发展的关键。按照世界银行的标准，当前我国已经进入中等偏上收入国家的行

收入分配演进对中等收入阶段生产率提升的影响机制研究

列,这是一个挑战与机遇并存的时期。一方面,随着刘易斯转折点的到来和人口红利的消失,中国迫切需要把经济增长的驱动基础,从依靠生产要素投入和农业向非农产业转变这种资源重新配置效应,转向依靠全要素生产率的提高。另一方面,经济增长驱动力的改变和社会运行矛盾的凸显孕育着收入分配机制的重大改革,适当的收入分配演进路径可使中国成功跻身高收入国家,反之则有可能使中国长期陷入中等收入陷阱。正是在这样的背景之下,党的十八届三中全会报告明确指出"让一切劳动、知识、技术、管理、资本的活力竞相迸发,让一切创造社会财富的源泉充分涌流,让发展成果更多更公平惠及全体人民……推动经济更有效率、更加公平、更可持续发展"。

其次,适当的收入分配演进在中等收入阶段生产率提升过程中起到了举足轻重的作用。随着人均 GDP 的不断提高,中国经济增长的驱动力经历了从劳动、物质资本向人力资本和技术升级转变的过程。收入分配在经济增长方式转变和技术进步的过程中扮演着重要的角色。基于要素供给的角度,收入分配通过家庭的教育投资从而影响人力资本积累,人力资源禀赋是国内经济转型和国际贸易分工的关键因素。基于产品需求的角度,消费者的收入分配状况通过影响其质量偏好和支付能力从而决定企业的技术选择和产业结构,本土市场需求结构优化是出口产品质量升级的重要影响因素。适当的收入分配演进不仅可以通过人力资本积累促进经济转型,还可以通过需求升级促进技术进步,从而实现生产率提升和人民福利改进的良性互动。

总体而言,收入分配在中等收入阶段生产率提升过程中起到了举足轻重的作用。中国当前如果仍然追求过去的粗放型增长,由于传统的劳动密集型产品的比较优势逐渐丧失而高质量水平产品的比较优势又尚未形成,经济发展将失去竞争优势并有可能陷入困境。在当前中国经济运行从高速增长转到了7%左右的中高速增长的新常态阶段,是经济向形态更高级、分工更复杂、结构更合理的阶段演进的过程,对经济转型、产业升级、创新驱动提出了更高的要求。

本书从供给和需求视角,采用跨国数据进行比较分析,同时结合中国的现实探析,综合探讨了收入分配对中等收入阶段生产率提升的影响机制,并测度了其影响效应。本书的结构安排如下:第一章,收入分配对中等收入阶段生产率提升的影响——总体特征与文献回顾;第二章,收入分配对中等收入阶段生产率提升的影响——人力资本;第三章,收入分配对中等收入阶段生产率提升的影响——经济转型;第四章,收入分配对中等收入阶段生产率提升的影响——需求升级;第五章,收入分配对中等收入阶段生产率提升的影响——技术进步;第六章，中国居民收入再分配意愿与个人所得税的影响。本书第一章至第五章由李景睿完成；第六章第一节由李景睿、李亚美完成，第二节由李景睿、陈淑仪完成。作者的研究生李珊珊对全书进行了校对和部分数据的更新工作，在此对她表示感谢。全书各个章节相对独立又有内在联系，多角度阐析了收入分配对中等收入阶段生产率提升之影响这一主题。

本书的写作和出版得到了国家社科基金青年项目（14CJL009）和广州市宣传文化出版资金的资助。

本书汇集了作者的一些观点，难免有失偏颇，意欲抛砖引玉，欢迎各位朋友批评指正。期待在不断的学术探索中让我们的认识更接近真理。

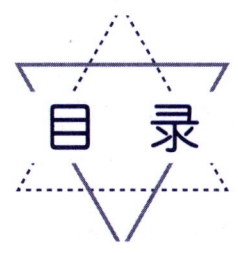

目 录

第一章 收入分配对中等收入阶段生产率提升的影响
——总体特征与文献回顾 …………………………………… 1

第一节 中国收入分配与生产率演变的总体特征 /1
    一、中国收入分配的现状及其演变 /2
    二、中国生产率演变的特征及趋势 /14
第二节 收入分配对生产率提升的影响文献综述 /21
    一、收入分配、要素供给与生产率提升 /21
    二、收入分配、产品需求与生产率提升 /24
    三、收入分配对生产率提升的影响机制 /27

第二章 收入分配对中等收入阶段生产率提升的影响
——人力资本 …………………………………………………… 31

第一节 收入分配对国民受教育水平的影响
        ——国际比较 /31
    一、收入分配对国民受教育水平的影响概述 /32
    二、收入分配对国民受教育水平的影响文献 /33
    三、收入分配对国民受教育水平的影响机制 /35
    四、收入分配对国民受教育水平的影响效应 /41
    五、结论与启示 /52
第二节 收入分配对高等教育入学率的影响
        ——中国现实 /53
    一、收入分配对高等教育入学率的影响概述 /54
    二、收入分配与高等教育入学率的现状分析 /55

三、收入分配对高等教育入学率的影响效应 /56
四、结论与启示 /63

第三章 收入分配对中等收入阶段生产率提升的影响
——经济转型 ………………………………………… 65

第一节 人力资本、经济转型与出口复杂度提升
　　　　——国际比较 /65
　一、人力资本、经济转型与出口复杂度的关系概述 /66
　二、人力资本、经济转型对出口复杂度的影响机制 /67
　三、人力资本与出口复杂度的相关变量测度 /69
　四、人力资本、经济转型对出口复杂度的实证分析 /71
　五、结论与启示 /81

第二节 收入分配、比较优势与出口技术升级
　　　　——中国现实 /82
　一、收入分配、比较优势与出口技术升级的关系概述 /82
　二、收入分配、比较优势对出口技术升级的影响机制 /84
　三、收入分配、比较优势对出口技术升级的实证分析 /88
　四、收入分配、比较优势对出口技术升级的现实解析 /94
　五、结论与启示 /97

第四章 收入分配对中等收入阶段生产率提升的影响
——需求升级 ………………………………………… 99

第一节 收入分配、本土需求与出口质量提升
　　　　——国际比较 /99
　一、收入分配、本土需求与出口质量提升的关系概述 /100
　二、收入分配、本土需求对出口质量提升的影响机制 /101
　三、收入分配、本土需求对出口质量提升的实证分析 /105
　四、结论与启示 /117

第二节 收入分配、本土需求与出口技术升级
　　　　——金砖国家 /118
　一、收入分配、本土需求与出口技术升级的关系概述 /119

二、收入分配、本土需求与出口技术升级的相关文献 /120

三、收入分配、本土需求对出口技术升级的实证分析 /122

四、收入分配、本土需求与出口技术升级的现实解析 /126

五、结论与启示 /130

第五章 收入分配对中等收入阶段生产率提升的影响
——技术进步 …………………………………………… 133

第一节 收入分配与技术进步的关系
——金砖国家 /133

一、收入分配与技术进步的关系概述 /134

二、收入分配与技术进步的文献回顾 /135

三、金砖国家技术进步指标演变趋势 /136

四、收入差距对技术进步的影响实证 /140

五、结论与启示 /146

第二节 收入分配与技术进步的关系
——中国现实 /146

一、技术进步对中国经济转型的作用 /147

二、收入分配对技术进步的影响文献 /148

三、中国技术进步相关指标演变趋势 /149

四、收入分配对技术进步的影响实证 /153

五、结论与启示 /158

第六章 中国居民收入再分配意愿与个人所得税的影响 …………… 161

第一节 中国居民的收入再分配意愿 /161

一、研究中国居民收入再分配的意义 /162

二、居民收入再分配意愿的相关文献 /164

三、中国居民的收入再分配意愿回顾 /170

四、中国居民的收入再分配意愿实证分析 /175

五、结论与启示 /186

第二节 个人所得税对收入分配的影响 /189

一、个人所得税对调节收入分配的作用 /189

二、个人所得税调节收入分配的文献回顾 /190

三、我国个人所得税制度概述 /193
四、我国城乡居民收入演变趋势 /205
五、个人所得税对调节收入分配的实证分析 /208
六、结论与启示 /215

第七章 总　结 …………………………………………………… 217
一、内容总结 /217
二、主要结论 /218
三、政策建议 /221

参考文献 ………………………………………………………… 223

第一章
收入分配对中等收入阶段生产率提升的影响
——总体特征与文献回顾

改革开放以来中国经济的高速增长，主要来自两个源泉：一是激励制度变革带来的要素使用效率的提高，二是矫正扭曲的经济结构带来的资源配置效率的提高。两者都因起始点与常态增长模式之间的差距，可以获得"趋同效应"，即不是从技术创新前沿上起步的，而是一种"趋同"类型的新古典经济增长（Barro，1995）。然而，这种源于后发优势的要素驱动型经济增长不可避免地面临可持续性问题。剩余劳动力终将吸收殆尽，资本报酬递减规律难以突破。根据索洛（1956）和斯旺（1956）的新古典增长理论，以及卢卡斯（1988，1993）和 Young（1991）等的内生增长理论，经济持久增长的动力必须依赖全要素增长率的提高。

全要素生产率的提升既取决于研发投入、人力资本、基础设施、制度环境等供给因素的驱动，也离不开需求规模、需求结构、需求层次等需求因素的作用，而收入分配是影响要素供给、产品需求和生产率提升的关键变量。本章先回顾了中国收入分配与生产率演变的总体特征，然后基于以往收入分配对生产率提升的影响文献提出本书的研究思路与框架。

第一节 中国收入分配与生产率演变的总体特征

改革以来中国经济经历了 40 多年的高速增长，但随之而来的是收入差距的持续扩大。2000 年以来，我国的基尼系数持续高于国际公认的 0.4 警戒线，2008 年达到 0.491 的高位，2017 年还处于 0.467 的水平。收入不平等不仅会导致居民健康水平下降，犯罪率居高不下以及教育资源不均衡等一系列社会问题；

收入分配演进对中等收入阶段生产率提升的影响机制研究

也会引发消费需求不足,企业投资乏力,出口结构低下等经济问题。随着中国经济增长动力从总量扩张向质量提升过渡,收入分配的作用愈加凸显。从收入分配的角度探讨生产率提升的机制必须先了解中国的收入分配与生产率演变的总体特征。

一、中国收入分配的现状及其演变

(一) 收入分配的衡量指标

衡量收入差距的指标有很多,常用的有基尼系数、库兹涅茨指数、贫困指数、阿鲁瓦利亚指数、收入不良指数等,下面我们对这些指数进行简单的介绍。

1. 基尼系数

基尼系数是国际上通用的、用以衡量一个国家或地区居民收入差距的常用指标。基尼系数介于 0~1,和收入分配呈正相关,基尼系数越大,表示不平等程度越高。收入差距绝对平均时基尼系数为 0,收入分配绝对不平均时基尼系数为 1。按照目前国际惯例:基尼系数为 0.2 以下表示收入分配非常平均,0.2~0.3 表示收入分配比较平均,0.3~0.4 表示收入差距比较合理,0.4~0.5 表示收入差距较大,0.5 表示收入差距悬殊。0.4 是基尼系数的警戒水平,超过这一数值容易产生社会动荡。

2. 库兹涅茨指数

库兹涅茨指数是指一个国家或地区中最富有的 20% 的人口所占有的收入份额。这一指数最低为 0.2,指数越大表明收入差距越大,指数越小表明收入差距越小。库兹涅茨指数计算简便,对数据的完整性要求没有基尼系数严格,但能直接反映收入分配两极分化的程度,克服了基尼系数对两极收入变化缺乏敏感性的问题。

3. 贫困指数

贫困指数是指处于贫困线以下的人口占总人口的比例。计算贫困指数要先确定某一个收入水平为贫困线,通常以满足基本生活水平所需要的收入作为贫困线的标准。贫困指数越大则贫困人数越多,收入差距也就越大。贫困指数只能反映贫困人口占总人数的比例,但不能准确反映贫困人口的收入状况,所以难以对收入分配进行准确系统的衡量。

4. 阿鲁瓦利亚指数

阿鲁瓦利亚指数是指一个国家或地区最低收入的40%人口所占收入与这个国家或地区总收入之比，阿鲁瓦利亚指数的最大值为0.4。阿鲁瓦利亚指数的大小与收入差距负相关，指数越小表明收入差距越大。阿鲁瓦利亚指数只反映了低收入群体的状况，而忽略了其他收入组，所以难以对收入分配进行准确系统的衡量。

5. 收入不良指数

收入不良指数是指一个国家或地区最高收入的20%人口所占收入与最低收入的20%人口所占收入份额之比。这一指数的最小值为1，指数的大小与收入差距正相关。一般认为，收入不良指数小于3表示收入分配高度均等，3~6表示收入分配相对均等，6~9表示收入分配相对合理，9~12表示收入分配差距相对较大，12~15表示收入分配差距过大，15以上表示收入分配差距极其严重。收入不良指数仅考虑最高收入组和最低收入组，难以反映一个国家或地区的总体收入分配状况。

综上所述，基尼系数相对于其他指标有以下优点：①基尼系数是用具体的数值衡量收入分配状况，易于对不同国家或地区进行比较和定量分析。②基尼系数的计算方法相对较多，易于收集资料进行比较和研究。③基尼系数具有规模不变性的特性，易于对拥有不同人口规模的国家或地区进行比较。④基尼系数是国际上通用的衡量收入差距指标，易于进行跨国比较研究。有鉴于此，本书在以下分析中主要选取基尼系数作为衡量收入差距的指标。

(二) 收入差距的国际比较

根据库兹涅茨的倒"U"形假定，收入差距会随着经济发展水平的提高而演变，呈先上升而后下降的倒"U"形变化趋势。我们选取跨国数据，直观探讨这一规律。

我们选择世界公布的数据完整的194个国家或地区，从左至右根据2016年各国家或地区人均GDP由高到低排序。比较它们的基尼系数与人均GDP之间的关系发现：随着人均GDP由高到低的演变，基尼系数呈先上升后下降的趋势（见图1-1）。

如果以各国人均GDP为横坐标，基尼系数为纵坐标，画出两者之间的散点图，我们发现收入差距与人均GDP在一定程度上呈现倒"U"形关系（见图1-2）。当我们选取人均GDP为0~60000美元这些国家的数据进行分

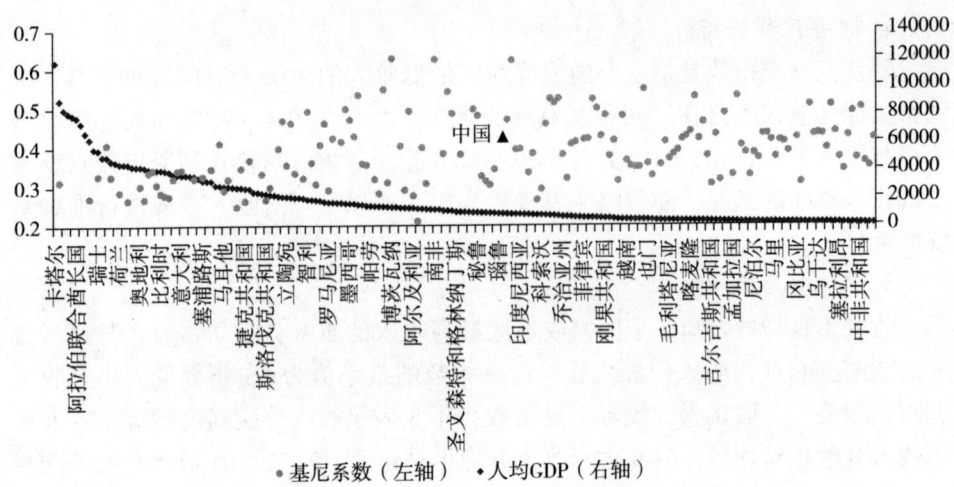

图 1-1 收入差距的国际比较

注：基尼系数和人均 GDP 选择的是 194 个国家或地区 2000~2016 年的平均值。图 1-1 中横坐标对应的是 194 个国家或地区，从左至右根据 2016 年各国家或地区人均 GDP 由高到低排序，分别为卡塔尔、卢森堡、中国澳门、文莱达鲁萨兰国、科威特、阿拉伯联合酋长国、圣马力诺、新加坡、挪威、百慕大、瑞士、开曼群岛、美国、爱尔兰、沙特阿拉伯、荷兰、中国香港、丹麦、阿曼、巴林、奥地利、瑞典、加拿大、澳大利亚、德国、比利时、冰岛、芬兰、法国、英国、意大利、圣马丁岛、阿鲁巴岛、日本、波多黎各、塞浦路斯、新西兰、西班牙、赤道几内亚、以色列、马耳他、韩国、特立尼达和多巴哥、斯洛文尼亚、希腊、捷克共和国、葡萄牙、利比亚、巴哈马群岛、爱沙尼亚、斯洛伐克共和国、匈牙利、圣基茨和尼维斯、俄罗斯联邦、塞舌尔、立陶宛、马来西亚、波兰、安提瓜岛和巴布达、克罗地亚、智利、拉脱维亚、哈萨克斯坦、土耳其、阿根廷、罗马尼亚、加蓬、巴巴多斯、伊朗、委内瑞拉、墨西哥、乌拉圭、巴拿马、毛里求斯、保加利亚、帕劳、黎巴嫩、白俄罗斯、巴西、黑山共和国、博茨瓦纳、苏里南、泰国、伊拉克、哥斯达黎加、阿尔及利亚、阿塞拜疆、马尔代夫、塞尔维亚、圣卢西亚、南非、格林纳达、马其顿、哥伦比亚、多米尼加共和国、圣文森特和格林纳丁斯、突尼斯、多米尼加、土库曼斯坦、厄瓜多尔、秘鲁、波斯尼亚和黑塞哥维那、埃及、阿尔巴尼亚、约旦、瑙鲁、中国、牙买加、纳米比亚、斯里兰卡、印度尼西亚、伯利兹、蒙古、斐济、乌克兰、科索沃、萨尔瓦多、斯威士兰、巴拉圭、危地马拉、乔治亚州、亚美尼亚、摩洛哥、不丹、圭亚那、菲律宾、萨摩亚、玻利维亚、佛得角、安哥拉、刚果共和国、汤加、尼日利亚、巴基斯坦、尼加拉瓜、越南、印度、老挝、乌兹别克斯坦、洪都拉斯、也门、摩尔多瓦、马绍尔群岛、苏丹、密克罗尼西亚、毛利塔尼亚、缅甸、图瓦卢、巴布新几内亚、加纳、喀麦隆、赞比亚、科特迪瓦、南苏丹、瓦努阿图、吉尔吉斯共和国、吉布提、圣多美和普林西比、肯尼亚、柬埔寨、孟加拉国、莱索托、塞内加尔、坦桑尼亚、塔吉克斯坦、尼泊尔、基里巴斯、津巴布韦、贝宁、所罗门群岛、马里、乍得、海地、几内亚、厄立特里亚、冈比亚、东帝汶、阿富汗、科摩罗、马达加斯加、乌干达、几内亚比绍、布吉纳法索、卢旺达、多哥、塞拉利昂、埃塞俄比亚、马拉维、莫桑比克、尼日尔、中非共和国、布隆迪、利比里亚、刚果民主共和国。

数据来源：世界银行 WDI 2000~2016。

析时[见图1-2（b）]，收入差距与人均GDP之间的倒"U"形关系更加明显。

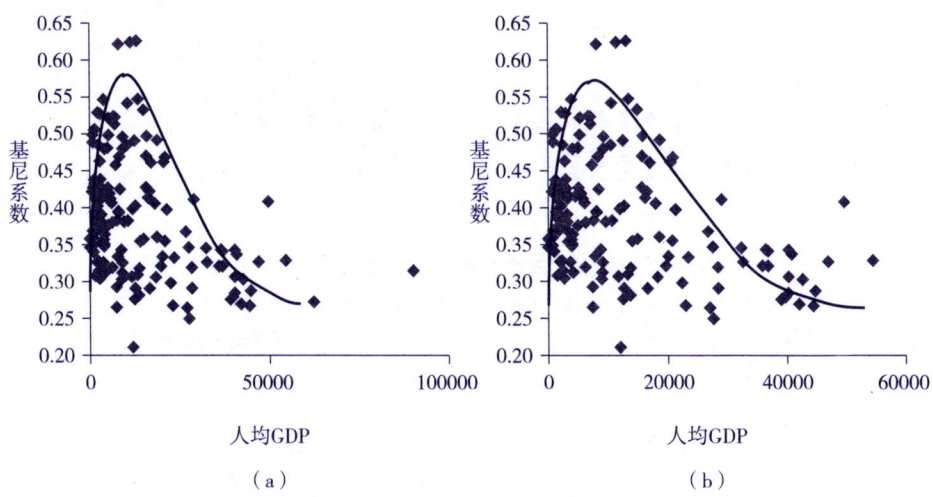

图1-2 收入差距与人均GDP的倒"U"形关系

注：基尼系数和人均GDP选择的是194个国家或地区2000~2016年的平均值。（a）和（b）所截取的人均GDP范围不同。

数据来源：世界银行WDI 2000~2016。

中国2017年的基尼系数为0.467，人均GDP为8759美元。跨国比较来看，中国当前的收入差距处在偏高的水平。但是收入差距偏高是处于中等收入水平经济体的普遍特征，收入分配对中等收入经济体生产率提升的影响是一个复杂的过程，有待进一步探讨。

(三) 收入差距的中国现实

1. 全国收入差距的演变

（1）基尼系数的演变。从全国范围来看，1990年以来我国经济实现快速增长，GDP增速处于世界领先水平。与此同时，收入分配格局也随之发生非常大的变化，我国收入分配不公的问题逐渐突出，收入不平等成为社会公众普遍关注的社会问题。2001年以来，我国的基尼系数持续处于0.45的高位水平（见图1-3）。

（2）衡量收入差距的三项指数比较（见表1-1）。中国的基尼系数和库兹

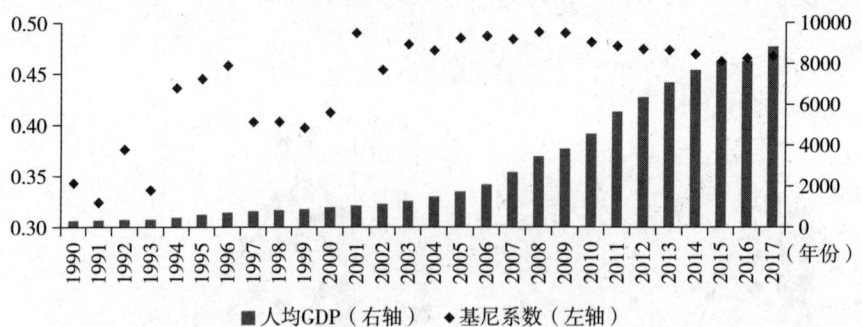

图1-3 1990~2017年中国基尼系数与人均GDP的关系

数据来源:基尼系数1990年、1993年、1996年、1999年、2002年的数据来源于世界银行;2000年、2003~2017年的数据来源于国家统计局;其他年份数据来源于作者计算。人均GDP的数据采用当前价美元表示,数据来源于WDI。

涅茨指数近年来有所下降,但收入不良指数有上升的趋势。由于我国按收入五等分分组的人均可支配收入原始数据是分城镇和农村部门统计的,我们只能分别计算出城镇和农村部门库兹涅茨指数和收入不良指数。如果考虑到城乡收入差距,全国范围的库兹涅茨指数和收入不良指数会更大。

表1-1 2000~2017年衡量收入差距的三项指数比较演变

年份	基尼系数	库兹涅茨指数		收入不良指数	
	全国	城镇	农村	城镇	农村
2000	0.412	0.348	0.425	3.608	6.471
2001	0.490	0.357	0.432	3.814	6.765
2002	0.454	0.397	0.437	5.099	6.888
2003	0.479	0.405	0.444	5.302	7.330
2004	0.473	0.410	0.434	5.519	6.883
2005	0.485	0.413	0.438	5.701	7.259
2006	0.487	0.411	0.435	5.564	7.167
2007	0.484	0.408	0.435	5.495	7.269
2008	0.491	0.412	0.437	5.707	7.528
2009	0.490	0.408	0.441	5.566	7.951

续表

年份	基尼系数	库兹涅茨指数		收入不良指数	
	全国	城镇	农村	城镇	农村
2010	0.481	0.404	0.436	5.412	7.514
2011	0.477	0.404	0.440	5.350	8.389
2012	0.474	0.393	0.439	4.970	8.207
2013	0.473	0.394	0.437	4.932	8.235
2014	0.469	0.398	0.426	5.492	8.651
2015	0.462	0.391	0.425	5.321	8.431
2016	0.465	0.391	0.430	5.410	9.462
2017	0.467	0.424	0.466	5.618	9.479

数据来源：中国国家统计局。

2. 各省收入差距的演变

（1）基尼系数的演变。从各省的情况来看，中国幅员辽阔，各省市的收入差距存在较大的差异，并且与人均GDP密切相关。部分省市2003~2015年收入差距与人均GDP的相关数据表明，收入不平等与各省市人均GDP存在较为明显的负相关关系（见图1-4）。

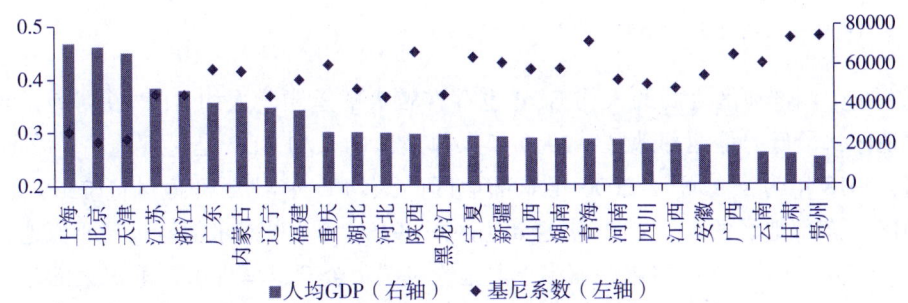

图1-4 部分省市基尼系数与人均GDP的关系

注：图中横坐标从左至右根据2003~2015年各省市人均GDP平均值由高到低排序，分别为上海、北京、天津、江苏、浙江、广东、内蒙古、辽宁、福建、重庆、湖北、河北、陕西、黑龙江、宁夏、新疆、山西、湖南、青海、河南、四川、江西、安徽、广西、云南、甘肃、贵州。

数据来源：各省市的基尼系数是作者参考田卫民（2012）的计算方法计算所得，取2003~2015年平均值。

（2）人均收入的演变。我国各省市由于地理位置、资源禀赋、政策倾斜等多方面的不同，经济发展存在较大的差距。人均GDP最高的是北京，最低的是甘肃。2000年北京的人均GDP是甘肃的5.85倍，2018年为4.47倍。2000年北京的人均GDP比甘肃高18621元，2018年北京的人均GDP比甘肃高108875元。虽然最高省市与最低省市人均GDP的相对差距倍数在缩小，但是绝对差距金额呈现出逐渐扩大的趋势（见图1-5）。

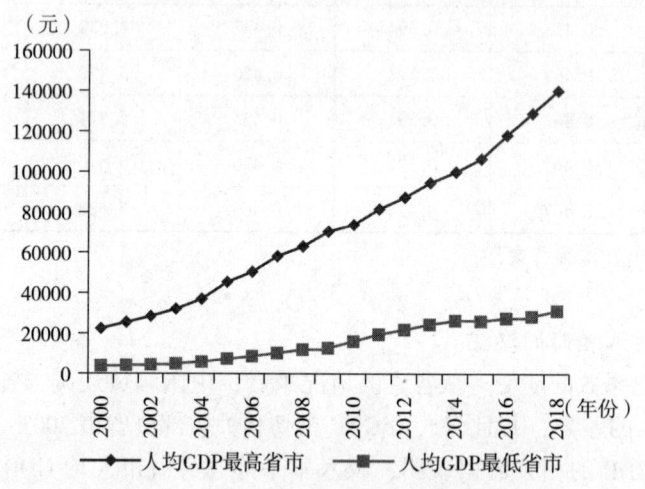

图1-5 最高与最低省市的人均GDP差距

注：人均GDP取当年价数值。

数据来源：《中国统计年鉴》。

东中西部地区之间的人均GDP也存在较大的差距。人均GDP最高的是东部地区，最低的是西部地区。2000年东部地区的人均GDP是西部地区的2.63倍，2018年为1.81倍。2000年东部地区的人均GDP比西部地区高7566元，2018年东部地区的人均GDP比西部地区高39139元。虽然东部地区与西部地区人均GDP的相对差距倍数在缩小，但是绝对差距金额也呈现出逐渐扩大的趋势（见图1-6）。

3. 城乡收入差距的演变

（1）城镇居民收入演变。从我国城镇和农村居民人均可支配收入的演变来看，各阶层的收入悬殊。表1-2和表1-3分别是我国2000~2017年城镇居民和农村居民按五等分法取得的人均可支配收入的演变情况。2000~2017年，虽然我国城镇居民各阶层的人均可支配收入都呈上升趋势，但收入差距也持续扩大。

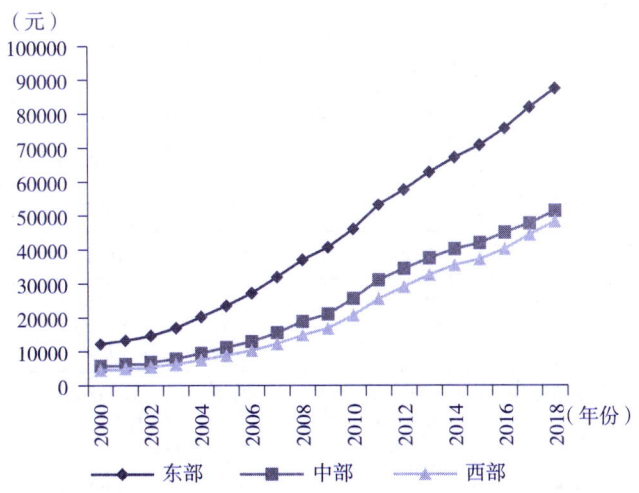

图 1-6　东中西部地区的人均 GDP 差距

注：人均 GDP 取当年价数值。

数据来源：《中国统计年鉴》。

2000~2017 年高收入和低收入阶层的收入差一直在增加，从 2000 年的 8167 元到 2017 年的 63374 元，2017 年的差值是 2000 年的 7.76 倍。2008 年城镇可支配收入最高组达到了 34667.8 元，最低组收入为 6074.9 元，最高组人均可支配收入为最低组人均可支配收入的 5.71 倍，是历年来的最大值，最高组人均可支配收入为平均值的 2.06 倍，最低组人均可支配收入为平均值的 0.38。在 2008 年之后的几年里，最高组除以最低组的数值倍数在下降，最高组除以平均值的数值倍数也在下降，但最高组与最低组之间的差值一直在增大。到了 2017 年最高组除以最低组的数值倍数为 5.62，最高组除以平均值的数值倍数为 1.98，虽然没有达到 2008 年的最高值，但我国城镇居民内部收入差距仍然明显（见表 1-4、表 1-5）。

表 1-2　2000~2017 年按五等分法城镇居民人均可支配收入

年份	低收入（元）	中等偏下（元）	中等（元）	中等偏上（元）	高收入（元）
2000	3132.0	4623.5	5897.9	7487.4	11299.0
2001	3319.7	4946.6	6366.2	8164.2	12662.6
2002	3032.1	4932.0	6656.8	8869.5	15459.5
2003	3295.4	5377.3	7278.8	9763.4	17471.8

续表

年份	低收入（元）	中等偏下（元）	中等（元）	中等偏上（元）	高收入（元）
2004	3642.2	6024.1	8166.5	11050.9	20101.6
2005	4017.3	6710.6	9190.1	12603.4	22902.3
2006	4567.1	7554.2	10269.7	14049.2	25410.8
2007	5364.3	8900.5	12042.2	16385.8	29478.9
2008	6074.9	10195.6	13984.2	19254.1	34667.8
2009	6725.2	11243.6	15399.9	21018.0	37433.9
2010	7605.2	12702.1	17224.0	23188.9	41158.0
2011	8788.9	14498.3	19544.9	26420.0	47021.0
2012	10353.8	16761.4	22419.1	29813.7	51456.4
2013	11433.7	18482.7	24518.3	32415.1	56389.5
2014	11219.3	19650.5	26650.6	35631.2	61615.0
2015	12230.9	21446.2	29105.2	38572.4	65082.2
2016	13004.1	23054.9	31521.8	41805.6	70347.8
2017	13723.1	24550.1	33781.3	45163.4	77097.2

数据来源：《中国统计年鉴》。

表1-3　2000~2017年按五等分法农村居民人均可支配收入

年份	低收入（元）	中等偏下（元）	中等（元）	中等偏上（元）	高收入（元）
2000	802.0	1440.0	2004.0	2767.0	5190.0
2001	818.0	1491.0	2081.0	2891.0	5534.0
2002	857.0	1548.0	2164.0	3031.0	5903.0
2003	865.9	1606.5	2273.1	3206.8	6346.9
2004	1007.0	1842.2	2578.6	3608.0	6931.0
2005	1067.2	2018.3	2851.0	4003.3	7747.4
2006	1182.5	2222.0	3148.5	4446.6	8474.8
2007	1346.9	2581.8	3658.8	5129.8	9790.7
2008	1499.8	2935.0	4203.1	5928.6	11290.2
2009	1549.3	3110.1	4502.1	6467.6	12319.1

第一章 收入分配对中等收入阶段生产率提升的影响——总体特征与文献回顾

续表

年份	低收入（元）	中等偏下（元）	中等（元）	中等偏上（元）	高收入（元）
2010	1869.8	3621.2	5221.7	7440.6	14049.7
2011	2000.5	4255.7	6207.7	8893.6	16783.1
2012	2316.2	4807.5	7041.0	10142.1	19008.9
2013	2583.2	5516.4	7942.1	11373.0	21272.7
2014	2768.1	6604.4	9503.9	13449.2	23947.4
2015	3085.6	7220.9	10310.6	14537.3	26013.9
2016	3006.5	7827.7	11159.1	15727.4	28448.0
2017	3301.9	8348.6	11978.0	16943.6	31299.3

数据来源：《中国统计年鉴》。

表1-4　2000~2017年城镇居民可支配收入比值

年份	平均（元）	最高-最低	最高/最低	最高/平均	最低/平均
2000	6488.0	8167.0	3.608	1.742	0.483
2001	7091.9	9342.9	3.814	1.786	0.468
2002	7790.0	12427.4	5.099	1.985	0.389
2003	8637.3	14176.4	5.302	2.023	0.382
2004	9797.1	16459.3	5.519	2.052	0.372
2005	11084.7	18885.0	5.701	2.066	0.362
2006	12370.2	20843.8	5.564	2.054	0.369
2007	14434.3	24114.6	5.495	2.042	0.372
2008	16835.3	28592.9	5.707	2.059	0.361
2009	18364.1	30708.6	5.566	2.038	0.366
2010	20375.6	33552.8	5.412	2.020	0.373
2011	23254.6	38232.1	5.350	2.022	0.378
2012	26160.9	41102.6	4.970	1.967	0.396
2013	28647.8	44955.8	4.932	1.968	0.399
2014	30953.3	50395.8	5.492	1.991	0.362

续表

年份	平均（元）	最高-最低	最高/最低	最高/平均	最低/平均
2015	33287.4	52851.4	5.321	1.955	0.367
2016	35946.8	57343.7	5.410	1.957	0.362
2017	38863.0	63374.1	5.620	1.984	0.353

数据来源：《中国统计年鉴》。

表1-5 2000~2017年农村居民可支配收入比值

年份	平均（元）	最高-最低	最高/最低	最高/平均	最低/平均
2000	2440.6	4388.0	6.471	2.127	0.329
2001	2563.0	4716.0	6.765	2.159	0.319
2002	2700.6	5046.0	6.888	2.186	0.317
2003	2859.8	5481.0	7.330	2.219	0.303
2004	3193.4	5924.0	6.883	2.170	0.315
2005	3537.4	6680.1	7.259	2.190	0.302
2006	3894.9	7292.3	7.167	2.176	0.304
2007	4501.6	8443.8	7.269	2.175	0.299
2008	5171.3	9790.4	7.528	2.183	0.290
2009	5589.6	10769.8	7.951	2.204	0.277
2010	6440.6	12179.9	7.514	2.181	0.290
2011	7628.1	14782.6	8.389	2.200	0.262
2012	8663.1	16692.7	8.207	2.194	0.267
2013	9737.5	18689.5	8.235	2.185	0.265
2014	11254.6	21179.2	8.651	2.128	0.246
2015	12233.6	22928.4	8.431	2.126	0.252
2016	13233.7	25441.5	9.462	2.150	0.227
2017	14374.3	27997.4	9.479	2.177	0.229

数据来源：《中国统计年鉴》。

(2) 城乡居民收入差距（见表1-6）。

表1-6 2000~2017年城乡居民家庭人均收入及恩格尔系数

年份	城镇居民人均可支配收入				农村居民人均纯收入				恩格尔系数	
	绝对数（元）	城镇农村收入比	收入增长率（%）	人口比重（%）	绝对数（元）	农村城镇收入比	收入增长率（%）	人口比重（%）	城镇居民	农村居民
2000	6280.0	2.79	—	36.22	2253.4	0.36	—	63.78	39.4	49.1
2001	6859.6	2.90	9.23	37.66	2366.4	0.34	5.01	62.34	38.2	47.7
2002	7702.8	3.11	12.29	39.09	2475.6	0.32	4.61	60.91	37.7	46.2
2003	8472.2	3.23	9.99	40.53	2622.2	0.31	5.92	59.47	37.1	45.6
2004	9421.6	3.21	11.21	41.76	2936.4	0.31	11.98	58.24	37.7	47.2
2005	10493.0	3.22	11.37	42.99	3254.9	0.31	10.85	57.01	36.7	45.5
2006	11759.5	3.28	12.07	44.34	3587.0	0.31	10.20	55.66	35.8	43.0
2007	13785.8	3.33	17.23	45.89	4140.4	0.30	15.43	54.11	36.3	43.1
2008	15780.8	3.31	14.47	46.99	4760.6	0.30	14.98	53.01	37.9	43.7
2009	17174.7	3.33	8.83	48.34	5153.2	0.30	8.25	51.66	36.5	41.0
2010	19109.4	3.23	11.27	49.95	5919.0	0.31	14.86	50.05	35.7	41.1
2011	21809.8	3.13	14.13	51.27	6977.3	0.32	17.88	48.73	36.3	40.4
2012	24564.7	3.10	12.63	52.57	7916.6	0.32	13.46	47.43	36.2	39.3
2013	26955.1	3.03	9.73	53.73	8895.9	0.33	12.37	46.27	30.1	34.1
2014	29381.0	2.97	9.00	54.77	9892.0	0.34	11.20	45.23	30.0	33.5
2015	31790.3	2.95	8.20	56.10	10772.2	0.34	8.90	43.90	29.7	33.0
2016	33616.3	2.72	7.76	57.35	12363.4	0.37	8.24	42.65	29.3	32.2
2017	36396.2	2.71	8.30	58.52	13432.0	0.37	8.60	41.48	28.6	31.2

数据来源：《中国统计年鉴》。

由表1-6可以看出，无论是城镇居民收入还是农村居民收入，2000~2017年都保持着高速增长的状态，城镇居民收入增长率保持在8%~12%，而农村居民收入增长率则由一开始的 5% 左右增长并维持在了 11% 左右。在这 18 年中，城镇居民人均收入增长率最快的是 2007 年，达到了 17.23%，农村居民人均收入增长率最快的是 2011 年，达到了 17.88%。从恩格尔系数来看，无论是城镇居民还是农村居民恩格系数都呈现出了下降的趋势，这是我国居民生活水平提高的表现。

从收入和人口比重的角度来看，2000 年城镇居民人均可支配收入 6280 元，为农村居民人均纯收入的 2.79 倍，城镇人口占总人口的比重为 36.22%，而农村居民人均纯收入为 2253 元，为城镇居民人均可支配收入的 0.36 倍，人口占总人口的比重为 63.78%。2009 年，城镇居民人均收入扩大为农村居民人均纯收入的 3.33 倍，之后有所下降。经过 17 年的发展，到了 2017 年，城镇居民人均可支配收入 36396 元，城镇居民人均收入为农村居民人均纯收入的 2.71 倍，人口占总人口的比重为 58.52%；农村居民人均纯收入为 13432 元，农村人均收入为城镇居民人均可支配收入的 0.37 倍，人口占总人口的比重为 41.48%。由此可见，我国的居民收入水平虽然有了提高，但是城乡之间的收入差距并没有得到明显改善，这是一个亟须关注的社会问题。

二、中国生产率演变的特征及趋势

（一）中国东中西部地区生产率的测度

从测度一个经济体持久增长潜力的宏观视角而论，全要素生产率（TFP）是一个普遍的指标，然而 TFP 内部结构的变化是经济增长绩效差异更为关键的源泉。TFP 能够分解为两个相互独立又完全互补的部分：前沿技术进步（TC）和技术效率的改变（EC），分别代表经济增长中的创新（Innovation）效应和追赶（Catching up）效应。追赶是生产可能性边界内部点的外移，其对经济增长的拉动是短暂的；而创新是整条生产可能性边界的外移，其对经济增长的拉动是持久的。

本节选择面临经济增长方式转变的中国各个省市作为研究对象，探讨 1990 年以来中国各个省市的前沿技术进步和技术效率的演变。这部分我们可以利用非参数"数据包络分析"（Data Envelopment Analysis, DEA）方法核算出各个城市 TFP 中的 EC 和 TC 份额。

DEA 方法最先由 Farrell（1957）提出，经 Charnes（1978）等的工作而得

以推广。该方法利用线性规划构建有效率的凸性生产可能性边界，与此边界相比可以识别低效率的决策单位及其效率值大小。位于生产可能性边界之上，表明技术是有效率的；在生产可能性边界以下，表明存在技术的非效率问题，而且与前沿边界的距离越远，说明技术效率越低。由于利用线性规划的运算可以避免诸如联立方程组偏差和方程设定误差等计量问题，因而受到研究者的青睐。

一个经济体的技术效率可以通过两条途径来估计：一个是基于投入的技术效率，即在一定产出下，以最小投入与实际投入之比来估计；另一个是基于产出的技术效率，即在一定的投入组合下，以实际产出与最大产出之比来估计。本书使用基于产出的技术效率概念。

假设在每一个时期 $t=1, \cdots, T$，第 $k=1, \cdots, K$ 个经济体使用 $n=1, \cdots, N$ 种投入 $x_{k,n}^t$，得到第 $m=1, \cdots, M$ 种产出 $y_{k,m}^t$。根据 Färe et al. (1994) 基于产出的全要素生产率指数可以用 Malmquist 生产率指数来表示：

$$M_i^t = D_i^t(x^{t+1}, y^{t+1}) / D_i^t(x^t, y^t) \qquad (1-1)$$

这个指数测度了在时期 t 的技术条件下，从时期 t 到 t+1 的技术效率的变化。同样地，我们可以定义在时期 t+1 的技术条件下，测度从时期 t 到 t+1 的技术效率变化的 Malmquist 生产率变化指数：

$$M_i^{t+1} = D_i^{t+1}(x^{t+1}, y^{t+1}) / D_i^{t+1}(x^t, y^t) \qquad (1-2)$$

Malmquist 生产率变化指数可以被分解为相对技术效率的变化和技术进步的变化。为了得到以时期 t 为基期 $t+1$ 期的全要素生产率，我们遵循 Färe et al. (1994, 1997) 的思路，用两个曼奎斯特生产率指数的几何平均值来计算生产率的变化：

$$\begin{aligned}
TFP_i &= M_i(x^{t+1}, y^{t+1}; x^t, y^t) \\
&= \left\{ \left[\frac{D_i^t(x^{t+1}, y^{t+1})}{D_i^t(x^t, y^t)} \right] \left[\frac{D_i^{t+1}(x^{t+1}, y^{t+1})}{D_i^{t+1}(x^t, y^t)} \right] \right\}^{1/2} \\
&= \frac{D_i^{t+1}(x^{t+1}, y^{t+1})}{D_i^t(x^t, y^t)} \left[\frac{D_i^t(x^{t+1}, y^{t+1})}{D_i^{t+1}(x^{t+1}, y^{t+1})} \times \frac{D_i^t(x^t, y^t)}{D_i^{t+1}(x^t, y^t)} \right]^{1/2} \\
&= EC_i(x^{t+1}, y^{t+1}; x^t, y^t) \times TC_i(x^{t+1}, y^{t+1}; x^t, y^t)
\end{aligned} \qquad (1-3)$$

在式（1-3）中，$EC(\cdot)$是相对效率变化指数，这个指数测度从时期 t 到 $t+1$ 每个观察对象到生产可能性边界的追赶程度，其对经济增长的拉动是短暂的。$TC(\cdot)$是技术进步指数，这个指数测度生产可能性边界从时期 t 到 $t+1$ 的移动，即技术创新，其对经济增长的拉动是持久的。TFP、EC、TC 都以 1 为基准，等于 1 代表没有变化，大于 1 代表上升，小于 1 代表下降。

（二）中国东、中、西部地区生产率的演变

我们使用 DEA 方法利用计量分析软件 Onfront2.01 对 GDP 做投入产出分解。在测算时，以各省市 GDP 作为产出，以相应固定资本存量（K）和当年就业人数（L）作为投入。其中，各省市 GDP、当年就业人数来自历年的《中国统计年鉴》，GDP 按 1990 年不变价进行平减。1990~2005 年各省市的资本存量采用张军等的估算值，2005~2016 年各省市的资本存量是作者按照同样的方法估算所得。将各省区的 TFP、TC 和 EC 的演变用折线图的形式表示，可以更直观地看到它们的演变轨迹。TFP、TC 和 EC 的演变如图 1-7、图 1-8、图 1-9、图 1-10、图 1-11、图 1-12、图 1-13、图 1-14、图 1-15 所示。

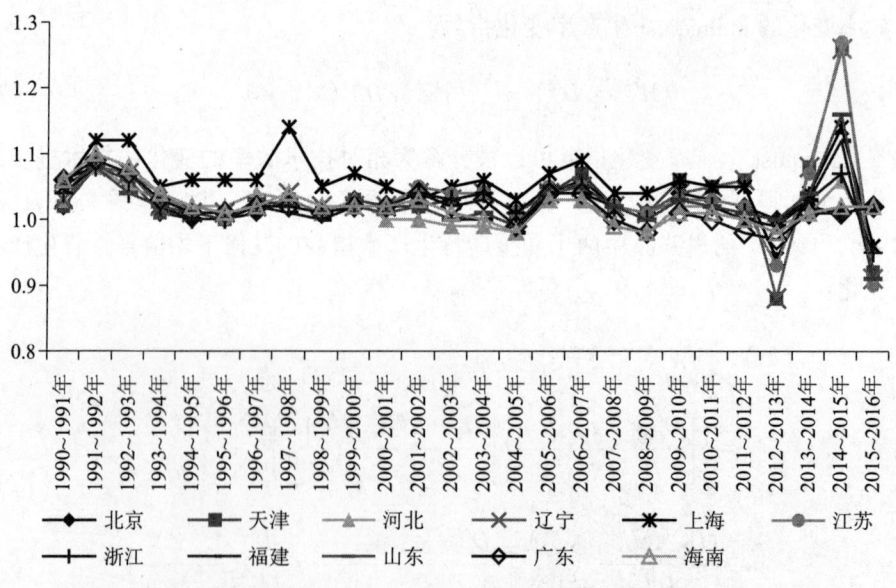

图 1-7 1990~2016 年东部地区前沿技术进步（TC）指数的演变轨迹示意图

第一章 收入分配对中等收入阶段生产率提升的影响——总体特征与文献回顾

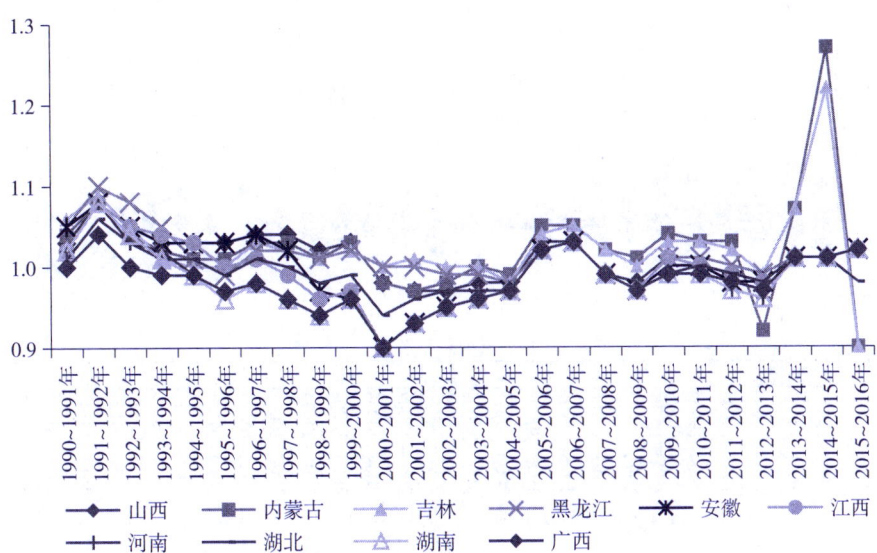

图1-8 1990~2016年中部地区前沿技术进步（TC）指数的演变轨迹示意图

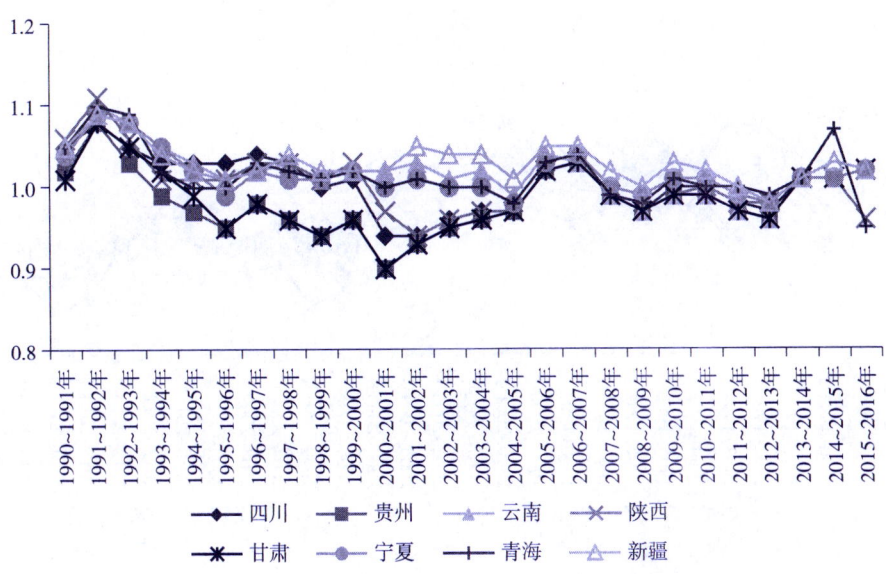

图1-9 1990~2016年西部地区前沿技术进步（TC）指数的演变轨迹示意图

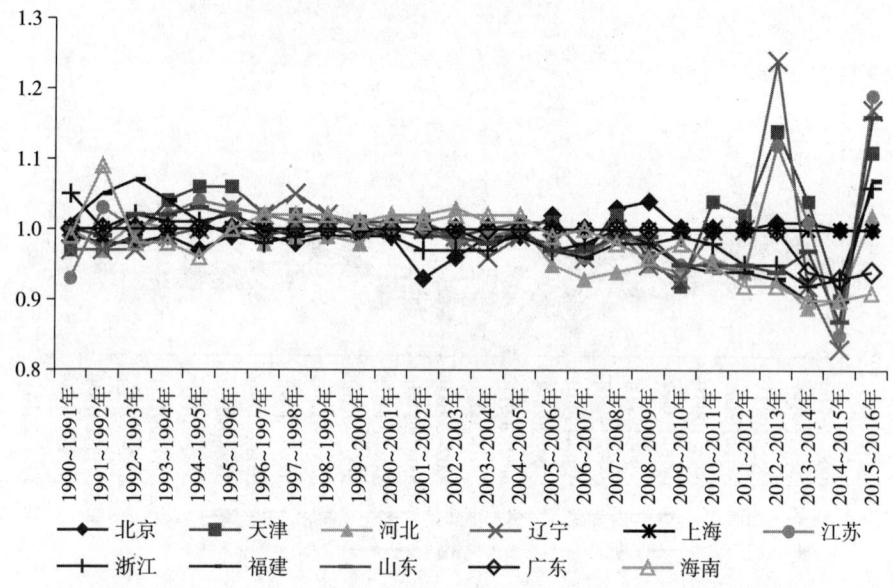

图 1-10　1990~2016 年东部地区技术效率（EC）指数的演变轨迹示意图

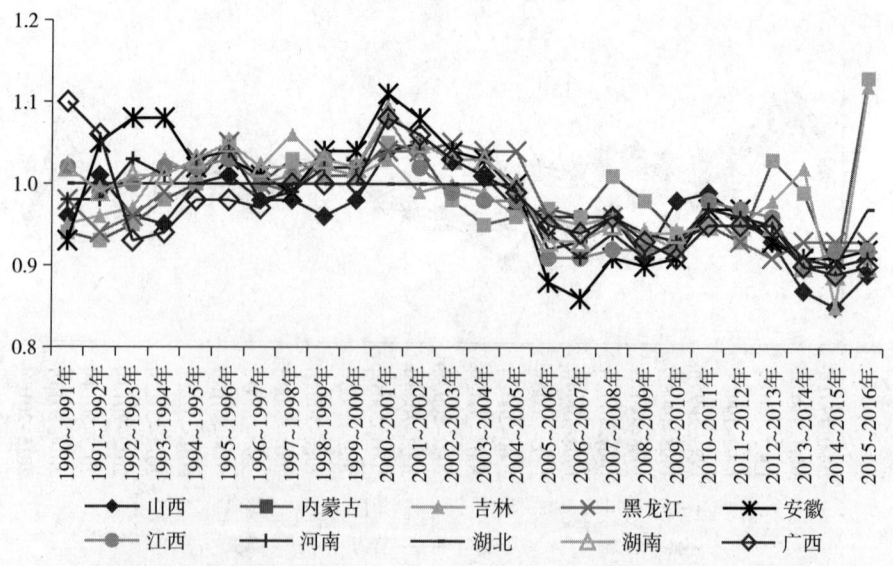

图 1-11　1990~2016 年中部地区技术效率（EC）指数的演变轨迹示意图

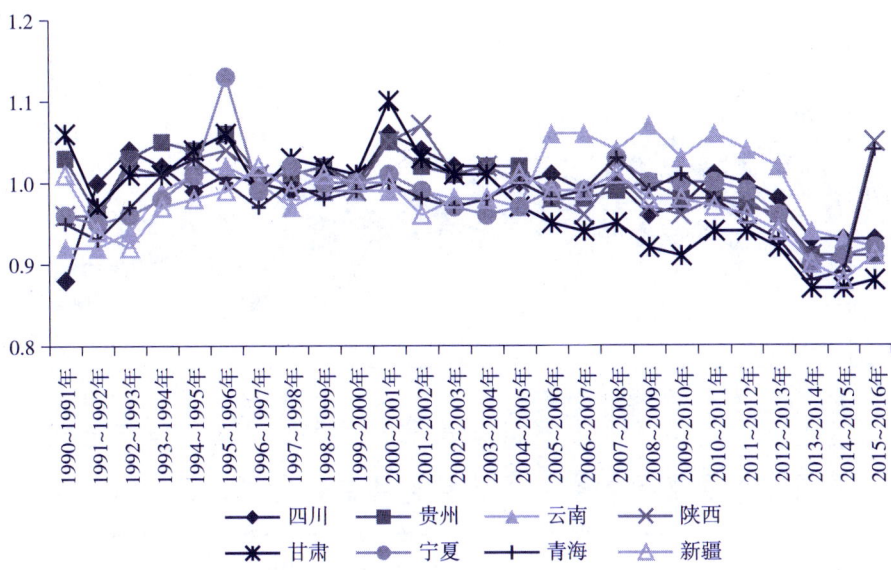

图1-12　1990~2016年西部地区技术效率（EC）指数的演变轨迹示意图

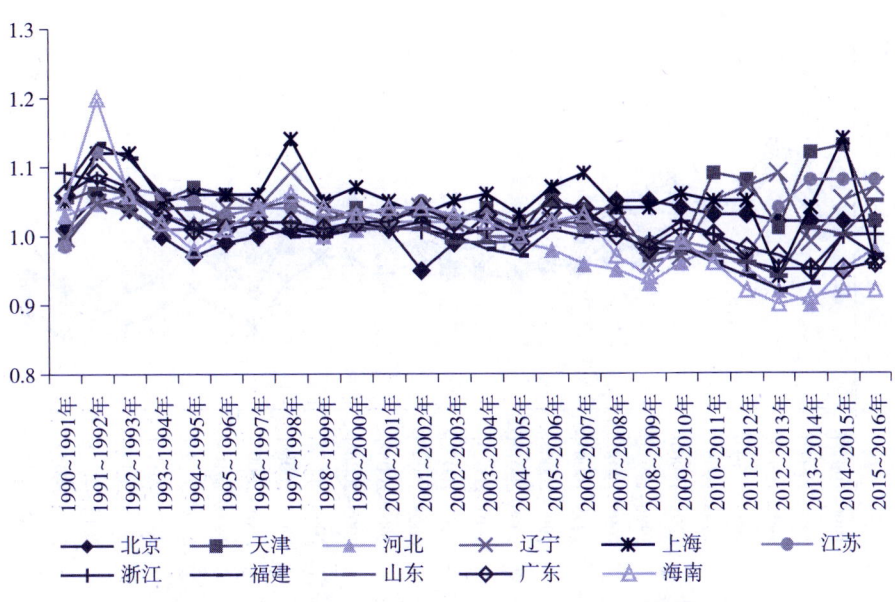

图1-13　1990~2016年东部地区全要素生产率（TFP）指数的演变轨迹示意图

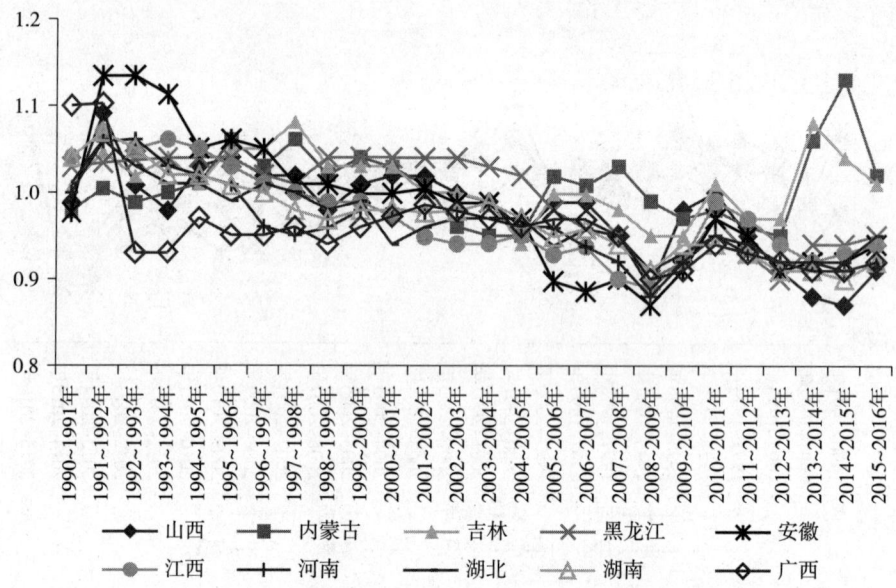

图1-14 1990~2016年中部地区全要素生产率（TFP）指数的演变轨迹示意图

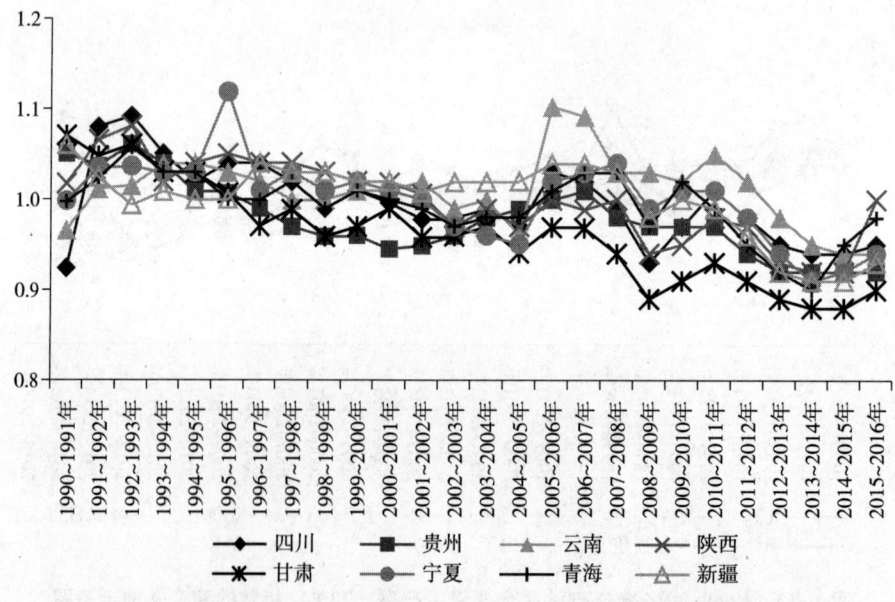

图1-15 1990~2016年西部地区全要素生产率（TFP）指数的演变轨迹示意图

第一章　收入分配对中等收入阶段生产率提升的影响——总体特征与文献回顾

总体而言，1990~2016年东中西部地区的前沿技术进步（TC）、技术效率（EC）和全要素生产率（TFP）存在一定程度的下降趋势，这种趋势在中西部地区表现得更为明显。不同于发达国家的经济增长主要源于全要素生产率增长，中国东中西部大部分省市近年来的经济增长主要来源于要素的驱动，经济增长的可持续性问题引发担忧。

如何提高全要素生产率，实现经济增长从"量"的扩张向"质"的飞跃成了当前的焦点问题。那么，对于当前处于中等收入阶段的中国而言，收入分配在生产率提升中起到何种作用呢？

第二节　收入分配对生产率提升的影响文献综述

收入分配对生产率提升的影响路径纷繁复杂，本书从要素供给和产品需求两个角度对以往关于收入分配对中等收入阶段生产率提升的影响文献进行梳理。从要素供给的视角来看，收入分配通过影响人力资本积累作用于经济转型；从产品需求的视角而论，收入分配通过影响需求升级作用于技术进步。人力资本、经济转型、需求升级和技术进步是生产率提升的关键影响变量。

一、收入分配、要素供给与生产率提升

从要素供给的视角而言，收入分配会通过跨期预算约束影响家庭的教育投资，教育投资通过人力资本供给结构和相对工资影响企业的技术选择和比较优势，进而作用于经济转型、国际分工和生产率提升。

（一）收入分配、家庭教育投资与人力资本

自 Becker（1975）指出贫困家庭的年轻人在面临信贷约束时存在教育投资不足以来，关于收入分配对国民受教育水平的影响研究引起了学界的广泛关注。理论上，家庭教育投资遵循效用最大化原则，由于收入分配和信贷约束的影响，贫穷家庭减少子女的教育投资，而富裕家庭则产生过度教育投资。教育的不平等反作用于收入差距，形成穷者愈穷、富者愈富的"马太效应"。信贷供给缓解了贫困家庭的初始资源约束，赋予他们通过教育信贷优化教育选择的可能性

(Becker, World Bank)。Galor（2011）认为收入不平等与教育投资的关系主要依赖于经济发展水平，当经济发展水平比较低时，收入不平等会促进教育投资和人力资本的形成；当经济发展水平比较高时，收入不平等会阻碍教育投资和人力资本的形成。家庭教育支出作为教育投资的重要组成部分，对子女的教育和人力资本积累有很大的影响，因此受到研究者的广泛关注（Todd and Wolpin, 2007；Chi and Qian, 2016；Ebaidalla, 2017）。

一些研究探讨中国收入分配对教育投资的影响，但没有得到一致的结果。部分研究发现收入不平等与教育支出之间存在正相关关系。Jin、Li 和 Wu（2011）发现以省基尼系数衡量的收入不平等对中国城市家庭教育支出有正向影响。Sun 和 Wang（2013）采用了村级收入不平等指标进行测度，得到了相似的结果。他们用地位寻求假说进行解释，即随着收入不平等的加剧，人们可能会把更多的钱存起来，更多地投资在教育上，以增强未来追求更高社会地位的能力（Corneo and Jeanne, 1999；Jin et al., 2011）。另一些研究表明收入差距扩大不利于人力资本积累（陈昌兵，2008）。陆万军（2012）认为收入更为均等的国家，个人进行人力资本投资的能力更强，要避免收入差距对人力资本投资的抑制作用，核心是降低贫困人口接受教育的成本，提高微观个体接受教育的积极性，同时促进教育公平。钞小静和沈坤荣（2014）运用中国 1995~2012 年省级面板数据研究，发现城乡收入差距过大会导致初始财富水平较低的农村居民无法进行人力资本投资，从而制约劳动力质量的提高。2011 年中国教育支出基尼系数达到 0.52，高于收入基尼系数，这表明家庭对孩子的教育支出比家庭收入分配更不平等（Chi and Qian, 2016）。中国的家庭教育投资差距通过教育收益反过来扩大社会不平等，或者通过教育支出将收入不平等传递到下一代（Song and Zhou, 2019）。

国内外的理论研究表明，收入差距对国民受教育水平和人力资本积累存在显著影响，这种影响依赖于经济发展水平。

（二）人力资本、经济转型与生产率提升

收入分配通过影响家庭的教育投资而影响国民受教育水平和人力资本结构，人力资本是生产率提升的关键决定因素。根据人力资本理论，教育使个人获得体面的工作所需要的技能和知识，从而提高生产力和促进经济增长（Lucas, 1988；Barro, 2001；Song, 2012）。随着"人口红利"的逐渐消失，中国正在寻求转向高附加值产业来维持经济增长，这需要更多的受过良好教育的技术工人（Yang et al., 2010；Li et al., 2012）。一方面，人力资本通过国内产业升级、出口技术升级对生产率提升产生影响；另一方面，人力资本禀赋的差异决定了一国的比较优势和国际分工，通过影响企业的技术选择和出口技术水平对生产率提升产生作用。

  关于人力资本、经济转型与生产率提升的研究可以追溯到新增长理论。新增长理论认为，人力资本可以通过技术外溢、干中学、规模报酬等途径实现边际报酬递增效应，为长期人均产出的持续提高描绘了一幅令人振奋的图景（Romer, 1990；Hanushek and Wößmann, 2012）。人力资本之所以成为产业升级和经济转型的重要因素，关键在于人力资本具有特殊的生产功能，即要素功能与效率功能。首先，要素功能是指人力资本存量高的地区和产业部门，具备使资源集聚到该地区与部门的比较优势（Noseleit, 2013）。集聚效应提高了产业转化速度，从而促进产业结构升级（Silva and Teixeira, 2011；Hartwig, 2015）。集聚效应和产业转化的推进，一方面，使得要素在部门间的流动产生"结构红利"；另一方面，使得具有人力资本比较优势的产业更容易进入加速增长期或者规模报酬递增阶段，进而引致不同产业进入交替增长的"自发演化"过程（张国强等，2011）。其次，效率功能强调了人力资本作为技术进步的载体，会通过"干中学"和知识外溢诱发技术创新，并促进技术引进与吸收（Daron, 2003；Bodman and Le, 2013）。Verhoogen（2008）指出，技能劳动力在企业产品质量的形成中起到了至关重要的作用，人力资本水平的提升可以提升企业改变产品质量的能力，企业更容易生产高质量产品。周少甫等（2013）基于1995~2009年中国省级数据的实证研究表明，与人力资本相适应的产业结构转化可以强化人力资本的产出效率。阳立高等（2018）等基于1990~2014年分地区制造业细分行业面板数据，对我国人力资本与技术进步影响制造业升级的效应进行了实证检验，结果表明推进产业升级关键在于技术进步，而技术进步的关键在于人力资本的积累。钱雪亚和缪仁余（2014）在对TFP分解的基础上实证考察了人力资本配置效率对TFP变动的影响。Che和Zhang（2018）基于行业异质性的人力资本密度，并借助始于1999年的高校扩招这一政策冲击作为准自然实验，证实了人力资本扩张对中国企业TFP的促进作用。

  人力资本的消长是动态比较优势的决定因素，是出口产业升级的关键内生变量。人力资本禀赋的差异使得发展中国家在生产技术水平较低的产品上具有比较优势；而发达国家在生产技术水平较高的产品上具有比较优势，国际分工由此决定（Flam and Helpman, 1987；Stokey, 1991；Murphy and Shleifer, 1997；

收入分配演进对中等收入阶段生产率提升的影响机制研究

Matsuyama，2000；Ciccone and Papaioannou，2009；Gürbüz，2011）。尽管大量研究表明，为了在国际贸易中获得竞争优势，企业倾向于采用技术进步（Bound and Johnson，1992；Berman et al.，1994；Berman et al.，1998；Haskel and Slaughter，1998；Krugman，2000；Acemoglu，2002），但在劳动力成本低廉的国家，这种动机被大大弱化了。各国的人力资本禀赋是国际分工差异的关键因素（鞠建东、林毅夫和王勇，2004）。根据比较优势理论，各国生产和出口本国具有比较优势的产品可以获得贸易利益。代谦、别朝霞（2006）认为人力资本的外部性能够有效降低产品的生产成本，提高研发部门的效率，这种外部性是发展中国家培育自己动态比较优势的核心。通过人力资本积累，发展中国家有可能逆转比较优势和国际分工地位，通过吸收、模仿和创新促进出口产品技术提升（Teixeira and Fortuna，2011）。郭其友、王春雷（2011）指出在南北贸易中，落后国家要想跨越"比较优势陷阱"，一是靠要素相对生产率的变动实现贸易结构逆转；二是应当缩小国内资本密集型与劳动密集型产业之间的收入分配差距。铁瑛、何欢浪（2019）提出人口转型背景下，提升人力资本水平，实现人口红利从"成本效应"到"技能效应"的过渡是应对劳动力供给下降、劳动力成本上升等不利冲击，促进出口产品质量升级的重要手段。程锐、马莉莉（2019）利用 1970~2014 年 135 个国家面板数据，研究表明人力资本结构高级化可以显著促进出口产品质量升级。周茂等（2019）研究发现，我国高校扩招带来的人力资本扩张有效推动了出口升级，2000~2006 年出口升级中约有 30% 的部分可由人力资本扩张来解释。人力资本显著提升了城市的劳动者技能水平，在此基础上，技能劳动的"要素集聚"和"技术载体"功能共同推动了出口技术复杂度的上升。

显然，供给推动侧重于收入分配通过企业基于成本压力的技术选择影响国际分工和生产率提升，而接下来的需求驱动则强调收入分配通过消费者的偏好和需求升级对技术进步和生产率提升的作用。

二、收入分配、产品需求与生产率提升

熊彼特（1934）忽略消费需求对企业创新的影响，认为消费者偏好并没有导致生产与创新，而是由创新造就新的商品与服务，消费者或者拒绝，或者培养对新事物的口味。然而，这一观点在一定程度上与后续的研究结论相悖。事实上，需求驱动对生产率提升的作用日益引起关注，而收入分配对需求驱动型

生产率提升有重要影响。

（一）收入分配、需求升级与技术进步

需求驱动对生产率提升的作用日益引起关注始于 Von Hippel（1976）。大量的研究指出需求规模和需求特征是创新动态和区域竞争力的主要决定因素（Porter，1990）。在有关创新与增长的"创造性毁灭"模型和"产品质量阶梯"模型中（Grossman and Helpman，1991；Aghion and Howitt，1992；Caballero and Jaffe，1993；Horowitz and Lai，1996），需求的规模影响增长绩效；关于"需求生命周期"的理论模型指出需求驱动型创新在经济增长中的关键作用（Aoki and Yoshikawa，2002）；而"新贸易理论"则强调贸易需求对产品质量升级和生产率提升的影响（Melitz，2003；Crozet，Head and Mayer，2012）。事实上，供求因素共同影响企业创新和生产率提升，但需求因素正日益引发学者的关注，而需求驱动型技术创新和生产率提升又面临收入分配机制与环境的重大影响。

收入分配演进对需求驱动型生产率提升有重要影响。Murphy、Shleifer 和 Vishny（1989）研究了消费者存在异质偏好的情况下收入分配对企业技术创新的影响。Zweimuller（2000）将 Murphy 等的模型拓展，发现收入差距的缩小扩大了创新品的市场需求，从而促进了经济增长。Foellmi 和 Zweimuller（2006）对 Murphy 等的模型进行了拓展，区分了收入不平等对技术进步的两种效应：价格效应表明高收入者愿意为创新产品支付更高的价格，收入差距的扩大意味着高收入阶层的比例提高，这激发了厂商的创新动机；市场规模效应表明，收入差距的扩大会导致创新产品的市场需求规模较小，这不利于厂商的创新。总效应是不确定的，取决于价格效应和市场规模效应哪个起主导作用。在低水平收入不均的情形下，收入差距的扩大有助于创新与增长。Benassi et al.（2006）分析发现，更为集中的收入分布为企业生产高质量产品提供了动力支持。其研究表明，无论收入分配状况如何，高质量产品均具有利润优势，并且随着收入分布从高度分散逐渐向高度集中的转变过程中，这种利润优势更加显著。Vona 和 Patriarca（2011）引入收入差距的动态演变，发现收入不均与环境技术创新的关系是非线性的并主要取决于人均收入。Yurko（2011）假定企业固定成本趋于零，发现更大的收入差距会导致更多的企业进入，进而导致更激烈的质量竞争，为了争取到高收入群体消费者，厂商会提高产品质量，因此市场平均的质量会提高。然而，当收入不平等非常严重时，最高质量的生产者选择只服务于市场的富人阶层并收取更高的价格。这是因为这些高收入人群需求价格弹性较低,从而企业能够提高定价获取更多利润。Osharin et al. (2014) 发现收入分配对市场结构的影响取决于收入分配与消费者口味的联合分布。

国内研究中,范红忠(2007)从有效需求规模研发投入与国际自主创新能力的角度研究发现,基本要素经济总收入和人均收入的提高会促进一国研发投入和自主创新能力的提升,而基本要素收入的差距的扩大,会降低一国研发投入并损害其自主创新能力。他通过对跨国数据的实证研究发现,收入差距对一国研发投入和自主创新能力有着十分重要的决定性影响。沈凌、田国强(2009)认为不能只关注基尼系数所衡量的贫富不均对经济增长的影响。他们基于一个二元结构的两部门模型分析得出减少低收入者数量所引致的贫富差距缩小有利于创新,而提高低收入者收入所导致的贫富差距缩小不利于创新的结论,并得到跨国数据实证研究结论的验证。王俊、刘东(2009)实证研究了中国居民收入差距与企业技术创新的关系,两者在短期内具有正向关系,而长期会逆转为反向关系,并且还存在区域差异。李世刚等(2018)考察收入分配对制造业产品质量分布的影响。研究表明当人口规模很大、企业固定成本很小时,收入差距增大会提高前沿产品质量;相反,当人口规模很小、企业固定成本很大时,收入差距增大会导致对高质量产品的需求不足,降低质量前沿。但是,在任何条件下,收入差距扩大都会导致产品质量向质量谱的更低端集中。因此构建"橄榄型"收入分配格局等举措能有效推进国民需求结构的升级,更加有利于推动产业结构转型升级。

(二) 收入分配、本土需求与出口升级

本土需求是影响出口技术提升的关键因素。理论上,各国厂商生产适合本土消费者口味的产品并销往具有相似偏好的其他国家,在规模报酬递增的情况下,如果一国对某种产品具有极大的国内需求,那么该国会成为该种产品的净出口国(Linder, 1961)。Krugman(1980)提出了"本土市场效应"(Home Market Effects)理论,阐释了在行业规模报酬递增、垄断竞争并存在运输成本的条件下,需求大国将会成为差异化产品的净出口国。Fieler(2011)基于李嘉图的国际贸易模式构建了一个一般均衡模型,在模型中商品弹性在两个维度上存在差异:不同的需求收入弹性和生产技术的异质性。他发现由于发达国家的消费者偏好高需求收入弹性的产品,该行业技术进步更快,所以发达国家在出口高技术水平的产品上有比较优势,而欠发达国家则相反。这决定了当前发达国家和欠发达国家的比较优势和贸易模式。国内的研究主要集中于检验中国出口产品的"本土市场效应"及其对出口竞争力的促进作用。郭克莎（2003）认为本土市场需求会促进需求收入弹性高的产业竞争力提升。张帆和潘佐红（2006）基于中国区域出口数据证明了本土市场效应对中国贸易结构优化的积极作用。大量基于中国制造业行业出口数据的实证研究也表明本土市场效应是我国制造业出口竞争力的重要源泉（李慧中和祁飞，2012；钱学锋和黄云湖，2013；张鹏辉和李若兰，2013；赵奇、伟杨秋和严兵，2016），这表明了本土市场对国际贸易结构优化的战略价值。

收入分配通过影响本土需求而促进出口技术升级。关于收入差距、本土需求对出口产品技术提升的影响源于 Murphy、Shleifer 和 Vishny（1989）。Fajgelbaum，Grossman 和 Helpman（2011）将收入水平、收入差距通过本土市场需求对产品技术提升的影响拓展到国际贸易领域，在假定消费者的偏好分布呈嵌套的分对数需求结构，且高收入的消费者购买高质量的产品的条件下，研究"本土市场效应"对不同规模和收入分配国家之间贸易的影响。他们研究发现收入水平的提高通过本土市场效应对国际贸易和产品质量升级产生积极的影响，收入差距的作用则是不确定的，当消费者对高质量产品的需求比例低于50%时，收入差距的扩大有助于出口产品质量升级。国内方面，鲍晓华、金毓（2013）从需求角度论证了一国及其贸易伙伴国国内的收入差距对生产率的影响。李景睿（2017）基于48个经济体1983~2012年的面板数据，对收入差距、本土市场需求与出口产品质量升级的关系进行实证研究发现，旨在促进出口产品质量升级的收入差距优化方向在不同出口产品质量水平和不同经济发展阶段的经济体有差别化的政策含义。刘嘉伟等（2018）基于大样本的跨国数据，实证分析了收入不平等对于出口贸易技术复杂度的影响效应。结果发现：总体上看，收入不平等的加剧将会对出口贸易技术复杂度产生显著的负向影响，分样本的检验结果显示，收入不平等对非技术密集型产业的出口技术复杂度具有正向影响，但对技术密集型产业的影响则显著为负。收入不平等加剧导致高低收入群体规模的相对变化，以及中等收入群体规模的缩小，是导致上述结果的根本原因。

三、收入分配对生产率提升的影响机制

理论上，收入分配通过要素供给和产品需求两种渠道，经微观层面的家庭效用最大化决策影响企业利润最大化的技术选择，作用于宏观层面的本国产业升级和出口技术提升，从而对生产率提升产生影响。基于要素供给视角，收入

分配会通过跨期预算约束影响家庭的教育投资，教育投资通过人力资本供给结构和相对工资影响企业的技术选择和比较优势，进而作用于经济转型、国际分工和生产率提升。基于产品需求视角，收入分配会影响家庭对高、低技术产品的需求偏好，需求升级通过高、低技术产品的相对价格和利润进一步作用于企业的技术进步、出口升级和生产率提升。收入分配对生产率提升的影响机制如图1-16所示。

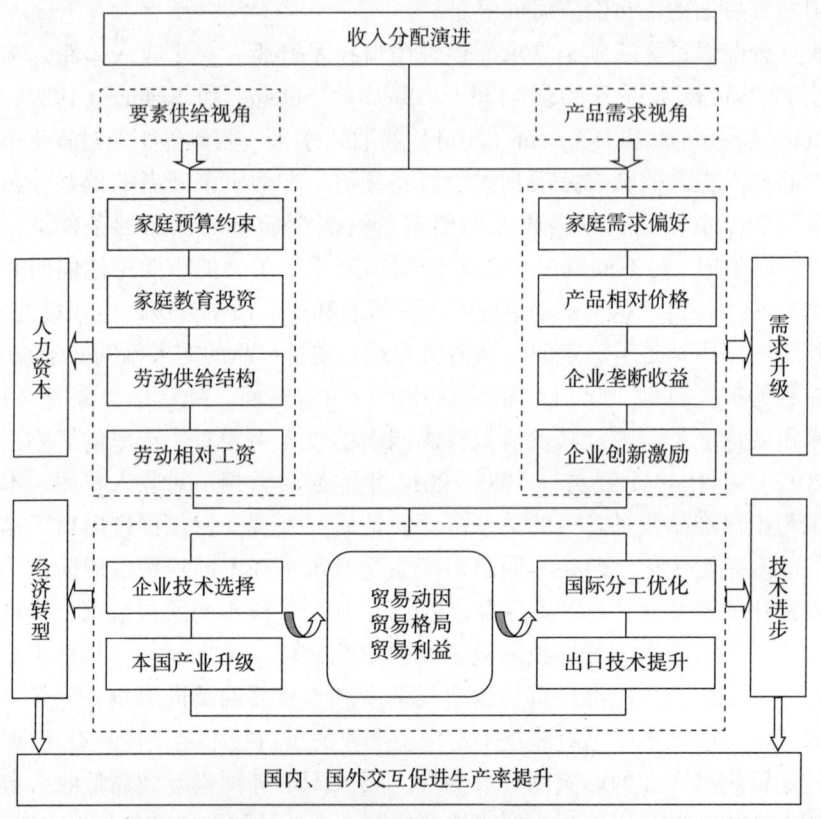

图1-16 收入分配对生产率提升的影响机制

经验上，收入差距扩大到底是促进了还是抑制了生产率提升，这在实证研究中是一个有争议的问题。总结已有的研究成果，在不同的国家、不同的经济发展阶段和贸易模式背景下，收入差距通过要素供给和产品需求对生产率提升的影响机制和影响效应是有差异的。对于处于中等收入阶段的经济体，是经济向形态更高级、分工更复杂、结构更合理的阶段演进的黄金时期，适当的收入分配演进路径可使中国成功跻身高收入国家；反之则有可能使其长陷中等收入陷阱。"以史为鉴，可以知兴替"。我们需要借鉴发达国家的发展经验，通过国际比较与中国现实相结合的实证研究，为收入分配演进对中等收入阶段生产率提升的影响提供经验证据。

有鉴于此，本书接下来将从人力资本、经济转型、需求升级和技术进步四个维度展开探讨收入分配演进对中等收入阶段生产率提升的影响机制，并通过国际比较与中国现实相结合的方式探讨收入分配演进对中等收入阶段生产率提升的影响效应，力图为中国的可持续发展提供经验借鉴。

第二章
收入分配对中等收入阶段生产率提升的影响
——人力资本

经过40多年的高速经济增长，中国进入了中等偏上收入水平国家的行列。经济增长的驱动力由劳动力、物质资本向人力资本和技术转变，国民受教育水平也顺应成了生产率提升的关键影响因素。收入分配通过影响家庭的教育投资对国民受教育水平乃至人力资本产生重要的作用，这种作用在面临经济增长方式转变的中等收入阶段经济体显得尤为关键。由于收入分配对处于不同收入阶段经济体的国民受教育水平存在差异化的影响，本章从国际比较与中国现实的角度，针对收入水平差异，探讨收入分配对国民受教育水平的影响机制并测度其影响效应。

第一节 收入分配对国民受教育水平的影响
——国际比较

本节从理论上探讨了收入分配、信贷约束对不同人类发展水平国家国民受教育水平的影响机制，并利用143个国家的跨国数据从实证的角度测度了其影响效应。研究发现，收入分配、信贷约束对国民受教育水平的影响存在广泛的跨国差异并与经济发展水平有关。收入差距的扩大对大多数国家的国民受教育水平有负面影响，尤其是在高人类发展指数的国家。银行信贷增加对国民受教育水平有正向作用，且在人类发展指数越低的国家表现得越为明显。因此，对高人类发展指数的国家，收入差距下降对促进国民受教育水平提升的作用更为显著；而对低人类发展指数的国家，减少信贷约束对提高国民受教育水平的作用更为有效。

收入分配演进对中等收入阶段生产率提升的影响机制研究

一、收入分配对国民受教育水平的影响概述

知识经济时代的到来提高了教育投资的回报。为了使经济和非经济收益最大化，人们对教育投资的重视与日俱增，对教育投资的力度逐年增加但也表现出了明显的与经济发展阶段紧密相关的地区差异。根据联合国开发计划署（UNDP）《人文发展报告2018》的统计，2017年世界各国分地区的平均受教育年限分别为：阿拉伯国家7.0年，东亚和太平洋地区7.9年，欧洲和中亚10.3年，拉丁美洲和加勒比地区8.5年，南亚6.4年，撒哈拉以南非洲5.6年。

为什么国民受教育水平会表现出明显的跨国差异呢？除了国家经济发展水平差异所致以外，收入分配和信贷约束对国民受教育水平又会产生什么影响呢？理论上，个人教育投资的最终目的是提高自己及家人的生活质量，遵循的原则是效用或收益最大化，即经济和非经济收益之和最大化。从收入差距的角度而言，基于经济人的假设，每个人都会根据自己的学习能力以及自身的收入状况对自己以及下一代进行教育投资，但因为存在收入差距问题，低收入家庭的孩子能够进行的教育投资会大大降低，而高收入家庭的孩子却可能存在过多的教育投资。从信贷约束的视角而论，个人对教育的投资是基于未来人力资本高回报的预期。在金融市场完善的条件下，个人均可为获得教育带来的未来收益而举债。金融市场不完善时，由于贷款规范的约束及个人能力信息的不完整，个体将不能依据未来的收入而进行借款，个人的初始资源禀赋对教育投资将会产生一定的影响。此外，由于教育投资收益存在外部性，发达国家纷纷加大公共教育的投入，公立学校对贫困人群也有额外的资助和信贷援助，这在一定程度上降低了个人接受教育的直接成本，收入差距通过教育投资途径对经济增长的影响有限。但是，发展中国家的情况却有明显的不同，由于公共教育投资不足，个人投资在教育总投资中的比重较高，信贷市场不完善使得大多数低收入者面临信贷约束，影响了低收入者接受教育的积极性。2012~2017年世界各国公共教育支出占GDP比重的分地区数据分别为：阿拉伯国家4.3%，东亚和太平洋地区4.9%，欧洲和中亚4.3%，拉丁美洲和加勒比地区5.5%，南亚3.6%，撒哈拉以南非洲4.9%。

上述分析表明，收入差距与信贷约束无疑对国民受教育水平存在影响，这种影响又受到经济发展水平和公共教育投入的作用，因此探讨其影响机制并测

第二章 收入分配对中等收入阶段生产率提升的影响——人力资本

度其影响效应对促进人力资本积累和经济增长方式转变,减少贫富差距和促进社会和谐发展都具有重要的现实意义。

二、收入分配对国民受教育水平的影响文献

自 Becker(1975)指出贫困家庭的年轻人在面临信贷约束时存在教育投资不足以来,关于收入分配、信贷约束对国民受教育水平的影响研究引起了学界的广泛关注,以往的研究主要从以下两个方面展开。

第一,收入不平等、信贷约束对国民受教育水平的影响机制研究。Galor 和 Zeria(1993)指出,在存在借贷市场的不完善的情况下,收入不平等会限制穷人受教育的机会,因此缩小收入不均等更有利于不能利用借贷方式来筹集教育资金的穷人根据自己的学习能力来进行教育投入,有利于人力资本的积累。财富差异对人力资本的这一传导机制还具有代际特征,个体之间的财富差异直接表现在后代所获得的教育水平上,由于穷人和富人子女受教育水平的差别,很可能产生贫困的代际转移,降低社会阶层之间的流动性,导致贫富差距进一步扩大,并可能产生持续的教育和收入差距(Benabou,1996;Durlauf,1996;Fernández and Rogerson,1996;Ham and Mulligan,2000)。Fishman 和 Simhon (2002)研究发现,在信贷市场不完善的前提下,不断拉大的收入差距将使得低收入者面临严重的信贷约束,最终降低其人力资本水平。De la Croix 和 Doepke(2003)认为,由于家庭生育率与收入水平成反比,低收入家庭更高的生育率导致更低的人力资本水平,收入差距的加大会增加低收入家庭数量,从而降低全社会的人均受教育程度。Galor 和 Moav(2004)指出,收入分配均等化可以缓解信贷约束对教育投资和人力资本积累的不利影响。Galor(2011)认为收入不平等与教育投资的关系主要依赖于经济发展水平,当经济发展水平比较低时,收入不平等会促进教育投资和人力资本的形成,当经济发展水平比较高时,收入不平等会阻碍教育投资和人力资本的形成。国内方面,陈昌兵(2008)认为收入差距扩大不利于人力资本积累。陆万军(2012)认为收入更为均等的国家,个人进行人力资本投资的能力更强,为避免收入差距对人力资本投资的抑制作用,核心是降低贫困人口接受教育的成本,提高微观个体接受教育的积极性,同时促进教育公平。

第二,收入不平等、信贷约束对国民受教育水平的影响效应测度。使用 1979 年和 1997 年美国青年纵向调查的人群数据并控制个人能力和家庭背景因

收入分配演进对中等收入阶段生产率提升的影响机制研究

素,Belley 和 Lochner（2007）的研究表明,20 世纪 80 年代早期家庭收入和大学入学率之间存在弱的相关关系,但 21 世纪初两者存在显著的正相关关系,家庭收入已经成为大学入学率的重要决定因素。Lovenheim（2011）通过估计房产财富的变化对高等教育招生决定的影响发现,额外的 10000 美元住房筹集资本提高大学入学率 0.7%,且对中低收入家庭有更大影响。Lovenheim 和 Reynolds（2012）研究发现在子女进入大学的前四年,美国家庭房产每增值 10000 美元能让子女进入重点大学的概率提高 2%。当家庭面临信贷约束时,财富和收入会对教育开支产生重大影响（Lochner and Monge-Naranjo,2012）。Popov（2014）采用世界银行基于 25 个转型经济体 8265 家企业的调查数据研究发现,缺乏融资渠道尤其是银行信贷,显著降低在职培训的投资,这种效应在教育密集型产业和面临良好的全球增长机会的行业表现更强。国内方面,陆铭、陈钊和万广华（2005）研究发现收入差距对教育有较弱的正面影响。陈永伟、顾佳峰、史宇鹏（2014）探讨了财富的不同组成部分（如住房财富和非住房财富）对信贷约束及教育开支产生的影响,分析发现住房财富的增加不仅会显著缓解家庭的信贷约束,增加家庭教育开支,并且其效果要远大于非住房财富所产生的影响。钞小静和沈坤荣（2014）运用中国 1995~2012 年的省级面板数据,研究发现城乡收入差距过大会导致初始财富水平较低的农村居民无法进行人力资本投资,从而制约劳动力质量的提高。

　　国内外的理论研究表明,收入差距和信贷约束对国民受教育水平的影响是不确定的,在不同国家、不同的经济发展阶段表现出了差异化的特征。以往的研究侧重于影响机制和影响渠道的探讨,而实证研究,尤其是跨国比较研究比较缺乏。本书遵循 Galor（2011）的研究思路,但不同于他们侧重于收入分配不平均、人力资本积累和经济发展过程的分析,本书主要关注收入分配不平等、信贷约束对国民受教育水平的作用机制、影响效应和差异比较。我们尝试将收入分配的演进、信贷约束与教育投资纳入统一的分析框架,从理论层面探讨收入分配不平等、信贷约束对国民受教育水平的作用机制,从实证角度利用 143 个国家的跨国数据检验其影响效应,从现实视角区别探析收入分配的演进、信贷约束对不同人类发展水平国家国民受教育水平的差异化影响,以期为人力资本整体提升和经济增长方式转变提供实证支持和政策建议。

三、收入分配对国民受教育水平的影响机制

(一) 典型事实

我们选择联合国开发计划署(UNDP)《人文发展报告 2014》所公布的世界 187 个国家中数据完整的 143 个国家作为研究对象,按照各国人类发展指数(HDI)[①]由高到低排列,比较它们的基尼系数、信贷供给与国民平均受教育年限之间的关系发现:随着人类发展指数由高到低的演变,基尼系数呈上升趋势而国民平均受教育年限则逐渐下降,两者之间存在较为明显的负相关关系;人类发展指数越高的国家,信贷供给越充裕,国民平均受教育年限越高,信贷供给与国民平均受教育年限存在较为明显的正相关关系(见图2-1和图2-2)。各国发展的典型事实表明,收入分配、信贷约束对国民受教育水平有影响,而且其作用的机制和影响效应可能与经济发展阶段密切相关。

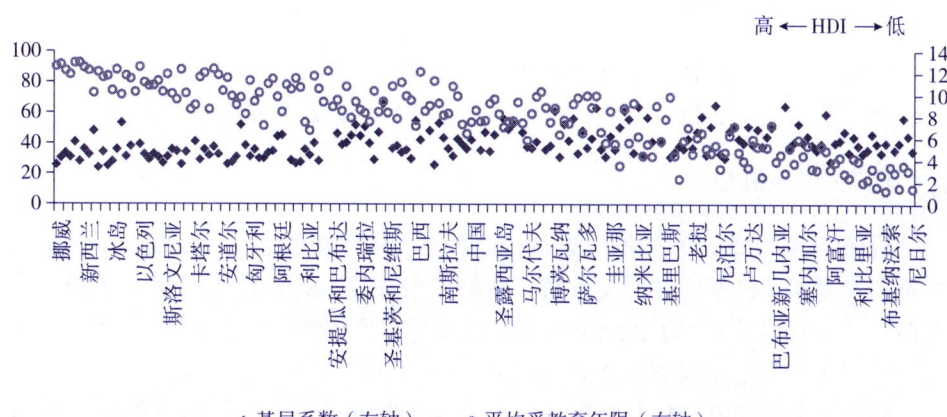

图 2-1 收入分配与国民受教育水平

注:图中横坐标对应的是143个国家,从左至右根据2012年各国HDI指数由高到低排序。
数据来源:基尼系数数据来源于世界银行,平均受教育年限数据来源于《人文发展报告2014》。

---

① 人类发展指数由联合国开发计划署(UNDP)在《人文发展报告1990》中提出,是以"预期寿命、教育水准和生活质量"三项基础变量按照一定的计算方法组成的综合指标,用以衡量各成员国经济社会发展水平。

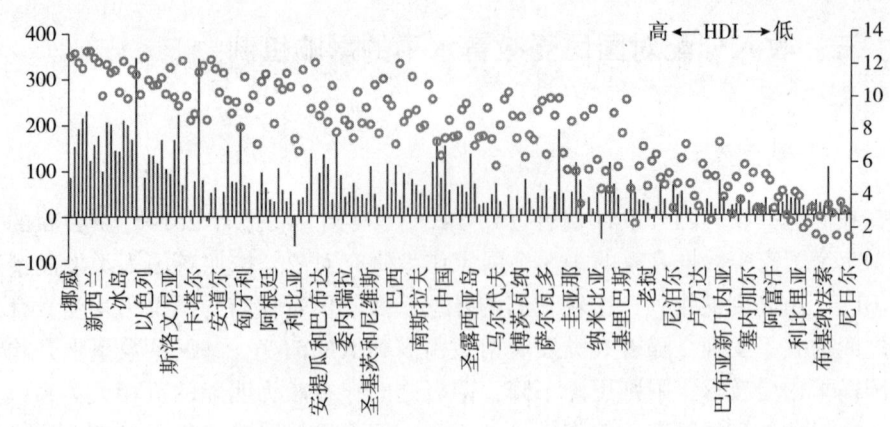

图 2-2 信贷供给与国民受教育水平

注：信贷供给用本国银行信贷占 GDP 的百分比表示。银行信贷越充裕，居民所受的信贷约束越少。图中横坐标对应的是 143 个国家，从左至右根据 2012 年各国 HDI 指数由高到低排序。

数据来源：《人文发展报告 2014》。

因此，我们尝试将收入分配的演进、信贷约束与受教育水平纳入统一的分析框架，从理论层面探讨收入分配不平等、信贷约束对受教育水平的影响机制。

(二) 影响机制

遵循 Galor（2011）的研究思路，但不同于他们侧重于收入分配不平均、人力资本积累和经济发展过程的分析，我们主要关注收入分配不平等、信贷约束对国民受教育水平的作用机制、影响效应和差异比较。

1. 信贷约束、代际馈赠对教育选择的影响机制

假设每个人的寿命只有两期。每个人的天赋和偏好是一样的，但是家庭财富和人力资本投资是不同的。

每个人都可以从父母那里获得一笔数目不同的遗产。他可以选择在第一期不接受技术教育而作为非技术人才在两期工作，将遗产用于储蓄；也可以选择在第一期投入资金和时间接受教育，在第二期作为技术人才进入劳动力市场，遗产高于接受教育所需成本部分可以用于储蓄，而若遗产低于接受教育所需成本则需要贷款。所有人将工资和储蓄所得用于消费或者转移给下一代。

假定出生于 t 期的劳动力的效用函数为：

$$u_t = \alpha + \ln c_{t+1} + (1-\alpha)\ln b_{t+1} \tag{2-1}$$

式（2-1）中，c_{t+1} 是 $t+1$ 期的消费，b_{t+1} 是 $t+1$ 期留给后代的馈赠，$\alpha \in (0,1)$。

该劳动力面临的预算约束为：

$$c_{t+1} + b_{t+1} \leq w_{t+1} \tag{2-2}$$

式（2-2）中，w_{t+1} 是 $t+1$ 期的财富，包括所接受的上一代馈赠、两期的工资和利息收入。

在预算约束式（2-2）的条件下求解效用函数式（2-1）的最大值，可以得到劳动力在 $t+1$ 期的消费和代际转移的最优选择：

$$c_{t+1} = \alpha w_{t+1} \tag{2-3}$$
$$b_{t+1} = (1-\alpha) w_{t+1} \tag{2-4}$$

由于 u_t 是 w_{t+1} 的单调递增函数，财富最大化则效用最大化，而财富取决于教育选择和所接受的代际馈赠。

如果劳动力选择不接受技术教育直接进入劳动力市场，假设存款利率为 r，则 $t+1$ 期的财富为所接受的代际馈赠、两期的工资及利息之和。

$$w^u_{t+1} c_{t+1} = w^u(2+r) + b_t(1+r) \tag{2-5}$$

如果劳动力选择固定成本为 e_t 的技术教育并在 $t+1$ 期作为技术工人进入劳动力市场，教育的固定成本可以视为对教师、行政人员和后勤人员的支付，因此它是技术工人和非技术工人工资的加权平均：

$$e_t = \beta w^s + (1-\beta) w^u = h \tag{2-6}$$

若劳动力所接受的代际馈赠 b_t 大于接受教育的投入 e_t，剩余可用于储蓄；若劳动力所接受的代际馈赠 b_t 小于接受教育的投入 e_t，则需要贷款。由于存在信贷约束，我们假设贷款利率 i 大于存款利率 r。于是技术工人在 $t+1$ 期的财富可以表示为所接受的代际馈赠、教育支出、两期的工资及利息的函数：

$$w^s_{t+1} = \begin{cases} w^s + (b_t - h)(1+i) & if \quad b_t \leq h \\ w^s + (b_t - h)(1+r) & if \quad b_t \geq h \end{cases} \tag{2-7}$$

到底是选择接受教育成为技术工人获得较高的报酬还是放弃受教育的机会成为非技术工人取决于不同选择下财富的比较。由于存在信贷约束，假设如果无须借款进行人力资本投资，选择接受教育是有利的选择，而如果全部人力资本投资都来源于信贷则无利可图：

$$\begin{cases} w^s - (1+r)h > w^u(2+r) \\ w^s - (1+i)h < 0 \end{cases} \tag{2-8}$$

由于只有获得较高代际馈赠的劳动力才会进行人力资本投资,因此存在一个代际馈赠的门槛 $b_t = f$,使得接受教育成为技术工人和直接作为非技术工人进入劳动力市场是无差异的:

$$w_{t+1}^s = w^s(f) = w_{t+1}^u = w^u(f) \tag{2-9}$$

结合式(2-5)、式(2-7)、式(2-9),求解得:

$$f = \frac{w^u(2+r) - [w^s - (1+i)h]}{i - r} > 0 \tag{2-10}$$

信贷约束、代际馈赠对教育选择的影响如图2-3所示:当财富代际馈赠 b_t 大于 f 时,接受高等教育成为技术工人所获得的财富(红粗线)比直接作为非技术工人进入劳动力市场所获得的财富(黑细线)更高。

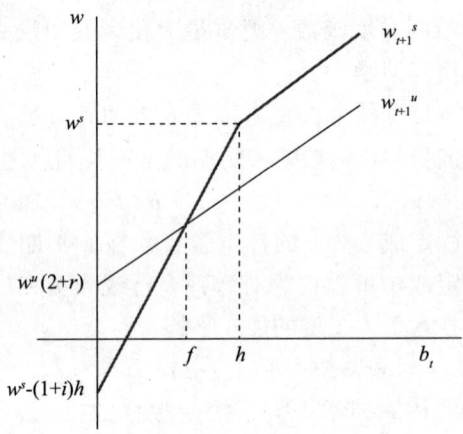

图 2-3 信贷约束、代际馈赠对教育选择的影响

2. 收入分配、信贷约束对教育选择的影响机制

那么财富收入分配、信贷约束如何影响国民受教育水平呢?

根据大数定理,假设第 t 代人的初始财富 w_t 服从正态分布,第 t 代人按比例 θ ($0<\theta<1$) 将初始财富馈赠给下一代,因此代际馈赠 $b_t = \theta w_t$ 也服从正态分布。假设 $D_t(b_t)$ 为 b_t 的密度函数,则:

$$\int_0^\infty D_t(b_t) db_t = 1 \tag{2-11}$$

在存在信贷约束的条件下,当代际馈赠大于 f 时进行人力资本投资是有利

可图的,因此选择接受教育成为技术工人的人口占总人口的比重为:

$$n_t^s = \int_f^\infty D_t(b_t) db_t \qquad (2-12)$$

而选择放弃受教育的机会成为非技术工人的人口占总人口的比重为:

$$n_t^u = \int_0^f D_t(b_t) db_t \qquad (2-13)$$

假设存在财富期望相同但分布不同的两种收入分配状况,则对应两种期望相同但分布不同的代际馈赠状况。如图 2-4 和图 2-5 所示,曲线 W_1 和 W_2 分别表示两个期望相同但分布状况不同的代际馈赠正态分布密度函数。W_1 所代表的密度函数的方差比 W_2 大,即 W_1 所代表的财富收入分配差距比 W_2 大。下面我们分析收入分配与受教育水平之间的关系。

推论一:当 $\dfrac{f}{\theta} < E(w_t)$,即 $f < E(\theta w_t) = E(b_t)$ 时,意味着财富代际馈赠 b_t 的期望值大于 f。那么,初始财富分配差距越大,国民受教育水平就会越低。

上面的分析表明,存在信贷约束的条件下,当代际馈赠 b_t 大于 f 时进行人力资本投资是有利可图的,因此选择接受教育成为技术人才的人口占总人口的比重的概率可以表示为:

$$n_t^s = \int_f^\infty D_t(b_t) db_t = \begin{cases} \dfrac{1}{2} + S_{ABDC} & \text{当财富代际馈赠的分布为 } W_1 \text{ 时} \\ \dfrac{1}{2} + S_{ABFE} & \text{当财富代际馈赠的分布为 } W_2 \text{ 时} \end{cases} \qquad (2-14)$$

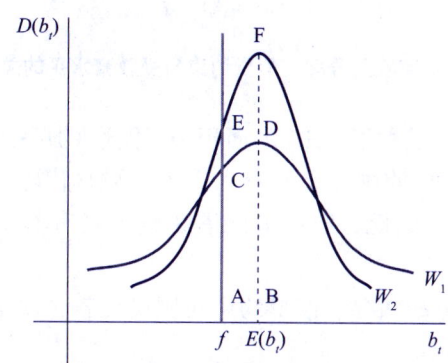

图 2-4 财富收入分配、信贷约束与受教育水平的关系之一

如图 2-4 所示，显然图形 ABDC 的面积小于图形 ABFE 的面积，即财富代际馈赠密度分布函数为 W_1 的受教育水平小于财富代际馈赠密度分布函数为 W_2 的受教育水平。因此，收入分配差距越大越不利于人力资本积累。

推论二：当 $\frac{f}{\theta} > E(w_t)$，即 $f > E(\theta w_t) = E(b_t)$ 时，意味着财富代际馈赠 b_t 的期望值小于 f。那么，初始财富分配差距越大，受教育水平就会越高。

上面的分析表明，在存在信贷约束的条件下，当代际馈赠 b_t 大于 f 时进行教育投资是有利可图的，因此选择接受教育成为技术人才的人口占总人口的比重的概率可以表示为：

$$n_t^s = \int_f^\infty D_t(b_t) db_t \begin{cases} \frac{1}{2} - S_{GHJI} & \text{当财富代际馈赠的分布为 } W_1 \text{ 时} \\ \frac{1}{2} - S_{GHLK} & \text{当财富代际馈赠的分布为 } W_2 \text{ 时} \end{cases} \quad (2-15)$$

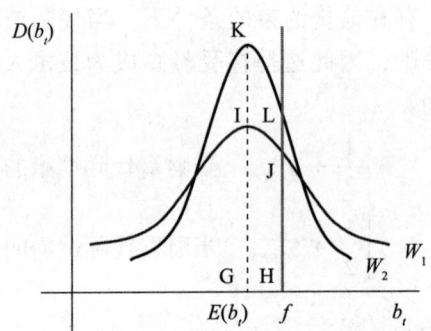

图 2-5　财富收入分配、信贷约束与受教育水平的关系之二

如图 2-5 所示，显然图形 GHJI 的面积小于图形 GHLK 的面积，即财富代际馈赠密度分布函数为 W_1 的国民受教育水平大于财富代际馈赠密度分布函数为 W_2 的国民受教育水平。因此，收入分配差距越大越有利于国民受教育水平的提高。

综上所述，收入分配状况、信贷约束对国民受教育水平的影响机制可以归纳如下。

首先，在信贷市场完善的条件下，个人均可为获得教育带来的未来收益而举债。在信贷市场不完善时，个人所获得的遗产对教育投资将会产生一定的影响。由于只有获得较高代际馈赠的劳动力才会进行人力资本投资，因此存在一个代际馈赠的门槛，当财富代际馈赠大于门槛值时，接受高等教育成为技术人才所获得的财富比直接作为非技术人才进入劳动力市场所获得的财富更高。

其次，假设财富代际馈赠与个人财富成比例，那么财富代际馈赠的分布函数与个人财富的分布函数类似。当经济发展水平较低时，公共教育投入不足，私人接受教育的成本较高以及较为普遍的信贷约束，只有获得较高代际馈赠的个体才会进行人力资本投资。收入分配差距越大意味着高收入人群的比例也较高，因而选择接受教育的人口比例也较高。随着经济发展水平的不断提高，政府的公共教育投入逐渐完善，私人接受教育的成本降低以及较为宽松的助学信贷，接收教育变得愈加普及化。收入分配差距越小意味着中等收入人群的比例越高而低收入人群的比例较小，因而选择接受教育的人口比例较高。

最后，收入差距和信贷约束对国民受教育水平的影响受各国经济基础、发展模式和制度环境等因素的影响。对于发展中国家而言，收入分配状况和信贷约束对国民受教育水平的影响可能呈现出不同于发达国家的特征。下面我们选择联合国开发计划署（UNDP）《人文发展报告2014》所公布的187个国家中数据完整的143个国家最近年份的数据作为研究对象，实证检验收入分配的演进、信贷约束对受教育水平的影响效应。并根据人类发展指数对不同人类发展水平国家进行比较分析。

四、收入分配对国民受教育水平的影响效应

(一) 模型构建

基于收入差距、信贷约束与国民受教育水平之间可能存在非线性关系的考虑，参考 Oded Galor（2011）的研究思路，我们构建如下的计量模型：

$$Y_i = \alpha + \beta_1 Gini_i + \beta_2 Gini_i^2 + \beta_3 Credit_i + \beta_4 Credit_i^2 + \lambda X_i + \varepsilon \quad (2-16)$$

式（2-16）中，Y 为国民受教育水平，$Gini$ 为收入差距，$Credit$ 为信贷约束，X 为影响国民受教育水平的其他因素，α 代表常数项，ε 为随机扰动项，i 为地区。

理论上，影响国民受教育水平的基本要素除了因收入分配信贷约束所导致的私人部门的投入差异以外，还有其他重要因素如国内发展水平（如公共教育投入、人均国民收入、失业率、城市化水平等）和国际一体化程度（如国际贸易、国际资金流动、国际人口流动、对外信息交流等），因此我们拟引入其作为

控制变量。各变量描述如表 2-1 所示。

表 2-1 变量描述

	变量名	描述	年份
因变量	平均受教育年限（MYS）	用 6 岁及以上人口平均接受教育的年数表示	2003~2012
	初等教育入学率（Pri）	用小学入学人口占学龄人口的百分比表示	2003~2012
	中等教育入学率（Sec）	用中学入学人口占学龄人口的百分比表示	2003~2012
	高等教育入学率（Ter）	用大学入学人口占学龄人口的百分比表示	2003~2012
自变量	收入差距（Gini）	用基尼系数表示。数据来源于世界银行最近年份的统计，部分国家缺失的数据根据维基百科的数据进行了补充	1998~2012
	信贷供给（Credit）	用本国银行信贷占 GDP 的百分比表示。银行信贷越充裕，居民所受的信贷约束越少	1998~2012
控制变量之一	公共教育投入（Pubedu）	用公共教育投入占 GDP 百分比来表示。公共教育投入将人力资本投资的外部性内生化，在一定程度上降低的收入差距和信贷约束对私人人力资本投资的负面影响，是私人教育投入以外影响人力资本积累的关键因素	1998~2012
	人均国民收入（GNIpc）	用按购买力平价折算后的 2011 年美元表示。人均国民收入反映了地区的经济发展水平，其对人力资本积累的影响源于经济驱动力的改变	1998~2012
	失业率（Unemp）	用失业人口占 15 岁及以上人口的百分比表示。就业的难易会影响人们的受教育选择，越是易于找到一份理想的工作，人们越倾向于较少受教育年限；就业越困难，人们越倾向于延长受教育年限	2003~2012
	城市化水平（Urban）	用城市人口占总人口的百分比表示。城市化是一个人口乡城变迁和人力资本提升的过程，在这个过程中，教育作为人口变化的核心因素，自然深受影响	2003~2012

续表

	变量名	描述	年份
控制变量之二	国际贸易（Trade）	用对外贸易占 GDP 的百分比表示。贸易一方面降低了富有技术人才国家的非技术人才的工资，从而减少了可用于人力资本投资的储蓄；而另一方面推高了富有技术人才国家的技术人才的工资，从而增加了培养技术人才的教育成本，加剧了进行人力资本投资所面临的信贷约束。贸易对缺乏技术人才国家的影响则相反。贸易双方所获得的贸易利益和贸易所导致的知识外溢则有利于贸易双方的人力资本积累	2003~2012
	国际资金流动（FDI）	用外国直接投资净流入占 GDP 的百分比来表示。FDI 对国民受教育水平存在双重影响。一方面，来自发达国家的 FDI 具有培训和示范效应，有利于提升发展中国家的人力资本积累；另一方面，发展中国家吸收的 FDI，通常集中于劳动密集型行业，技术水平较低，锁定了大量低素质劳动力，不利于国民受教育水平的提升	2003~2012
	国际人口流动（Tourist）	用国际入境旅游人数占总人口的百分比表示。到达一个国家境内的非居民游客的增加促进了国内外信息的流通和国民视野的开阔，对国民的教育选择会产生影响	2003~2012
	对外信息交流（Internet）	用互联网用户占总人口百分比表示。互联网带来的最根本变化，就是人力资本、物质资本和金融资本的力量对比发生了变化。在网络时代，人力资本的回报的提升会改变国民的教育偏好	2003~2012

各国的相关数据来源于联合国开发计划署（UNDP）《人文发展报告 2014》。由于实证分析涉及多个变量和多个国家，部分变量、部分国家、部分年份的数据常有缺失，为了使我们的分析能够包括尽可能多的国家，我们选取了数据较为完整的 112~143 个国家 1998~2012 年相关变量的平均值进行截面数据实证分析。理论上我们应该加入尽可能多的控制变量，但考虑到自变量和控制变量之间可能存在的多重共线性对估计结果的影响，我们通过对变量的相关性进行检验（结果见表 2-2）剔除城市化水平（Urban）和对外信息交流（Internet）这两个与基尼系数（Gini）、信贷供给（Credit）或人均国民收入（GNIpc）存在高度相关（相关系数大于 0.5 且显著性水平在 1% 以内）的控制变量。结合余下的控制变量，我们对模型进行实证分析。

表 2-2 2003~2012 年变量的相关系数

	Gini	Credit	HDI	GNIpc	Pubedu	Unemp	Urban	Trade	FDI	Tourists	Internet
Gini	1.00										
Credit	-0.23	1.00									
HDI	-0.32*	0.59*	1.00								
GNIpc	-0.29*	0.46*	0.73*	1.00							
Pubedu	-0.05	0.13	0.16	0.02	1.00						
Unemp	0.13	-0.04	-0.13	-0.27	0.21	1.00					
Urban	-0.15	0.42*	0.69*	0.59*	0.09	-0.13	1.00				
Trade	-0.01	0.16	0.27	0.32*	0.10	-0.06	0.24	1.00			
FDI	0.08	-0.03	-0.12	-0.04	-0.15	-0.06	0.00	0.37*	1.00		
Tourists	-0.14	0.45*	0.37*	0.30*	0.04	-0.05	0.30*	-0.03	-0.10	1.00	
Internet	-0.35*	0.66*	0.89*	0.77*	0.10	-0.09	0.65*	0.28*	-0.09	0.34*	1.00

数据来源：作者计算所得，*表示在1%显著性水平下显著。

（二）实证结果

基于收入分配、信贷约束对国民受教育水平之影响的复杂性考虑，我们从三个角度对该问题进行探讨。①探讨收入分配、信贷约束对国民受教育水平的非线性影响轨迹（见表2-3）。②测度收入分配、信贷约束对国民受教育水平的滞后影响效应（见表2-4）。③分析收入分配、信贷约束对国民受教育水平的交互影响机制（见表2-5）。基于式（2-16），我们采用最小二乘估计法（OLS）进行的估计，分析软件采用 Eviews6.0 分析，结果如表2-3所示。

表 2-3 收入分配、信贷约束对国民受教育水平的非线性影响

因变量 自变量	MYS_{03-12} (1)	Pri_{03-12} (2)	Sec_{03-12} (3)	Ter_{03-12} (4)	MYS_{03-12} (5)	Pri_{03-12} (6)	Sec_{03-12} (7)	Ter_{03-12} (8)
常数项 α	14.70*** (3.33)	90.24*** (5.32)	122.43*** (3.56)	71.79* (1.67)	14.42*** (3.65)	90.59*** (4.42)	123.27*** (3.81)	60.29* (1.72)
$Gini_{03-12}$	-0.412** (-2.05)	0.735 (0.95)	-2.995* (-1.93)	-2.462 (-1.24)	-0.428** (-2.44)	0.760 (0.83)	-3.396** (-2.37)	-1.942 (-1.24)

续表

自变量＼因变量	MYS_{03-12} (1)	Pri_{03-12} (2)	Sec_{03-12} (3)	Ter_{03-12} (4)	MYS_{03-12} (5)	Pri_{03-12} (6)	Sec_{03-12} (7)	Ter_{03-12} (8)
$Gini_{03-12}^2$	0.004* (1.82)	-0.007 (-0.74)	0.032* (1.74)	0.021 (0.87)	0.004** (2.23)	-0.007 (-0.68)	0.038** (2.31)	0.014 (0.78)
$Credit_{03-12}$	0.018* (1.89)	-0.016 (-0.43)	0.191** (2.53)	0.408*** (4.50)	0.031*** (3.61)	-0.056 (-1.29)	0.283*** (4.06)	0.380*** (5.12)
$Credit_{03-12}^2$	-0.00003 (-0.91)	0.00004 (0.35)	-0.00044* (-1.75)	-0.00096*** (-3.23)	-0.00006** (-2.11)	0.00015 (1.00)	-0.00069*** (-2.83)	-0.00085*** (-3.33)
$Pubedu_{03-12}$	0.035 (0.27)	-0.268 (-0.53)	-0.099 (-0.10)	1.149 (0.93)	0.075 (0.66)	-0.013 (-0.02)	0.686 (0.74)	1.215 (1.20)
$GNIpc_{03-12}$	0.523*** (3.69)	-0.124 (-0.22)	6.131*** (5.40)	3.132*** (2.36)	0.611*** (4.65)	-0.362 (-0.51)	6.446*** (5.73)	3.163*** (2.66)
$Unemp_{03-12}$	0.049 (1.28)	-0.017 (-0.12)	0.577* (1.92)	0.284 (0.79)				
$Trade_{03-12}$	0.004 (0.83)	-0.016 (-0.72)	-0.009 (-0.20)	-0.033 (-0.66)				
FDI_{03-12}	-0.026 (-0.75)	0.261* (1.94)	0.213 (0.75)	0.406 (1.22)				
$Tourist_{03-12}$	0.001 (0.18)	-0.009 (-0.57)	0.014 (0.57)	-0.022 (-0.75)				
评价统计量								
R^2	0.44	0.14	0.52	0.46	0.48	0.06	0.53	0.50
F-stat	8.27	1.69	11.06	8.73	21.12	1.38	24.36	21.49
二次曲线顶点								
Gini 顶点	47.72	—	47.04	—	47.61	—	44.67	—
Credit 顶点	—	—	218.00	212.73	245.46	—	206.69	223.33
样本数	112	112	114	112	143	137	138	135

注：相关变量采用 2003~2012 年的平均值进行实证分析，下标"03-12"指数据年限。系数估计值下面括号内的数字为 t 统计值，系数估计值旁边的 ***、**、* 分别表示在 1%、5%、10% 显著性水平下显著。

数据来源：作者计算所得。

表2-4 收入分配、信贷约束对国民受教育水平的滞后影响

因变量 自变量	MYS_{08-12} (9)	Pri_{08-12} (10)	Sec_{08-12} (11)	Ter_{08-12} (12)	因变量 自变量	MYS_{08-12} (13)	Pri_{08-12} (14)	Sec_{08-12} (15)	Ter_{08-12} (16)
常数项 α	18.11*** (4.49)	84.39*** (3.81)	167.48*** (4.91)	86.33*** (2.41)	常数项 α	22.55*** (4.22)	82.68*** (2.74)	206.72*** (4.39)	165.63*** (3.46)
$Gini_{03-07}$	-0.594*** (-3.20)	0.603 (0.59)	-5.505*** (-3.45)	-2.698 (-1.64)	$Gini_{98-02}$	-0.737*** (-2.99)	0.610 (0.44)	-6.873*** (-3.10)	-6.089** (-2.72)
$Gini_{03-07}^2$	0.006*** (2.94)	-0.003 (-0.23)	0.062*** (3.26)	0.025 (1.27)	$Gini_{98-02}^2$	0.007*** (2.63)	-0.001 (-0.08)	0.072*** (2.80)	0.060** (2.30)
$Credit_{03-07}$	0.074*** (4.54)	0.044 (0.49)	0.823*** (6.13)	0.487*** (3.32)	$Credit_{98-02}$	0.050** (2.55)	0.008 (0.07)	0.733*** (4.50)	0.456** (2.63)
$Credit_{03-07}^2$	0.000*** (-3.79)	0.000 (-0.71)	-0.004*** (-5.20)	-0.002*** (-3.08)	$Credit_{98-02}^2$	0.000 (-1.66)	0.000 (-0.37)	-0.003*** (-3.67)	-0.002** (-2.11)
$Pubedu_{03-07}$	0.089*** (0.73)	-0.001 (0.00)	-0.233 (-0.23)	-0.779 (-0.66)	$Pubedu_{98-02}$	0.196 (1.34)	-0.143 (-0.17)	0.966 (0.79)	-0.031 (-0.02)
$GNIpc_{03-07}$	0.564*** (1.96)	8.900 (0.29)	4.470** (1.90)	0.452*** (3.45)	$GNIpc_{98-02}$	0.498 (1.32)	5.980 (0.72)	3.300 (1.05)	1.520* (1.80)
R^2	0.49	0.06	0.55	0.50	R^2	0.46	0.09	0.51	0.46
F-stat	18.93	1.32	23.23	17.91	F-stat	16.13	1.76	18.49	14.51
样本数	127	125	122	115	样本数	120	118	115	108
滞后期	滞后5年				滞后期	滞后10年			

注:相关变量下标"98-02""03-07""08-12"分别代表数据的年限为1998~2002年、2003~2007年、2008~2012年。系数估计值下面括号内的数字为t统计值,系数估计值旁边的***、**、*分别表示在1%、5%、10%显著性水平下显著。

数据来源:作者计算所得。

第二章 收入分配对中等收入阶段生产率提升的影响——人力资本

表2-5 收入分配、信贷约束对国民受教育水平的交互影响

因变量 自变量	MYS_{03-12} (17)	Pri_{03-12} (18)	Sec_{03-12} (19)	Ter_{03-12} (20)	MYS_{03-12} (21)	Pri_{03-12} (22)	Sec_{03-12} (23)	Ter_{03-12} (24)
常数项 α	14.648*** (4.50)	89.472*** (4.25)	130.365*** (3.91)	69.848* (1.97)	16.680*** (4.34)	94.449*** (4.52)	147.029*** (4.77)	80.433** (2.40)
$Gini_{03-12}$	-0.236 (-1.63)	0.809 (0.86)	-3.716** (-2.51)	-2.328 (-1.46)	-0.508*** (-2.97)	0.655 (0.71)	-4.366*** (-3.18)	-2.741* (-1.83)
$Gini_{03-12}^2$	0.002 (1.44)	-0.008 (-0.71)	0.042** (2.46)	0.019 (1.01)	0.006** (2.84)	-0.005 (-0.50)	0.050*** (3.19)	0.024 (1.39)
$Credit_{03-12}$	0.035*** (4.67)	-0.051 (-1.04)	0.292*** (3.75)	0.392*** (4.71)	0.023** (2.75)	-0.073 (-1.60)	0.214*** (3.14)	0.311*** (4.29)
$Credit_{03-12}^2$	0.000*** (-3.47)	0.000 (1.32)	-0.001** (-2.68)	-0.001*** (-3.21)	0.000 (-1.63)	0.000 (1.21)	-0.001** (-2.40)	-0.001*** (-2.94)
$Gini_{03-12} \times Creditsh$					0.016 (1.11)	0.023 (0.30)	0.196 (1.65)	0.194 (1.52)
$Gini_{03-12} \times Credith$					0.022 (1.53)	0.007 (0.09)	0.291** (2.49)	0.324** (2.58)
$Gini_{03-12} \times Creditl$					-0.032** (-2.55)	-0.093 (-1.36)	-0.223** (-2.22)	-0.224** (-2.03)
$Credit_{03-12} \times Ginish$	-0.003 (-0.62)	0.007 (0.19)	-0.026 (-0.47)	-0.047 (-0.80)				
$Credit_{03-12} \times Ginih$	-0.005 (-0.92)	-0.030 (-0.88)	-0.032 (-0.59)	-0.061 (-1.04)				
$Credit_{03-12} \times Ginil$	0.005 (1.20)	-0.028 (-0.96)	0.005 (0.11)	0.030 (0.60)				
$Pubedu_{03-12}$	0.220** (2.38)	0.019 (0.03)	0.663 (0.70)	1.088 (1.08)	0.012 (0.10)	-0.183 (-0.30)	0.223 (0.25)	0.837 (0.86)

续表

自变量 \ 因变量	MYS_{03-12} (17)	Pri_{03-12} (18)	Sec_{03-12} (19)	Ter_{03-12} (20)	MYS_{03-12} (21)	Pri_{03-12} (22)	Sec_{03-12} (23)	Ter_{03-12} (24)
$GNIpc_{03-12}$	0.575*** (5.15)	−0.375 (−0.50)	6.382*** (5.37)	2.647** (2.13)	0.545*** (4.15)	−0.457 (−0.62)	5.960*** (5.44)	2.482** (2.14)
R^2	0.59	0.07	0.53	0.51	0.53	0.08	0.59	0.57
F-stat	20.95	1.09	15.74	14.56	16.82	1.19	20.53	18.09
样本数	142	136	137	134	142	136	137	134

注：构建了 Ginish、Ginih、Ginim、Ginil 4 个 {0,1} 哑变量，分别代表极高收入差距经济体（Gini>0.45）、高收入差距经济体（Gini>0.38 且 Gini≤0.45）、中等收入差距经济体（Gini>0.32 且 Gini≤0.38）、低收入差距经济体（Gini≤0.32）。若为极高收入差距经济体则 Ginish 取值为 1，否则取值为 0，Ginih、Ginim、Ginil 的取值以此类推。相似地我们构建了 Creditsh、Credith、Creditm、Creditl 4 个 {0,1} 哑变量，分别代表极高信贷供给经济体（Credit>1）、高信贷供给经济体（Credit>0.6 且 Credit≤1）、中等信贷供给经济体（Credit>0.3 且 Credit≤0.6）、低信贷供给经济体（Credit≤0.3）。若为极高信贷经济体则 Creditsh 取值为 1，否则取值为 0，Credith、Creditm、Creditl 的取值以此类推。在实证分析中以中等收入差距经济体和中等信贷供给经济体作为基准组。系数估计值下面括号内的数字为 t 统计值，系数估计值旁边的 ***、**、* 分别表示在 1%、5%、10% 显著性水平下显著。

数据来源：作者计算所得。

总体而言，回归方程总体拟合良好。表 2-3 中回归方程（1）~（4）为加入所有控制变量的回归结果，方程（5）~（8）为删除部分不显著的控制变量之后的回归结果。表 2-4 中回归方程（9）~（12）为收入分配、信贷约束对滞后五年的国民受教育水平的影响，方程（13）~（16）为收入分配、信贷约束对滞后十年的国民受教育水平的影响。表 2-5 中回归方程（17）~（24）为加入收入分配与信贷约束的交互项对国民受教育水平之影响的考察。从方程总体的拟合效果来看，除了初等教育入学率的相关方程的拟合优度较差以外，其他方程的拟合优度约为 50%，加入收入分配与信贷约束的交互项之后的方程拟合优度有所提高。具体而言，收入分配、信贷约束对国民受教育水平的影响呈现出以下特征。

第一，收入分配、信贷约束对国民受教育水平存在非线性影响，收入差距的扩大会降低国民受教育水平，银行信贷的增加会提高国民受教育水平。

由于绝大多数国家普及小学教育，收入差距和信贷约束对初等教育的入学率不存在显著影响，但收入差距和信贷约束对平均受教育年限、中等教育的入学率和高等教育的入学率都有显著的影响。根据基尼系数与银行信贷回归系数显著的方程，可以计算出基尼系数和银行信贷的顶点值，当基尼系数<44.67%的时候，收入差距的扩大会降低国民受教育水平；而当银行信贷<206.69%的时候，银行信贷的增加会提高国民受教育水平。由于世界上绝大多数国家的收入差距和信贷约束处于这个区间，因此，可以认为平均受教育年限（MYS）和中等教育入学率（Sec）与基尼系数存在显著的负相关关系，平均受教育年限、中等教育入学率、高等教育入学率（Ter）与银行信贷存在显著的正相关关系。人均国民收入对人力资本平均受教育年限、中等教育入学率、高等教育入学率都存在显著的正向作用，人均国民收入的提高对人力资本的提升有显著的积极意义。公共教育支出对入学率的影响随着受教育水平的提高而增大，对高等教育入学率的影响大于中等教育入学率，但不显著。

第二，收入分配、信贷约束对国民受教育水平存在滞后影响，收入差距的扩大对未来国民受教育水平的抑制作用增强，银行信贷的增加对当期国民受教育水平的提升作用更为明显。

收入分配、信贷约束对滞后5~10年的国民受教育水平同样存在非线性影响，影响系数更大，影响显著性增强。滞后影响与当期影响的区别具体表现为两个方面：一方面，收入分配对高等教育入学率的滞后影响比当期影响显著，滞后10年的影响比滞后5年的影响更为明显。另一方面，信贷供给对当期中、高等教育入学率的边际影响更大，对滞后5~10年的中、高等教育入学率的边际影响减弱。由于是否接受高等教育是一个长远的人生规划，过大的收入差距不利于未来的人才储备，当然，提高信贷供给可以起到即期的补救作用。

第三，收入分配、信贷约束对国民受教育水平存在交互影响，在收入差距越大的经济体，增加信贷供给对国民受教育水平的提升效应越明显；在信贷供给越充裕的经济体，缩小收入差距对国民受教育水平的提升作用越显著。

一方面，按基尼系数从大到小对经济体进行分组，分析随着收入差距扩大，信贷供给对国民受教育水平的差异化影响发现，在收入差距越大的经济体，增加信贷供给对国民受教育水平的提升效应越明显。实证结果表明该规律存在，但对国民受教育水平各个指标的影响不显著。另一方面，按信贷供给从高到低对经济体进行分组，分析随着信贷供给的增加，收入差距对国民受教育水平的差异化影响发现，在信贷供给越充裕的经济体，缩小收入差距对国民受教育水平的提升作用越显著，该规律在收入差距和信贷约束对中、高等教育入学率的影响中表现得较为明显。

(三) 现实解释

前面的理论分析表明，收入分配状况、信贷约束与国民受教育水平之间的关系与经济发展水平有关。对于发展中国家而言，由于政府的公共教育投入相对欠缺，私人接受教育的成本较高以及较为普遍的信贷约束，收入分配状况对国民受教育水平的影响可能呈现出不同于发达国家的特征。

根据式（2-16），我们可以分别求出基尼系数和银行信贷的变化对人力资本积累的边际影响的表达式：

$$\frac{\partial Y_i}{\partial Gini_i} = \beta_1 + 2\beta_2 Gini_i \qquad (2-17)$$

$$\frac{\partial Y_i}{\partial Gredit_i} = \beta_3 + 2\beta_4 Gredit_i \qquad (2-18)$$

为了更直观地展示收入分配、信贷约束对国民受教育水平的差异化影响，我们选择基尼系数和信贷约束对国民受教育水平影响显著的回归方程（5）和回归方程（7），根据基尼系数和信贷约束的回归系数，计算出式（2-17）和式（2-18）所表示的边际影响的实际值，并按人类发展指数由高到低进行排序（见图2-6和图2-7）。

图2-6的分析显示，对处于不同经济发展阶段的国家，其影响效应呈现出差异化的特征。从总体影响趋势来看，收入差距的扩大对大多数国家的国民受教育水平有负面影响，尤其是在高人类发展指数的国家；但在人类发展指数较低的国家，情况出现一定程度的逆转，收入差距的扩大对某些国家的国民受教育水平呈现出正面影响。从个体差异的情况来看，对于人类发展指数越高、经济越发达的国家，收入差距的扩大对人力资本积累的负面影响越明显；而对于人类发展指数越低、经济越不发达的国家，收入差距的扩大对人力资本积累的负面影响越不明显，甚至呈现出正向作用。

该实证结果印证了我们前面的推论一和推论二：当经济发展水平较低时，由于政府的公共教育投入相对欠缺，私人接受教育的成本较高以及较为普遍的信贷约束，收入分配差距越大越有利于国民受教育水平的提高。随着经济发展水平的不断提高，政府的公共教育投入逐渐完善，私人接受教育的成本降低以及较为宽松的助学信贷，收入分配差距越大越不利于国民受教育水平的提升，这也一定程度上解释了在部分发展中国家经济增长和收入差距扩大持续并存的

第二章 收入分配对中等收入阶段生产率提升的影响——人力资本

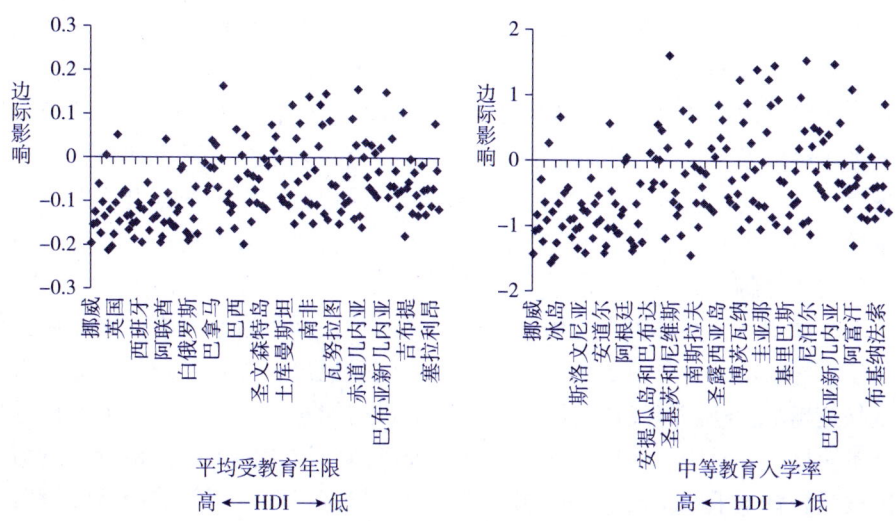

图 2-6 基尼系数提高对国民受教育水平的边际影响

注：图中横坐标对应的是 143 个国家，从左至右根据 2012 年各国 HDI 指数由高到低排序。

数据来源：根据式（2-17）计算所得。

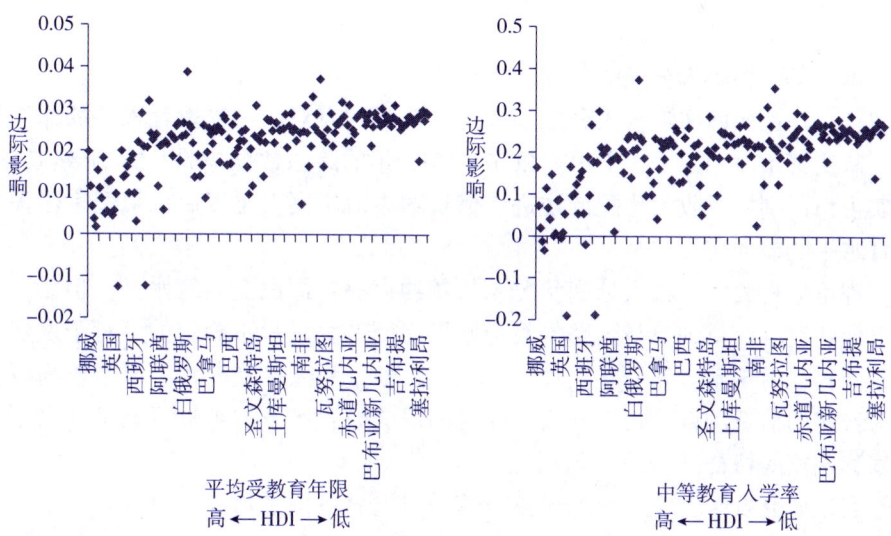

图 2-7 银行信贷增加对国民受教育水平的边际影响

注：图中横坐标对应的是 143 个国家，从左至右根据 2012 年各国 HDI 指数由高到低排序。

数据来源：根据式（2-18）计算所得。

合理性。而且,随着人类发展指数的提高,收入差距变化对人力资本积累的影响存在一个较为明显的分水岭(见图2-6,人类发展指数约为0.8的地方,也是超高人类发展指数国家与高人类发展指数国家分界点)。因此,对于人类发展指数处于中低发展水平的发展中国家而言,在公共教育投入不足和信贷约束的背景之下,当前的收入差距扩大也许有利于国民受教育水平的提升,但随着经济发展水平的不断提高,收入差距的进一步扩大会成为人力资本积累和经济可持续发展的绊脚石。

图2-7显示,总体而言,银行信贷增加对国民受教育水平有正向作用,但对处于不同经济发展阶段的国家,其影响效应呈现出差异化的特征。对于人类发展指数越高、经济越发达的国家,银行信贷增加对国民受教育水平的促进作用越不明显;而对于人类发展指数越低、经济越不发达的国家,银行信贷增加对国民受教育水平的正面效应越明显。因此,放宽与教育有关的银行信贷对人力资本积累有显著的促进作用,对人类发展指数处于中低发展水平的发展中国家而言,放宽信贷约束有着更为积极的意义。

五、结论与启示

本节尝试将收入分配的演进、信贷约束与国民受教育水平纳入统一的分析框架,从理论层面厘清收入分配不平等、信贷约束对国民受教育水平的作用机制,从实证角度利用143个国家2003~2012年的跨国数据检验其影响效应,从现实视角区别探析收入分配的演进、信贷约束对不同人类发展水平国家国民受教育水平的差异化影响。

理论分析表明,收入分配状况、信贷约束决定国民受教育水平。但是,收入分配状况、信贷约束与国民受教育水平之间的关系是不确定的。对于发展中国家而言,由于政府的公共教育投入相对欠缺,私人接受教育的成本较高以及较为普遍的信贷约束,收入分配状况对国民受教育水平的影响可能呈现出不同于发达国家的特征。

实证研究发现,收入分配与银行信贷对世界各国平均受教育年限、中等教育入学率、高等教育入学率的差异有重要的影响,但存在跨国差异。①收入差距的扩大对大多数国家的国民受教育水平有负面影响,但在低人类发展指数的国家,情况出现一定程度的逆转。银行信贷增加对国民受教育水平有正向作用,且在人类发展指数越低的国家表现得越为明显。②收入分配、信贷约束对国民受教育水平存在滞后影响，收入差距的扩大对未来国民受教育水平的抑制作用增强，银行信贷的增加对当期国民受教育水平的提升作用更为明显。③收入分配、信贷约束对国民受教育水平存在交互影响，在收入差距越大的经济体，增加信贷供给对国民受教育水平的提升效应越明显；在信贷供给越充裕的经济体，缩小收入差距对国民受教育水平的提升作用越显著。

总体而言，本研究结论对处于不同人类发展水平的国家有差异化的政策含义。对于人类发展指数较高的国家，减少收入差距、提高教育信贷有利于国民受教育水平的提升。对于人类发展指数处于中低水平的国家，在公共教育投入不足和信贷约束的背景之下，短期而言，收入差距扩大也许有利于人力资本积累；但长期而论，随着经济发展水平的不断提高，收入差距的进一步扩大会成为人力资本积累和经济可持续发展的"绊脚石"。而放宽信贷约束对人类发展指数处于中低发展水平的发展中国家有着更为积极的意义。

具体而言，政府应从以下三方面着力：首先，适度贫富差距。对于大多数国家尤其是发达国家而言，如果能采取有效措施降低收入差距，或减少收入差距对国民受教育水平的负面影响，面临信贷约束问题的家庭也会相应减少，这就能使教育投资相对公平，最大限度地提高国民受教育水平。其次，减少信贷约束。为提高普通民众受教育年限，政府应通过教育投资降低劳动者接受教育的直接成本，利用教育补贴、助学金等政策措施激励贫困家庭子女接受教育，降低由收入分配所导致的受教育水平差异。最后，增加教育投入。为防止收入分配通过人力资本中介影响发展中国家经济增长，应该具有更加长远的经济发展眼光，在经济增长的同时增加公共教育投入。

总之，经济增长本身并不能自动转化为人类发展进步。只有凭借重点关注教育和工作技能等方面的扶贫政策和旨在提高民众能力的信贷和投资，才能提升人力资本、扩大民众获得体面工作的机会和确保人类持续进步。

第二节　收入分配对高等教育入学率的影响
——中国现实

本节基于中国东、中、西部地区 2003~2015 年的省际面板数据，对收入不平等、流动性约束与受高等教育人口比例的关系进行实证分析后发现，收入不

收入分配演进对中等收入阶段生产率提升的影响机制研究

平等不利于各省份受高等教育人口比例的提高，而信贷供给缓解了流动性约束，促进了各省份受高等教育人口比例的提高；收入不平等、流动性约束对东、中、西部各省份高等教育人口比例存在不同影响，降低基尼系数对东部地区受高等教育人口比例的边际效应最为明显，对中部地区的作用最小；减少流动性约束对中部地区受高等教育人口比例的作用更加有效，对东部地区的作用最小。

一、收入分配对高等教育入学率的影响概述

2016 年教育部发布的首份《中国高等教育质量报告》指出，2015 年高等院校在校生规模达 3700 万人，位居世界第一；各类高校 2852 所，位居世界第二；毛入学率 40%，高于全球平均水平。在我国高等教育快速发展的同时，高等教育中的公平问题也日益凸显。例如，低收入家庭将高等教育视为改变现状的重要途径，而高收入家庭力图通过高等教育维持和强化其优势地位，因为收入不平等和流动性约束，贫穷家庭降低对子女的高等教育投资，而富裕家庭可能为孩子提供过度的教育投资，这就导致穷者愈穷、富者愈富的"马太效应"，"寒门难出贵子"也成为愈加现实的问题。因此，提高弱势群体的高等教育入学机会是当前亟待解决的问题。

如何让更多来自低收入家庭的学生有机会接受高等教育，并提升高等教育入学率？以往的研究一般从宏观角度出发强调增加公共教育投入的作用，但忽略了微观个体因素对教育选择的影响。从理论上来说，个人会遵循效用最大化原则进行教育投资，是否接受高等教育取决于毕业之后的工资溢价与接受高等教育的成本之比较。信贷供给缓解了贫困家庭的流动性约束，使得他们可以通过信贷优化教育选择（Becker，1975；OECD，2013）。

收入不平等和流动性约束对高等教育选择的影响得到了经验研究的支持。首先，对发达国家的研究表明，收入不平等和流动性约束是导致接受高等教育存在差异的原因之一。如 Acemoglu 和 Pischke（2001）研究美国家庭收入分布数据后发现，那些 20 世纪 70 年代处于收入最底层的家庭在 20 世纪 90 年代更加贫穷，那些处于收入最高 25% 的家庭则刚好相反；Fack 和 Grenet（2015）发现，法国低收入学生大规模拨款计划显著提高了受益人的高等教育入学率和毕业率；Galor（2011）进一步探讨了在不同经济发展阶段，收入差距对教育投资的差异化影响，在人均收入水平较低的发展阶段，收入不平等促进高收入家庭的高等教育投资；随着人均收入水平的上升，收入均等化缓解了流动性约束，

促进了家庭教育投资的增加。其次，对发展中国家的研究也得到相似的结论。对南非和哥伦比亚的数据分析表明，近20年来，因家庭贫富差距引起的在接受高等教育方面存在差异这一问题不断扩大化（Gurgand and Lorenceau，2011；World Bank，2005）。最后，国内的实证研究也显示，收入不平等、流动性约束对个体的高等教育选择存在影响。例如，Wang et al.（2011）发现，由于教育系统中存在信贷约束，来自中国农村地区的高校学生比例非常低；杨娟等（2015）发现，加大政府对义务教育阶段的补贴力度有助于缓解家庭的流动性约束并提高低收入家庭对子女早期的教育投资，从而提高其接受高等教育的概率。

但包括上述研究在内的大多数研究并没有将收入不平等和流动性约束的影响统一到一个框架之中，而是将其分开进行探讨。此外，中国存在较大的地区差异，但鲜有研究探讨收入不平等和流动性约束对中国东、中、西部地区高等教育的差异化影响。鉴于数据的完整性和延续性考虑，本书选取了中国东、中、西部地区27个省份2003~2015年的面板数据，试图探讨收入不平等和流动性约束对高等教育地区差异的影响。

二、收入分配与高等教育入学率的现状分析

如图2-8所示，自2003年以来，各省份受高等教育人口比例（即各省份接受高等教育的人口占该省份总人口的比例）呈逐年上升的趋势，其中，北京、天津、辽宁和上海等东部省份的这一比例明显高于重庆、四川、贵州和云南等西部省份，表明高等教育地区差异广泛存在。

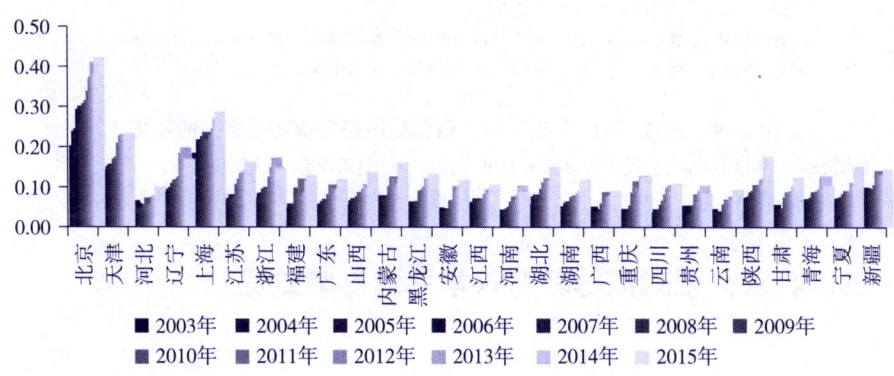

图2-8 2003~2015年东、中、西部各省份受高等教育人口比例的变化

数据来源：2004~2016年《中国统计年鉴》。

在当前我国经济面临转型升级的背景之下，提高受高等教育人口比例具有现实意义。虽然这一比例在各省份都不断提高，但各省份也存在较大的差异，高等教育地区差异的存在不仅影响经济增长速度，更会影响经济发展质量。如前所述，收入不平等和流动性约束对个体的教育选择行为产生重要影响，进而影响高等教育地区差异的形成。因此，首先要了解我国东、中、西部地区各省份收入不平等和流动性约束状况。

从收入不平等的角度而言，如图2-9所示，2003~2015年我国东、中、西部各省份的基尼系数呈下降趋势。在地域分布上，北京、天津和上海等东部省份的基尼系数处于较低水平，普遍低于国际公认的0.4警戒线；贵州、甘肃和青海等西部省份的基尼系数处于较高水平，普遍高于0.4；中部地区省份在0.4上下波动。从流动性约束的角度而言，如图2-10所示，2003~2015年我国东、中、西部各省份的信贷供给呈"U"形的演变轨迹。在地域分布上，北京、天津、上海和浙江等东部省份的信贷供给处于较高的水平；内蒙古、黑龙江、河南和湖南等中部省份的信贷供给处于较低的水平；西部地区处于中间水平。

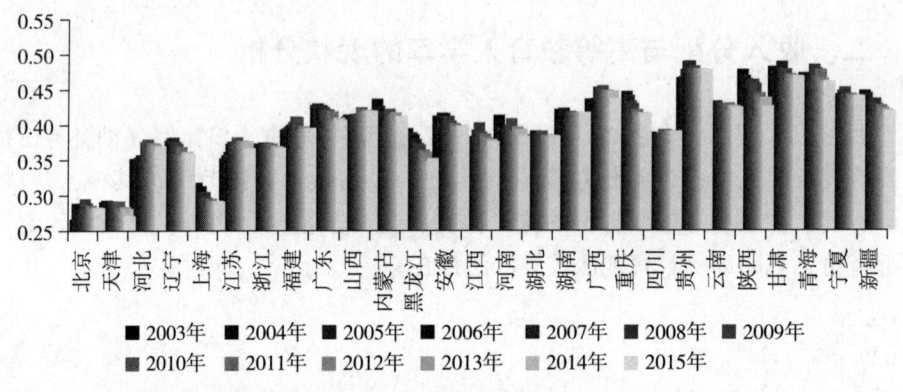

图2-9　2003~2015年东、中、西部地区各省份基尼系数的变化

数据来源：各省份的基尼系数系参考田卫民（2012）的计算方法计算所得。

三、收入分配对高等教育入学率的影响效应

（一）计量模型

直观的数据分析表明，收入不平等与各省份受高等教育人口比例存在较为

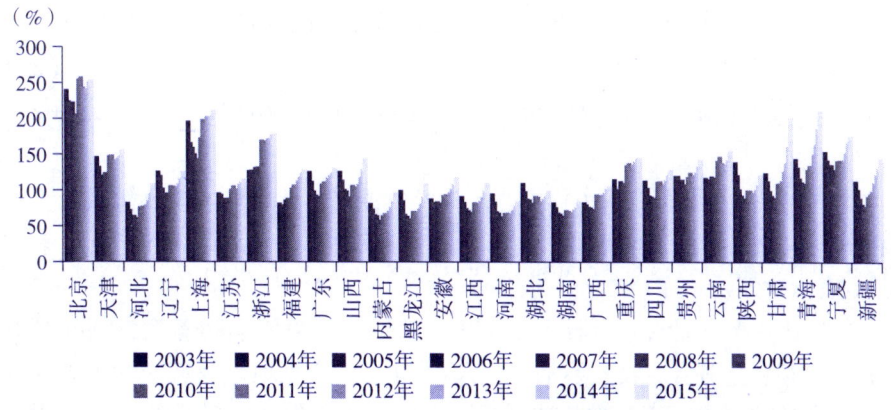

图 2-10　2003~2015 年东、中、西部地区各省份信贷供给的变化

注：信贷供给用各省份中外资金融机构本外币贷款余额占 GDP 的百分比表示；中外资金融机构本外币贷款余额的数据来源于中国人民银行发布的 2004~2016 年《中国区域金融运行报告》。

明显的负相关关系，而信贷供给与省份受高等教育人口比例存在较为明显的正相关关系，如图 2-11 所示。

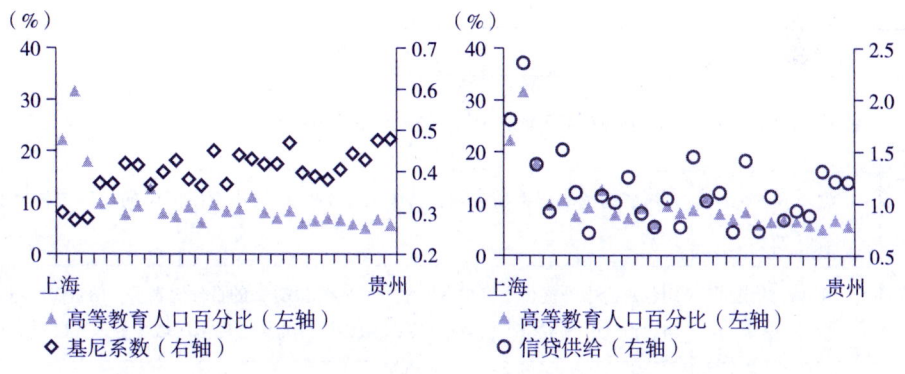

图 2-11　收入不平等、信贷供给与受高等教育人口比例的关系

注：图中横坐标从左至右根据 2003~2015 年各省份人均 GDP 平均值由高到低排序，分别为上海、北京、天津、江苏、浙江、广东、内蒙古、辽宁、福建、重庆、湖北、河北、陕西、黑龙江、宁夏、新疆、山西、湖南、青海、河南、四川、江西、安徽、广西、云南、甘肃、贵州。

为了进一步探讨收入不平等和流动性约束对我国东、中、西部地区各省份受高等教育人口比例的影响，借鉴 Galor 的研究成果，将收入不平等的相关变量纳入高等教育选择的实证方程，即式（2-19）和式（2-20）。

$$Y_{it} = \alpha_1 + \beta_{11} Gini_{it} + \beta_{12} Credit_{it} + \beta_{13} Gini_{it} * \ln(GDPpc_{it}) + \gamma_1 X_{it} + \varepsilon_1 \qquad (2-19)$$

$$Y_{it} = \alpha_2 + \beta_{21} Gini_{it} + \beta_{22} Credit_{it} + \beta_{23} Credit_{it} * \ln(GDPpc_{it}) + \gamma_2 X_{it} + \varepsilon_2 \qquad (2-20)$$

式（2-19）和式（2-20）中，X 为控制变量，代表影响受高等教育人口比例的其他因素，α 代表常数项，β 和 γ 为回归系数，ε 为随机扰动项，i 表示地区，t 表示时间。

考虑到经济发展水平对收入不平等、流动性约束影响高等教育选择具有调节作用，本书分别引入收入不平等与人均 GDP 的交互项以及流动性约束与人均 GDP 的交叉项。由于高等教育选择除了受收入不平等、流动性约束的作用以外还受其他因素的影响，本书尝试引入财政教育投入强度、教育收益率、城市化率、失业率和对外开放程度作为控制变量，根据逐步回归的结果最后确定控制变量为财政教育投入强度、失业率和对外开放程度。各个变量的描述与统计信息如表 2-6 和表 2-7 所示。

表 2-6　变量描述

	变量名称	解释
因变量	高等教育选择（Y）	用各省份受高等教育人口占本省份总人口的比例
自变量	收入不平等（$Gini$）	用各省份的基尼系数表示，各省份的基尼系数参考田卫民的计算方法计算得到
	流动性约束（$Credit$）	用各省份中外资金融机构本外币贷款余额占 GDP 的百分比表示，信贷供给越充裕，流动性约束越少；数据来源于 2004~2016 年《中国区域金融运行报告》
	收入不平等×人均 GDP $Gini * \ln(GDPpc)$	$\ln(GDPpc)$ 为人均 GDP 的自然对数；收入不平等与人均 GDP 之交互项的引入是为了探讨收入不平等随着经济发展水平的提高对高等教育选择的差异化影响
	流动性约束×人均 GDP $Credit * \ln(GDPpc)$	流动性约束与人均 GDP 之交互项的引入是为了探讨流动性约束随着经济发展水平的提高对高等教育选择的差异化影响

续表

变量名称		解释
控制变量	财政教育投入强度（Pubedu）	用地方财政教育支出占GDP的百分比来表示；财政公共教育投入可以缓解私人教育投资所面临的收入风险和信贷约束问题，促进人力资本水平的提高
	失业率（Unemp）	用失业人口占15岁及以上人口的百分比表示；就业的难易会影响人们的受高等教育选择，一般而言，越易于找到一份理想的工作，人们越倾向于降低受教育年限，选择接受高等教育的人口比例越低
	对外开放程度（Trade）	用进出口总额占GDP的百分比表示；对外开放和国际贸易强化了比较优势和国际分工，通过技术外溢和生产专业化影响高等教育投资回报率和高等教育选择，理论上其影响结果是不确定的

注：除了特殊说明以外，本书的数据来源于2004~2016年《中国统计年鉴》。

表2-7 变量描述性统计

	Y	Gini	Credit	ln（GDPpc）	Pubedu	Unemp	Trade
平均值	0.098	0.399	1.133	10.125	0.032	0.056	0.342
中值	0.081	0.405	1.067	10.182	0.029	0.056	0.129
最大值	0.423	0.491	2.585	11.590	0.091	0.126	1.721
最小值	0.018	0.267	0.105	8.216	0.014	0.010	0.036
标准差	0.064	0.051	0.397	0.717	0.014	0.020	0.426
偏度	2.226	-0.664	1.316	-0.146	1.267	0.180	1.762
峰度	9.124	3.163	5.195	2.335	4.376	3.339	4.967
总和	34.247	140.047	397.659	3553.808	11.342	19.562	120.045
总方差	1.437	0.923	55.107	179.757	0.066	0.136	63.558
观测值	351	351	351	351	351	351	351
横截面	27	27	27	27	27	27	27

（二）实证结果

考虑到各省的政治、经济、历史、文化、制度等因素对实证分析结果的影响，我们分别使用固定效应模型、随机效应模型和混合数据普通最小二乘法进行分析。根据似然率（Likelihood Ratio）和豪斯曼检验（Hausman Test）的统计检验结果，固定效应模型的拟合较好。同时，考虑到可能存在的截面间异方差性和截面间的同期相关性对估计结果所造成的影响，本书选用截面加权（Cross-section SUR）的广义最小二乘法（Pooled EGLS）进行实证分析，分析结果如表2-8所示。

表2-8 收入不平等、流动性约束与受高等教育人口比例的关系

变量	受高等教育人口比例（Y）							
	①	②	③	④	⑤	⑥	⑦	⑧
C	0.14*** (3.98)	0.21*** (7.61)	0.07*** (4.28)	0.14*** (9.68)	0.14*** (3.98)	0.19*** (7.87)	0.11*** (4.86)	0.19*** (14.31)
Gini	-1.29*** (-9.29)	-1.29*** (-7.31)	-0.88*** (-13.48)	-1.00*** (-24.89)	-0.14* (-1.73)	-0.13 (-1.61)	-0.16*** (-3.10)	-0.32*** (-10.91)
Credit	0.02*** (3.08)	0.00 (0.01)	0.05*** (14.51)	0.04*** (22.20)	-0.40*** (-9.05)	-0.62*** (-12.86)	-0.33*** (-14.37)	-0.21*** (-19.25)
Gini * log(GDPpc)	0.12*** (9.69)	0.09*** (6.40)	0.08*** (13.19)	0.08*** (27.80)				
Credit * log(GDPpc)					0.04*** (10.18)	0.06*** (13.08)	0.04*** (15.19)	0.02*** (26.32)
Pubedu	0.21*** (1.15)	3.07*** (8.17)	0.21 (1.42)	-0.27*** (-4.49)	0.06 (0.32)	0.20 (0.61)	0.05 (0.33)	-0.15*** (-2.93)
Unemp	-0.07 (-0.54)	-0.23*** (-2.97)	-0.08 (-1.58)	0.00 (0.05)	-0.15 (-1.25)	0.03 (0.52)	-0.10 (-1.62)	-0.26*** (-3.71)
Trade	-0.03*** (-2.87)	0.00 (-0.10)	-0.01 (-0.54)	0.06*** (4.34)	-0.01 (-0.57)	0.00 (0.27)	-0.05* (-1.69)	0.04*** (3.01)
ar(1)	0.51*** (9.90)				0.41*** (7.73)			
R^2	0.94	0.96	0.96	0.98	0.94	0.98	0.94	0.96

续表

变量	受高等教育人口比例（Y）							
	①	②	③	④	⑤	⑥	⑦	⑧
$F\text{-}stat$	156	229	194	374	162	593	122	219
D-W stat.	1.96	1.99	1.92	1.95	1.92	1.95	1.91	1.91
分类	全部	东	中	西	全部	东	中	西
样本数	324	117	117	117	324	117	117	117
方法	Pooled EGLS (Cross-section weights)			Pooled EGLS (Cross-section SUR)		Pooled EGLS (Cross-section weights)		Pooled EGLS (Cross-section SUR)

注：系数估计值下面括号内的数字为 t 统计量，***、**、* 分别表示在 1%、5%、10% 的显著性水平下显著。

表 2-8 中，回归方程①~⑧的拟合优度都达到 90% 以上，回归系数比较稳定，这表明实证结果具有稳健性。实证结果显示，收入不平等和流动性约束对东、中、西部地区各省份受高等教育人口比例的影响效应有区别，但影响方向是一致的。具体而言就是：①收入不平等不利于各省份受高等教育人口比例的提高，但信贷供给缓解了流动性约束，促进了各省份受高等教育人口比例的提高。②增加公共教育支出可以缓解私人教育投资所面临的收入风险和信贷约束问题，促进人力资本水平的提高。但西部地区公共教育支出的增加没能有效促进受高等教育人口比例的提高，可能是因为在于西部地区公共教育支出更多地向初等和中等教育部门倾斜，且受高等教育人口向东部和中部地区流动。③失业率对受高等教育人口比例没有显著的影响。④对外贸易强化了我国按比较优势进行国际分工的地位，不利于国民整体受高等教育人口比例的提高。对外贸易对西部各省份受高等教育人口比例的提升有正面作用，原因可能是国际分工的差异所致。

（三）地区差异

中国区域跨度较大，东、中、西部地区经济发展水平存在较大的差距。按照世界银行的划分标准，2015 年人均 GDP 较高的北京、天津、上海和江苏等东部省份的收入水平已经符合高收入水平经济体的定义，西部地区人均 GDP 最低的甘肃还处于中等偏下收入水平经济体的行列。为了探讨收入不平等和流动性约束对处于经济发展不同阶段的省份受高等教育人口比例的差异造成的影响,根据式(2-19)和式(2-20)分别求出基尼系数对受高等教育人口比例的边际影响[见式(2-21)]和信贷供给对受高等教育人口比例的边际影响[见式(2-22)]。

$$\frac{\partial Y_{it}}{\partial Gini_{it}} = \beta_{11} Gini_{it} + \beta_{13} \ln(GDPpc_{it}) \qquad (2-21)$$

$$\frac{\partial Y_{it}}{\partial Credit_{it}} = \beta_{22} Credit_{it} + \beta_{23} \ln(GDPpc_{it}) \qquad (2-22)$$

根据式(2-21)并结合表2-8中回归方程②③④的回归系数,可以计算出降低基尼系数对东、中、西部地区各省份受高等教育人口比例的边际影响(见图2-12)。结果显示,降低基尼系数对东部省份受高等教育人口比例的作用最为明显,西部地区次之,最小是中部地区。根据式(2-22)并结合表2-8回归方程⑥⑦⑧的回归系数,可以计算出减少流动性约束对东、中、西部地区各省份受高等教育人口比例的边际影响(见图2-13)。结果显示,减少流动性约束对中部地区各省份受高等教育人口比例的作用更加有效,西部地区次之,最小是东部地区。这表明,对于经济较为发达的东部地区,降低贫富差距对提高受高等教育人口比例的作用更为明显;对于经济发展水平较低的中西部地区,减少流动性约束对提高受高等教育人口比例的作用更为显著。

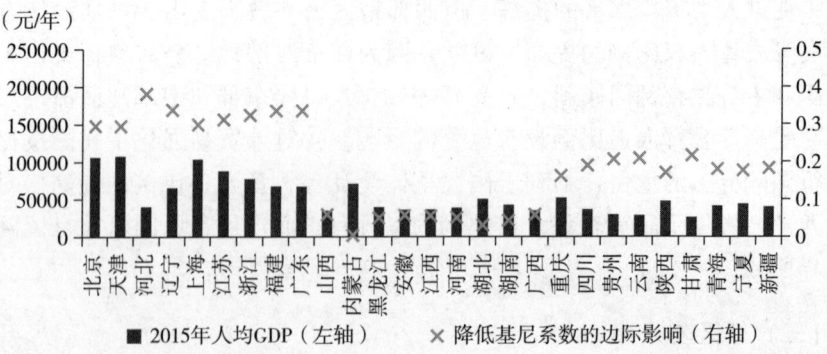

图2-12 降低收入不平等对东、中、西部各省份受高等教育人口比例的边际效应

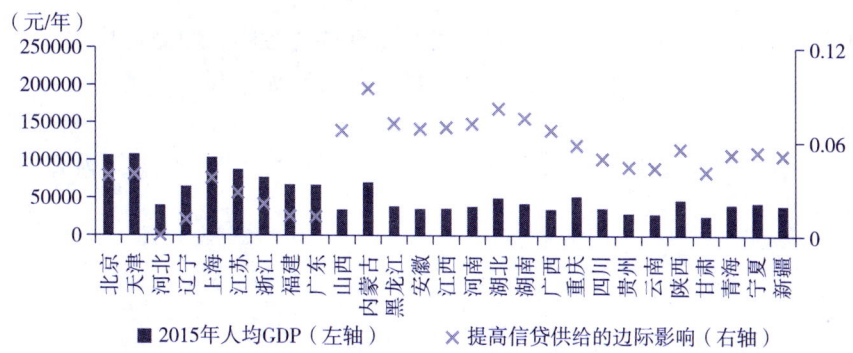

图 2-13 减少流动性约束对东、中、西部各省份受高等教育人口比例的边际效应

四、结论与启示

我国幅员辽阔,东、中、西部地区教育发展水平存在较大的差异。一方面,高等教育的地区差异广泛存在。尽管近十几年来,各省份受高等教育人口比例逐年上升,但东部地区明显高于中西部地区。另一方面,高等教育的家庭差异越来越大。收入不平等和流动性约束使得财富水平较高的家庭一代一代不断地进行人力资本投资,而财富水平较低的家庭则不愿意进行人力资本投资,造成接受高等教育的机会不均等,高等教育机会的不均等反过来又加剧收入不平等,形成恶性循环,最终抑制了我国经济增长质量的提升。

因此,为了实现李克强总理提出的"发展更高质量更加公平的教育"的目标,提高受高等教育人口比例,增加弱势群体的高等教育入学机会,国家针对各地区不同的情况,在实施促进各地区高等教育发展和普及的区域政策时,侧重点应该有所不同。对于东部地区而言,降低贫富差距、增加公共教育投入是提高受高等教育人口比例的切实有效措施;对于中、西部地区而言,为低收入家庭提供助学贷款以减少他们所面临的流动性约束问题是促进受高等教育人口比例提升更有力的手段。具体而言,可以从以下三个方面考虑。首先,有针对性地增加公共教育投入以减少东、中、西部地区高等教育差距。在加大对西部地区教育投入的同时优化投入结构,降低对高校的经费补助比例,增加对学生个人的资助比例。其次,制定精准的教育扶贫政策,精准认定家庭经济困难的学生,并精准分配资金名额和确定受助形式,保障高等教育入学机会的均等性,

收入分配演进对中等收入阶段生产率提升的影响机制研究

有效降低因流动性约束而失去高等教育入学机会的学生比例。最后,实行以增加知识价值为导向的收入分配政策以提升高等教育激励,如完善技术工人激励政策、抑制房地产泡沫及对各类资产的过度投机性炒作等,促进机会公平和结果公平。

(本小节的内容发表在《高等教育研究》2017 年第 10 期,内容有部分调整。)

第三章
收入分配对中等收入阶段生产率提升的影响
——经济转型

收入分配通过影响家庭的教育投资而影响国民受教育水平和人力资本结构，人力资本是生产率提升的关键决定因素。一方面，对处于不同经济发展阶段的经济体，不同受教育水平的人力资本通过国内产业升级、出口技术升级对生产率提升的影响有差别化的含义。另一方面，对处于不同经济发展阶段的经济体，人力资本禀赋的差异决定了一国的比较优势和国际分工，通过影响企业的技术选择和出口技术水平对生产率提升产生作用。

第一节 人力资本、经济转型与出口复杂度提升
——国际比较

本节基于国内经济增长方式转变和国际贸易分工地位演变的视角探讨了人力资本对出口产品技术复杂度提升的影响机制，并利用42个经济体2000~2015年面板数据测度了其影响效应。实证结果表明：第一，高等教育入学率对高收入水平经济体的出口产品技术复杂度提升的作用更为显著，中等教育入学率对低收入水平经济体的出口产品技术复杂度提升的作用更为明显。第二，不同形式的人力资本对出口产品技术复杂度的作用呈现阶段化的特征，并阶段性符合新增长理论边际产出递增的假定。第三，人力资本至少部分通过影响国内产业结构升级和国际贸易分工演变而作用于出口产品技术复杂度的提升。这种传导机制在中等收入水平经济体中更为明显。

一、人力资本、经济转型与出口复杂度的关系概述

长期以来,出口被视为经济增长的重要引擎。由于出口技术复杂度高的产品对本国的发展有利(Lall et al.,2006;Jerreau and Poncet,2012),而那些只依赖劳动密集型产业参与国际分工的国家往往被锁定在价值链低端(Hausmann,Hwang and Rodrik,2007),因此,为了在国际贸易中占据有利的地位,避免陷入比较优势陷阱,发达国家和发展中国家都致力于出口产品技术复杂度的提升。

影响出口产品技术复杂度的提升的因素有很多,部分研究探讨促进出口产品技术复杂度提升的外生因素,如 FDI 或加工贸易(Xu and Lu,2009;Wang and Wei,2010)、基础设施(王永进,2010)、制度环境(戴翔,2012;陈晓华和刘慧,2015)等,而人力资本的消长是动态比较优势的决定因素(代谦和别朝霞,2006),是出口产品技术复杂度提升的关键内生变量。新增长理论认为,人力资本可以通过技术外溢、"干中学"、规模报酬等途径实现边际报酬递增效应,为长期人均产出的持续提高描绘了一幅令人振奋的图景(Romer,1990;Hanushekand Wößmann,2012)。

尽管人力资本是技术进步和出口产品技术复杂度提升的关键决定因素,但不同形式的人力资本对处于不同经济发展水平的国家存在差异化的影响。首先,不同受教育程度人力资本对技术进步存在差异影响。Papageorgiou(2003)对 80 个国家 1960~1987 年的数据研究发现,初等教育人力资本对最终产品的生产更加有效,后初等教育人力资本对技术吸收和技术创新的必要性更强。Vandenbussche et al.(2006)发现能促进 OECD 国家技术创新的是高等教育程度或熟练的人力资本而非整体人力资本。Ramos et al.(2010)对西班牙 1980~2007 年的数据研究发现高等和中等教育人力资本对提高劳动生产率的作用明显,但初等教育人力资本几乎没有影响。此外,高等教育人力资本存在负的地理外溢效应。Danquah 和 Amankwah-Amoah(2017)利用 45 个撒哈拉非洲以南国家 1960~2010 年的数据分析发现,用平均受教育年限所衡量的人力资本对技术吸收有显著的正效应,但对技术创新的影响不显著。其次,人力资本对技术进步的影响与国家所处的技术地位之间存在适配性。Ang et al.(2011)利用发达国家和发展中国家的样本研究发现,高等教育程度或熟练的人力资本仅仅提高了高收入国家的技术创新,这个结论与基于 OECD 国家的研究相吻合;利用撒哈拉以南

非洲国家的数据研究发现，高等教育程度的人力资本对低收入国家的生产率提升没有显著的贡献。Danquah 和 Ouattara（2014）也得到相似的结论并将其归结为不同国家所处的技术地位差异。Teixeira 和 Queirós（2016）发现人力资本对生产专业化存在正向影响，人力资本与结构转变的交互作用在高知识密集度的行业对经济增长的作用更加明显。在发展程度较高的 OECD 国家，人力资本与结构转变存在长期的正向交互作用；但在地中海国家两者表现出负向影响，人力资本在经济发展程度较低的地区难以起到有效的作用。

因此，探讨不同形式的人力资本在经济增长的不同阶段对出口产品技术复杂度提升的影响机制并测度其影响效应就显得颇有意义。本章接下来的结构安排如下：首先，基于国内经济增长方式转变和国际贸易分工地位演变的视角探讨了人力资本对出口产品技术复杂度提升的影响机制。其次，测度了 42 个经济体 2000~2015 年人力资本和出口产品技术复杂度的数值并直观探讨了两者之间的关系。再次，采用面板数据模型分析不同形式人力资本对不同收入水平经济体出口产品技术复杂度的非线性影响和人力资本与研发投入的交互作用。最后是结论与启示。

二、人力资本、经济转型对出口复杂度的影响机制

梳理已有的文献，我们从国内产业结构升级演化的角度和国际贸易分工地位演变的视角探讨人力资本、经济转型对出口产品技术复杂度的影响机制。

（一）基于国内产业结构升级演化的视角

从国内经济增长方式转变的角度而言，人力资本通过促进本土产业升级从而作用于出口产品技术复杂度提升。

人力资本之所以成为产业结构演化和升级的重要因素，关键在于人力资本具有特殊的生产功能，即要素功能与效率功能。首先，要素功能是指人力资本存量高的地区和产业部门，具备使资源集聚到该地区与部门的比较优势（Noseleit，2013）。集聚效应提高了产业转化速度，从而促进产业结构升级（Silva and Teixeira，2011；Hartwig，2015）。集聚效应和产业转化的推进，一方面，使得要素在部门间的流动产生"结构红利"。另一方面，使得具有人力资本比较优势的产业更容易进入加速增长期或者规模报酬递增阶段，进而引致不同产业进入交替增长的"自发演化"过程（张国强等，2011）。其次，效率功能强调了

人力资本作为技术进步的载体，会通过"干中学"和知识外溢诱发技术创新，并促进技术引进与吸收（Daron，2003；Bodman and Le，2013）。Zhang（2000）基于中国制造业企业面板数据的分析发现人力资本的差异会影响一国的技术吸收能力，从而影响出口技术复杂度。

一般而言，本国产品先在国内市场上生产与销售，条件成熟了再向国际市场拓展，本土产业升级为出口产品技术复杂度提升创造了条件。因此，从国内产业结构升级演化视角来看，人力资本对出口产品技术复杂度提升的作用机制如图 3-1 所示。

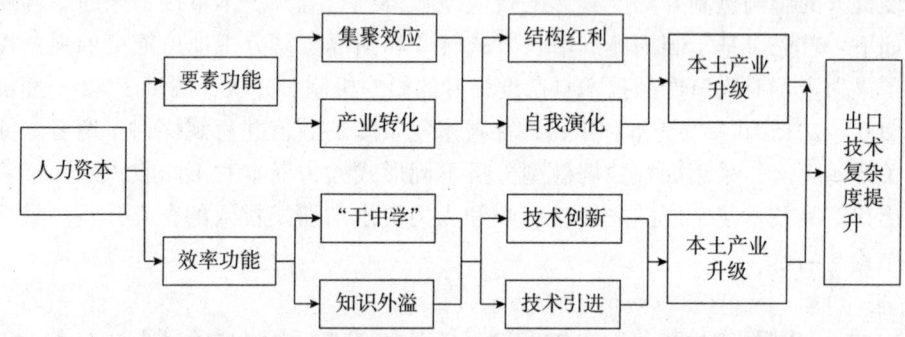

图 3-1　国内产业结构升技演化视角下的人力资本积累与出口技术复杂度提升

（二）基于国际贸易分工地位演变的视角

从国际贸易分工地位演变的视角而论，人力资本通过改变要素禀赋和国际分工进而影响出口产品技术复杂度提升。

各国的要素禀赋是国际分工差异的关键决定因素（鞠建东、林毅夫和王勇，2004）。根据比较优势理论，各国生产和出口本国具有比较优势的产品可以获得贸易利益。人力资本禀赋的差异使得发展中国家在生产技术复杂度较低的产品上具有比较优势；而发达国家在生产技术复杂度较高的产品上具有比较优势，国际分工由此决定（Ciccone and Papaioannou，2009；Gürbüz，2011）。

人力资本积累的消长导致了发展中国家和发达国家的动态比较优势发生演变。代谦、别朝霞（2006）认为人力资本的外部性能够有效降低产品的生产成本，提高研发部门的效率，这种外部性是发展中国家培育自己动态比较优势的核心。通过人力资本积累，发展中国家有可能逆转比较优势和国际分工地位，通过吸收、模仿和创新促进出口产品技术复杂度提升（Teixeira and Fortuna，

2011)。对于发达国家而言,人力资本积累水平的提升强化了其在高技术领域的比较优势。发达国家通过将较低技术水平的产业向较不发达经济体转移,从而提高本国的出口产品技术复杂度。人力资本通过国际分工的渠道对出口产品技术复杂度提升的作用机制如图3-2所示。

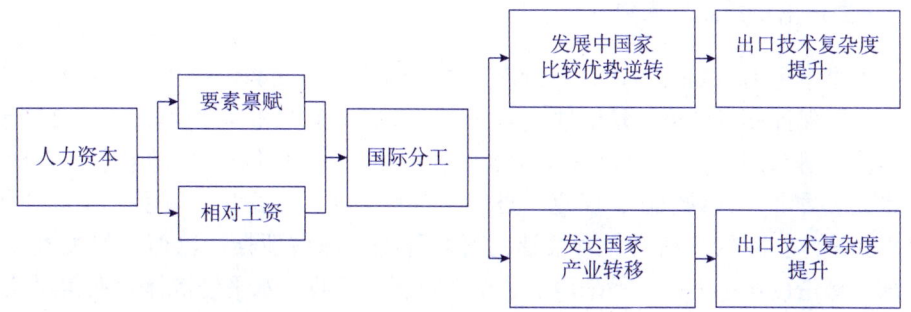

图3-2 国际分工地位演变视角下的人力资本积累与出口技术复杂度提升

总体而言,国内技术水平决定了国际分工地位,人力资本通过影响本土技术进步对出口产品技术复杂度提升做出了积极的贡献。

三、人力资本与出口复杂度的相关变量测度

(一)人力资本的测度

鉴于人力资本对于技术升级的重要性,不少学者从多个角度对人力资本进行测度。张帆(2000),钱雪亚和刘杰(2004)从成本角度度量人力资本存量。朱平方和徐大丰(2007)从收入方面对人力资本进行估计。岳书敬(2008)利用人力资本的某些特征指标的加权平均测算人力资本。

总体而言,目前研究主要从三个角度衡量人力资本,一是基于收入,从产出的角度计算,以人力资本所产生的终生受益为出发点。二是基于成本,从投入的角度来计算人力资本,这两种方法都是从经济学理论出发,参考物质资本理论来测度人力资本,将人力资本转化为货币值来衡量。这也为比较人力资本和物质资本提供了可能。三是基于特征,以人力资本的特征指标来衡量,最常见的是教育指标法。教育指标一定程度上可以反映人力资本存量,度量时可以解决收入法和成本法难以解决的问题,所以这种方法使用得较为广泛,如用成

人识字率、受教育年限、教育质量率、入学率等指标来测度人力资本。

人力资本的多种衡量方式各有千秋，考虑到数据的可获得性，本书用适龄人口中高等教育入学率（Edut）及中等教育入学率（Edus）来衡量不同形式的人力资本水平。

（二）出口产品技术复杂度的测算

本书参考 Hausmann et al.（2007）构建的指标，测算一国出口产品技术含量。为了保证样本数据的稳定性，本书选取数据完整性和延续性较好的 42 个经济体作为研究对象。分别为高收入水平经济体：澳大利亚、奥地利、比利时、加拿大、香港、克罗地亚、捷克、丹麦、芬兰、法国、德国、希腊；中高收入水平经济体：阿尔及利亚、阿根廷、阿塞拜疆、白俄罗斯、巴西、保加利亚、中国、哥伦比亚、古巴、马来西亚、墨西哥；中低收入水平经济体：亚美尼亚、不丹、玻利维亚、科特迪瓦、埃及、格鲁吉亚、印度、印尼、蒙古、巴基斯坦、菲律宾；低收入水平经济体：柬埔寨、吉尔吉斯斯坦、塔吉克斯坦、埃塞俄比亚、莫桑比克、乌干达、马达加斯加、布基纳法索。

通过计算 2000~2015 年各经济体每年各种出口产品的技术复杂度（PRODY），以人均 GDP 为权重，求出各经济体对应年份的出口技术含量（EXPY），样本数目在研究时期内保持稳定，从而使得趋势分析的结果更具有可信度和说服力。在出口产品数据分类标准的选取上，本书采取 Rodrik et al.（2006）采用的 HS 分类方法测算出口产品的技术含量。考虑到数据的可获性和全面性以及模型的可操作性，本书采用 2000~2015 年 42 个经济体的在 HS 编码分类下同类产品的出口数据，对极少数年份缺失数据进行相邻年份加权平均处理，计算各经济体的出口产品技术含量。用于测算各国出口产品技术含量的原始数据包括各经济体的人均 GDP 及 HS 编码分类下 99 类产品的出口额，原始数据来源于世界银行，各经济体的人均 GDP 采用 2015 年以美元计价的不变价。具体的计算步骤如式（3-1）和式（3-2）所示：

$$PRODY_i = \sum_h \frac{x_{hi}/X_h}{\sum_h (x_{hi}/X_h)} Y_h \qquad (3-1)$$

式（3-1）中，$PRODY_i$ 为第 i 类贸易产品的出口技术复杂度指数，x_{hi} 为 h 国 i 类产品的出口额，X_h 为 h 国的出口总额，Y_h 为 h 国的人均收入水平。

$$EXPY_h = \sum_i \frac{x_{hi}}{X_h} PRODY_i \qquad (3-2)$$

式（3-2）中，$EXPY_h$ 为 h 国的出口技术复杂度，即代表该国出口商品的技术水平或者技术含量。

(三) 人力资本与出口产品技术复杂度的相关关系

理论上，从国内产业结构升级演化的角度而言，人力资本通过促进本土产业升级从而作用于出口产品技术提升；从国际贸易分工地位演变的视角而论，人力资本通过导致比较优势逆转进而影响出口产品技术升级。那么，各国的人力资本与出口产品技术升级相关数据是否支持这一观点呢？

为了更加直观地刻画人力资本与出口产品技术水平的相关关系，本书尝试将各国人力资本与出口产品技术水平置于同一张图表进行对比。

第一，如图 3-3 所示，人力资本与出口产品技术复杂度存在较为明显的相关关系。高人均收入水平的经济体拥有较高的人力资本和较高的出口产品技术复杂度，低人均收入水平的经济体拥有较低的人力资本和较低的出口产品技术复杂度。

第二，如图 3-4 所示，人力资本与出口产品技术复杂度的关系阶段性符合新增长理论关于人力资本边际产出递增的假定。在特定的经济发展阶段，随着人力资本投入的增加，人力资本对出口产品技术复杂度的边际影响效应愈加明显。

四、人力资本、经济转型对出口复杂度的实证分析

为了进一步探讨不同形式的人力资本对处于不同经济发展阶段经济体出口产品技术复杂度的差异化影响，我们依照世界银行的标准，根据各个经济体经济发展水平高低，将 42 个样本区分为高、中高、中低和低经济发展水平经济体 4 个组别，分别进行回归分析。考虑到人力资本与出口技术复杂度之间存在非线性关系，我们分别测度了不同形式的人力资本对出口技术复杂度的非线性影响。

本书选取适龄人口中高等教育入学率（Edut）及中等教育入学率（Edus）来衡量不同形式的人力资本水平。根据本书的影响机制分析，人力资本通过影响国内产业结构升级演化和国际贸易分工地位演变而促进出口产品技术复杂度提升。因此，我们引入了反映国内产业结构升级和衡量国际贸易分工的中介变量。关于反映国内产业结构升级的变量，我们用研发投入占 GDP 的比重（Indusrd）

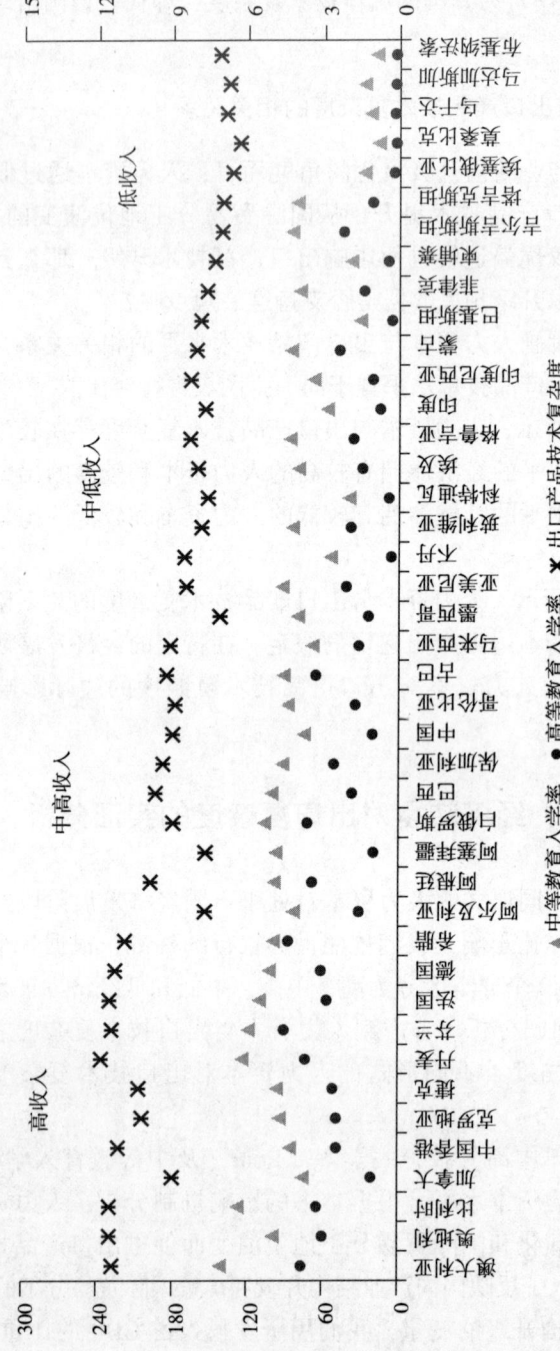

图 3-3 不同收入水平经济体人力资本与出口技术复杂度的相关程度

注：左坐标轴对应的是中等教育入学率和高等教育入学率，右坐标轴对应的是出口产品技术复杂度的自然对数，相关数据取2000~2015年的平均值。依照世界银行的标准，我们根据各个经济体经济发展水平高低，将42个样本区分为高、中高、中低和低经济发展水平经济体4个组别。

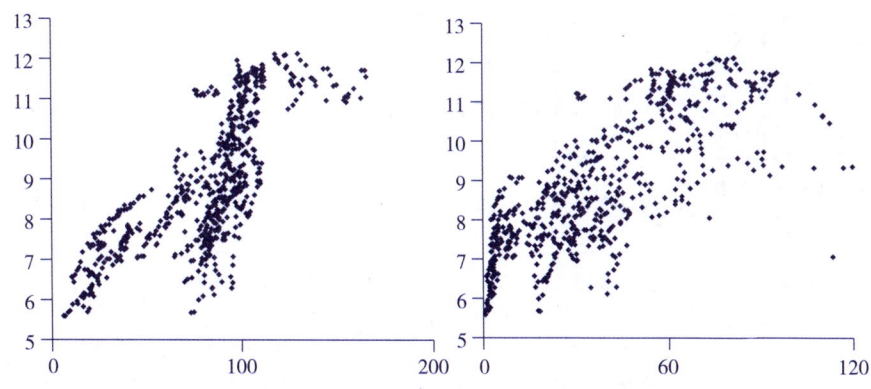

图 3-4　不同形式的人力资本与出口技术复杂度的相关关系

注：横坐标对应的是中等教育入学率（左图）和高等教育入学率（右图），纵坐标轴对应的是出口产品技术复杂度的自然对数。

反映国内产业的技术密集度，用劳均资本形成（Induscap）反映国内产业的资本密集度；关于衡量国际贸易分工的变量，我们选取高技术产品出口额（Techexp）来衡量国际贸易分工中出口产品的技术水平。显然，除了人力资本、国内产业结构和国际分工地位以外，出口产品技术复杂度还受到其他因素的影响。根据 Hausmann et al.（2007）与邱斌、叶龙凤和孙少勤（2012）的"成本发现"模型，出口部门的技术水平主要取决于人均资本和自然资源要素禀赋，内部知识（如研发、人力资本）和外部知识（如 FDI、贸易），以及促进内部知识和外部知识积累的其他要素（如制度、服务和基础设施）等。作为补充，我们选取反映要素禀赋的人均土地面积（Land），反映外部知识积累进口额占 GDP 的比重（Import），反映制度的法律规则（Law）以及反映服务和基础设施的互联网使用人数占总人口的比重（Internet）作为控制变量。相关变量的描述如表 3-1 所示。

表 3-1　变量描述

变量	变量名	变量解释	数据来源
因变量	出口产品技术复杂度（EXPY）	参考 Hausmann et al.（2007）构建的指标测算，取自然对数	作者测算

续表

变量	变量名	变量解释	数据来源
自变量	中等教育入学率（Edus）	用高等教育入学人口占适龄人口的比重表示	联合国教科文组织
	高等教育入学率（Edut）	用中等教育入学人口占适龄人口的比重表示	联合国教科文组织
中介变量	国内产业技术密集度（Indusrd）	用研发投入占GDP的比重表示，衡量国内产业技术密集度，反映一国产业结构升级的变量	世界银行
	国内产业资本密集度（Induscap）	用资本形成总额与就业人数之比表示，取自然对数，衡量国内产业资本密集度，反映一国产业结构升级的变量	世界银行
	高技术产品出口（Techexp）	用高技术产品出口额表示，取自然对数，衡量国际贸易中出口产品的技术水平，反映国际贸易分工地位	世界银行
控制变量	人均土地面积（Land）	用人均国土面积表示，取自然对数，反映一国的要素禀赋	世界银行
	进口依存度（Import）	用进口额占GDP的比重表示。Coe et al. (1997) 对国际贸易的技术溢出渠道进行了探讨，发现贸易通过技术溢出渠道促进国内资源和要素的优化配置，反映一国的外部知识积累	世界银行
	法律规则（Law）	选择世界银行所公布的"世界治理指数"（Worldwide Governance Indicators）中的法律规则（Rule of Law）指数来表示，反映各国社会主体对本地区法律的遵守程度，同时也反映了该地区政府和民众对契约的执行、产权的保护等。数值越大则表示法治程度越高，反映一国的制度环境	世界银行
	互联网使用率（Internet）	互联网使用人数占总人口的比重，反映一国的服务和基础设施	世界银行

自变量（中等教育入学率和高等教育入学率），中介变量（产业资本密集度和技术密集度）和因变量（出口技术复杂度）的散点图如图3-5所示。

第三章 收入分配对中等收入阶段生产率提升的影响——经济转型

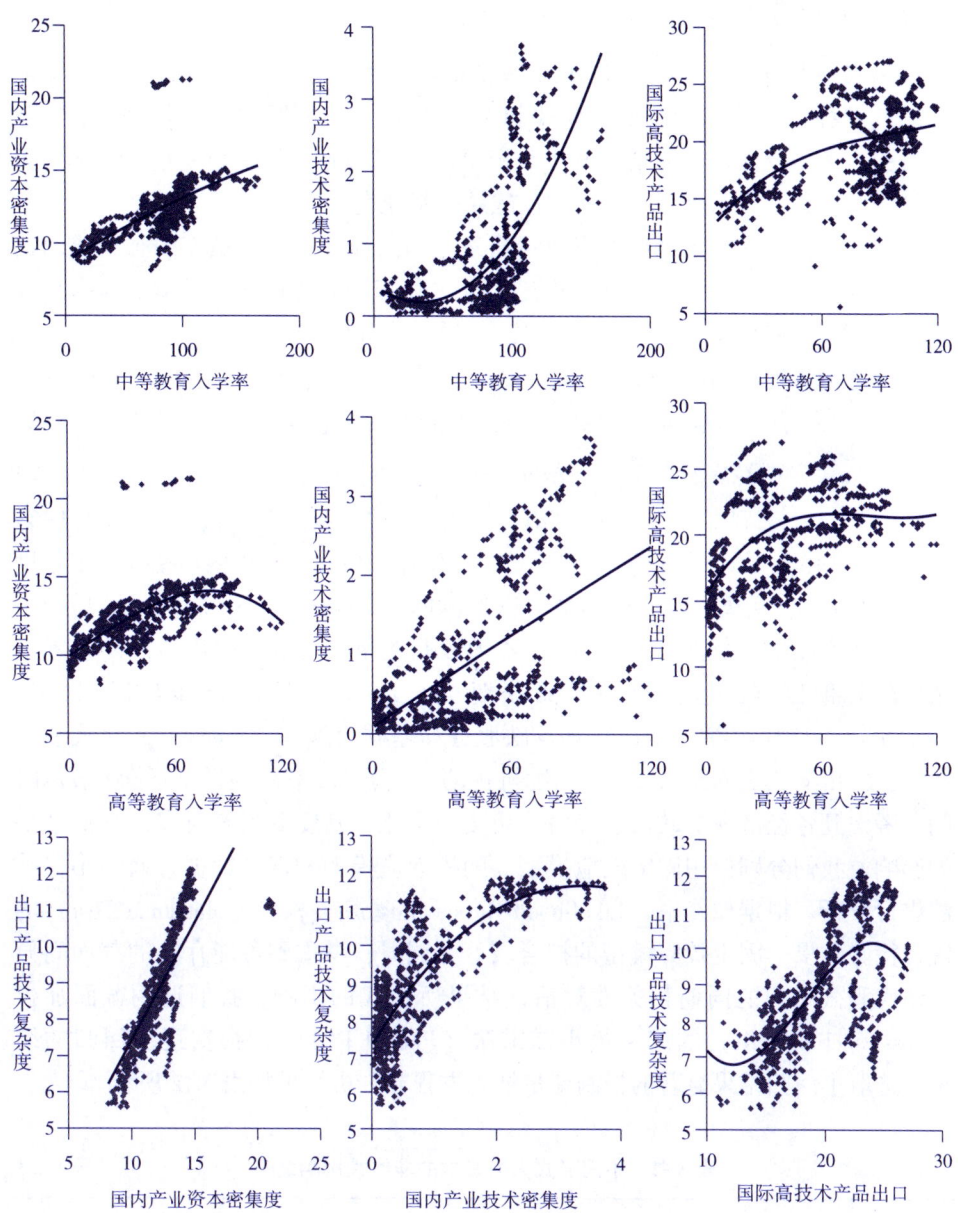

图3-5 人力资本、经济转型与出口技术复杂度提升

(一) 不同形式人力资本的非线性影响

考虑到人力资本对出口技术复杂度的非线性影响（Azariadis and Drazen, 1990），我们分别将高等教育入学率和中等教育入学率的平方项引入回归方程，同时引入了反映国内产业结构升级和衡量国际贸易分工的中介变量和反映要素禀赋、知识积累、制度环境和基础设施的控制变量。

为了探讨人力资本经国内产业结构升级和国际分工地位演变两种渠道对出口技术复杂度的影响，我们分别构建包含中介变量的实证方程[式（3-3）和式（3-4）]和不包含中介变量的实证方程[式（3-5）和式（3-6）]。

$$EXPY_{it} = \alpha_1 + \beta_{11} Edus_{it} + \beta_{12} Edus_{it}^2 + \gamma_{11} X_{it} + \gamma_{12} Z_{it} + \varepsilon_1 \quad (3-3)$$

$$EXPY_{it} = \alpha_2 + \beta_{21} Edut_{it} + \beta_{22} Edut_{it}^2 + \gamma_{21} X_{it} + \gamma_{22} Z_{it} + \varepsilon_2 \quad (3-4)$$

$$EXPY_{it} = \alpha_3 + \beta_{31} Edus_{it} + \beta_{32} Edus_{it}^2 + \gamma_{32} Z_{it} + \varepsilon_3 \quad (3-5)$$

$$EXPY_{it} = \alpha_4 + \beta_{41} Edut_{it} + \beta_{42} Edut_{it}^2 + \gamma_{42} Z_{it} + \varepsilon_4 \quad (3-6)$$

式（3-3）至式（3-6）中，X为中介变量，包括反映国内产业技术密集度的"$Indusrd$"、反映国内产业的资本密集度的"$Induscap$"、反映国际贸易分工的高技术产品出口额的"$Techexp$"；Z为控制变量，代表影响出口产品技术复杂度的其他因素，包括反映要素禀赋的"$Land$"、反映外部知识积累的"$Import$"、反映制度的"Law"和反映服务和基础设施的"$Internet$"；α代表常数项，β和γ代表回归系数，ε为随机扰动项，下标i表示地区，下标t表示时间。考虑到各经济体的政治、经济、历史、文化、制度等因素对实证分析结果的影响，我们分别使用固定效应模型、随机效应模型和混合数据普通最小二乘法进行分析。根据似然率（Likelihood Ratio）和豪斯曼检验（Hausman Test）的统计检验结果，固定效应模型的拟合较好。同时，考虑到可能存在的截面间异方差性和截面间的同期相关性对估计结果所造成的影响，我们选用截面加权（Cross-section SUR）的广义最小二乘法（Pooled EGLS）。根据逐步回归的结果，选取了回归结果显著的控制变量纳入方程，分析结果如表3-2所示。

表3-2 不同形式人力资本的非线性影响之一

变量	高	中高	中低	低	高	中高	中低	低
C	1.65*** (0.00)	-0.33 (0.17)	0.69*** (0.00)	0.75*** (0.01)	1.49*** (0.00)	0.26 (0.15)	1.25*** (0.00)	0.44 (0.14)

续表

变量	高	中高	中低	低	高	中高	中低	低
$Edus$	1.14*** (0.00)	2.54*** (0.00)	1.73*** (0.00)	1.50*** (0.00)				
$Edus^2$	−0.46*** (0.00)	−1.25*** (0.00)	−0.86*** (0.00)	0.52 (0.43)				
$Edut$					−0.10 (0.43)	1.15*** (0.00)	0.18 (0.50)	−2.83*** (0.01)
$Edut^2$					0.27*** (0.00)	−0.96*** (0.00)	−1.60*** (0.00)	0.49 (0.60)
$Indusrd$	0.06* (0.06)	−0.27*** (0.00)	−0.43** (0.02)	−0.41 (0.27)	0.19*** (0.00)	−0.21*** (0.00)	−0.69*** (0.00)	0.45 (0.24)
$Indusrd^2$	−0.01* (0.07)	0.06*** (0.01)	1.70*** (0.00)	0.57 (0.30)	−0.04*** (0.00)	0.04** (0.06)	2.13*** (0.00)	−0.47 (0.43)
$Induscap$	0.57*** (0.00)	0.60*** (0.00)	0.54*** (0.00)	0.61*** (0.00)	0.62*** (0.00)	0.60*** (0.00)	0.60*** (0.00)	0.75*** (0.00)
$Techexp$	0.00 (0.88)	0.02** (0.03)	0.04*** (0.00)	−0.01 (0.33)	0.00 (0.80)	0.04*** (0.00)	0.03*** (0.00)	0.01 (0.17)
$Land$	4.37*** (0.00)	4.78*** (0.00)	1.08 (0.25)	−14.52*** (0.00)	4.94*** (0.00)	4.28*** (0.01)	−1.47 (0.26)	−30.69*** (0.00)
$Import$	−0.64*** (0.00)	−0.71*** (0.00)	−1.35*** (0.00)	−0.63*** (0.00)	−0.64*** (0.00)	−0.71*** (0.00)	−1.41*** (0.00)	−1.05*** (0.00)
Law	−0.02 (0.30)	−0.20*** (0.00)	0.04 (0.22)	−0.12 (0.11)	0.01 (0.59)	−0.17*** (0.00)	0.00 (0.90)	−0.21*** (0.01)
$Internet$	0.88*** (0.00)	1.14*** (0.00)	1.25*** (0.00)	1.04*** (0.00)	0.75*** (0.00)	1.06*** (0.00)	1.25*** (0.00)	2.19*** (0.00)
评价性统计量								
$Adj\text{-}R^2$	0.99	0.99	0.99	0.97	0.99	0.99	0.99	0.97
D-W stat	1.99	1.81	1.88	1.75	1.96	1.82	1.84	1.84
F-stat	42850	6745	1097	287	33388	4965	857	264

续表

变量	高	中高	中低	低	高	中高	中低	低
截面数	12	11	11	8	12	11	11	8
观测值	192	176	176	128	192	176	176	128

注：系数估计值下面括号内的数字为 t 统计量的 p 值，***、**、*分别表示在1%、5%、10%水平上显著。

数据来源：作者计算所得。

表3-2的实证结果表明，我们设定的实证方程拟合良好。不同形式的人力资本对处于不同发展阶段（高、中高、中低、低收入水平）的经济体有差异化的影响。

直观而言，不同形式的人力资本对出口产品技术复杂度的作用存在差异化的影响。

第一，中等教育入学率的提高对低收入水平经济体出口产品技术复杂度的作用最为明显，且呈现边际报酬递增的特征。中等教育入学率的提高对中低、中高和高收入水平经济体出口产品技术复杂度的边际影响依次减弱，且呈现倒"U"形边际报酬递减的特征，顶点值分别出现在中等教育入学率101%、102%、124%的地方。

第二，高等教育入学率的提高对高收入水平经济体出口产品技术复杂度的作用最为明显，且呈现边际报酬递增的特征。高等教育入学率的提高对中高收入水平经济体出口产品技术复杂度也存在正向的作用，但呈现边际报酬递减的特征。高等教育入学率的提高对中低和低收入水平经济体出口产品技术复杂度不存在明显的作用。

总结而言，不同形式的人力资本对出口产品技术复杂度的作用呈现阶段化的特征。

第一，不同形式的人力资本对出口产品技术复杂度提升的作用存在一个适配的问题。随着经济发展水平的逐渐提高，最有利于技术进步和出口产品技术复杂度提升的人力资本由受中等教育人口向受高等教育人口转变。对于经济发展水平较低的经济体，受中等教育水平的人口对技术进步和出口产品技术复杂度提升起到了关键的促进作用。对于经济发展水平较高的经济体，受高等教育水平的人口是促进技术创新和出口产品技术复杂度提升的中坚力量。

第二，人力资本对出口产品技术复杂度的影响阶段性符合新增长理论边际产出递增的假定。人力资本对不同经济发展水平经济体的出口产品技术复杂度提升有差异化的作用。对于低收入水平经济体,中等教育入学率的提高对出口产品技术复杂度的作用呈现边际产出递增的特征。对于高收入水平经济体,高等教育入学率的提高对出口产品技术复杂度的作用呈现边际报酬递增的作用。该结论符合新增长理论关于人力资本边际产出递增的假定。

(二) 国内与国际两种渠道的作用比较

为了探讨国内产业结构升级和国际分工地位演变在人力资本对出口产品技术复杂度提升中的中介作用,先构建了中介变量"$Indusrd$""$Induscap$""$Techexp$"与人力资本"$Edus$"和"$Edut$"的回归方程,它们之间存在显著的相关关系,接着基于式(3-5)和式(3-6),选用固定效应模型,截面加权的广义最小二乘法进行实证分析,分析结果如表3-3所示。

表3-3 不同形式人力资本的非线性影响之二

变量	高	中高	中低	低	高	中高	中低	低
C	6.69*** (0.00)	4.27*** (0.00)	7.57*** (0.00)	5.52*** (0.00)	9.77*** (0.00)	8.04*** (0.00)	7.92*** (0.00)	7.02*** (0.00)
$Edus$	6.15*** (0.00)	9.16*** (0.00)	1.85*** (0.00)	2.18*** (0.00)				
$Edus^2$	-2.45*** (0.00)	-4.93*** (0.00)	-0.38** (0.02)	1.99*** (0.00)				
$Edut$					4.36*** (0.00)	1.96*** (0.00)	3.12*** (0.00)	2.67** (0.03)
$Edut^2$					-3.27*** (0.00)	-1.40*** (0.00)	-1.81*** (0.00)	-3.83*** (0.00)
$Land$	0.24 (0.73)	-1.74 (0.28)	-7.15*** (0.00)	-12.16*** (0.00)	-4.62*** (0.00)	-3.33* (0.08)	-6.64*** (0.00)	-28.57*** (0.00)
$Import$	-1.03*** (0.00)	-0.49*** (0.00)	-0.92*** (0.00)	0.31** (0.01)	-0.93*** (0.00)	-0.52*** (0.00)	-0.65*** (0.00)	0.16* (0.08)
Law	0.31*** (0.00)	0.20*** (0.00)	-0.04 (0.14)	0.12** (0.03)	-0.19*** (0.00)	0.26*** (0.00)	0.08*** (0.00)	0.11* (0.06)

续表

变量	高	中高	中低	低	高	中高	中低	低
Internet	1.36*** (0.00)	2.53*** (0.00)	2.64*** (0.00)	4.47*** (0.00)	1.57*** (0.00)	2.41*** (0.00)	2.82*** (0.00)	6.35*** (0.00)
评价性统计量								
Adj-R²	0.99	0.99	0.97	0.89	0.99	0.99	0.99	0.91
D-W stat	1.87	1.91	1.75	1.58	1.84	1.88	1.78	1.47
F-stat	4873	5430	383	77	5840	4995	747	102
截面数	12	11	11	8	12	11	11	8
观测值	192	176	176	128	192	176	176	128

注：系数估计值下面括号内的数字为 t 统计量的 p 值，***、**、* 分别表示在 1%、5%、10% 水平上显著。

数据来源：作者计算所得。

对比表 3-2 与表 3-3 的实证研究结果，我们发现表 3-3 中"*Edus*"和"*Edut*"的系数明显大于表 3-2，这表明若不考虑国内产业结构升级和国际贸易分工演变的中介作用，人力资本对出口产品技术复杂度的直接影响效应明显被高估了。通过引入中介变量，表 3-2 中各个方程的拟合优度提升了。这表明，人力资本对出口产品技术复杂度提升的作用，至少一部分是通过影响国内产业结构升级和国际贸易分工演变这两个渠道实现的。

（1）人力资本积累会促进国内产业资本密集度和技术密集度的提升，本土产业升级为出口产品技术复杂度提升创造了条件。国内产业资本密集度的提高显著促进了不同发展阶段经济体出口产品技术复杂度的提升，而国内产业技术密集度的提升对处于不同发展阶段的经济体有差异化的作用。对低收入水平经济体的作用不显著，对中低和中高收入水平经济体存在边际报酬递增，对高收入水平经济体又会出现边际报酬递减的效应。

（2）人力资本积累会改变发展中国家和发达国家的动态比较优势，通过国际分工地位演变影响出口产品技术复杂度。国际分工地位演变对处于不同发展阶段的经济体的出口产品技术复杂度提升有差别化的影响，对中低和中高收入水平经济体的作用最为明显，而对低收入水平和高收入水平经济体的作用不显著。可能的原因是，低收入水平经济体在国际分工中处于弱势地位，在高技术产品出口领域的比较优势还没有形成,而高收入水平经济体无论是国内需求还是供给都处于技术前沿,产品技术复杂度的提升更多依赖国内市场而不是国际市场。因此,对于中低和中高收入水平经济体,通过人力资本积累逆转传统比较优势,依赖国际分工地位提升出口产品技术复杂度也就显得更有意义。

总体而言,人力资本至少部分通过影响国内产业结构升级和国际贸易分工演变而作用于出口产品技术复杂度的提升。人力资本、经济转型与出口产品技术复杂度提升的关系在理论上和实证中通过 42 个处于不同发展阶段的经济体 2000~2015 年的跨国数据得以验证。这种传导机制在中等收入水平经济体更为明显。处于中等收入阶段的经济体,在传统劳动密集型产业上的比较优势逐渐丧失,而在资本与技术密集型产业上的比较优势正在培育的阶段,重视人力资本积累在经济转型中的关键作用,有效提高出口产品技术复杂度,是避免陷入价值链低端锁定,成功跨越中等收入陷阱的关键举措。

五、结论与启示

为了在国际贸易中占据有利的地位,避免陷入比较优势陷阱,发达国家和发展中国家都致力于出口产品技术复杂度提升。当经济增长的驱动力由物质资本向人力资本转变时,探讨不同形式的人力资本对不同经济发展水平国家的出口产品技术复杂度提升的作用就显得颇有意义。本书基于国内产业结构升技演化和国际贸易分工地位演变的视角探讨了人力资本对出口产品技术复杂度提升的影响机制,并利用 42 个经济体 2000~2015 年的面板数据测度了其影响效应。

实证结果表明,①不同形式人力资本对不同经济发展水平经济体的出口产品技术水平存在差异化的影响,高等教育入学率对高收入水平经济体的出口产品技术升级之影响更为显著,中等教育入学率对低收入水平经济体的出口产品技术升级之影响更为明显。②不同形式的人力资本对出口产品技术复杂度的作用呈现阶段化的特征,人力资本对出口产品技术复杂度提升的作用存在一个适配的问题,并阶段性符合新增长理论边际产出递增的假定。③人力资本至少部分通过影响国内产业结构升级和国际贸易分工演变而作用于出口产品技术复杂度的提升。这种传导机制在中等收入水平经济体更为明显。处于中等收入阶段的经济体,重视人力资本积累在经济转型中的关键作用,可以有效提高出口产品技术复杂度。

当前,中国已经处于中等偏上收入水平国家的行列,出口占全球总份额连续八年位居世界第一。但是中国出口产品的技术复杂度不高,根据 OECD 的测算,我国出口产品的国内附加值比重约为68%,在主要经济体中处于中等偏低水平,还有很大提升空间。中国必须实现产业和贸易的升级,注重技术创新,将产业向"微笑曲线"的两端发展,才能保持持久的出口竞争力。当前,中国经济增长的驱动力已经由物质资本向人力资本转变,有效提升出口产品的技术复杂度必须以人为本。首先,提高人力资本积累,通过要素功能与效率功能促进产业升级。其次,提高中等和高等教育入学率,优化国际分工地位,利用后发优势提升出口产品技术复杂度。最后,国内产业结构升级和国际分工地位提高是成功实现出口产品技术复杂度提升的重要渠道,成功跨越比较优势陷阱不会一蹴而就。

第二节 收入分配、比较优势与出口技术升级
——中国现实

本节基于发达国家和欠发达国家之间两种要素和两种产品的贸易模型对收入分配、比较优势与国际分工之间影响机制的理论分析发现,以非技术工人相对于技术工人的工资上涨为特征的收入分配演变使欠发达国家在劳动密集型产品上的比较优势逐渐丧失,但也为其逆转传统的比较优势提供了契机。而基于中国1995~2013年数据的实证分析显示,非技术工人的工资相对于技术工人的工资上涨是促进出口产品技术升级的重要引擎。在当前提高人力资本积累和加大研发投入强度对出口产品技术升级作用式微的背景下,顺应非技术工人工资相对技术工人工资差距缩小的趋势,增加企业的成本压力,是激发企业提高出口产品技术水平的内在驱动力。

一、收入分配、比较优势与出口技术升级的关系概述

2014年中国的GDP总量为63.65万亿元,同比增长7.4%,创下1990年以来的新低;出口总额为14.39万亿元,同比增长4.9%,低于GDP的增速。显然,随着刘易斯转折点的到来,中国在劳动密集型产品上的比较优势逐渐丧失,在资本和技术密集型产品上的比较优势又尚未形成,低水平的出口驱动型的增长模式难以为继。同时,以劳动禀赋为比较优势加入国际分工体系,也导致了

出口产品的技术水平不高、出口结构不太合理、国际竞争力不足等诸多问题。施炳展（2010）指出中国出口存在一定程度的"悲惨增长"。因此，促进出口产品的技术升级成了保持竞争优势和维持可持续发展的当务之急。

如何促进出口产品的技术升级呢？国际贸易中关于垂直专业化的研究表明，即使发达国家和欠发达国家出口相同类别的产品，发达国家出口的这类产品的技术水平也比欠发达国家要高，这表明收入水平与出口产品的技术水平存在某种正相关关系（Schott，2004；Hummels and Klenow，2005；Hallak and Schott，2011）。其作用机制可以归纳为两种渠道：需求驱动和供给推动。

从需求驱动的角度而言，收入分配通过影响消费者异质性偏好而促进出口品技术升级。理论上，各国厂商生产适合本土消费者口味的产品并销往具有相似偏好的其他国家，在规模报酬递增的情况下，如果一国对某种产品具有极大的国内需求，那么该国会成为该种产品的净出口国（Linder，1961）。Krugman（1980）提出了"本土市场效应"（Home Market Effects）理论，阐释了在行业规模报酬递增、垄断竞争并存在运输成本的条件下，需求大国将会成为差异化产品的净出口国。Fajgelbaum、Grossman 和 Helpman（2011）在假定消费者的偏好分布呈嵌套的分对数需求结构，且高收入的消费者购买高质量的产品的条件下，研究"本土市场效应"对不同规模和收入分配国家之间贸易的影响，为发达国家出口高质量产品提供了一种解释。Fieler（2011）基于李嘉图的国际贸易模式构建了一个一般均衡模型，在模型中商品弹性在两个维度上存在差异：不同需求收入弹性和生产技术的异质性。Fieler 发现由于发达国家的消费者偏好高需求收入弹性的产品，该行业技术进步更快，所以发达国家在出口高技术水平的产品上有比较优势，而欠发达国家则相反。这决定了当前发达国家和欠发达国家的比较优势和贸易模式。国内的研究主要集中于检验中国出口产品的"本土市场效应"及其对出口竞争力的促进作用。祁飞、李慧中（2012）通过对中国制造业各部门对外贸易"本土市场效应"存在性的检验，从理论上和实证上证明了扩大内需政策会导致中国制造业出口结构优化。钱学锋、黄云湖（2013）利用 1977~2007 年中国和 14 个主要贸易伙伴 ISIC 两位数制造业的贸易和产出数据，对多国框架下的中国制造业本地市场效应进行了估计。结果发现：除了劳动力比较优势之外，本地市场效应也是中国制造业出口竞争力的重要源泉。因此，在劳动力比较优势日益削弱的背景下，扩大内需将通过本地市场效应培育出口竞争力，促进出口的稳定增长。

从供给推动的视角而论，收入分配通过影响比较优势和企业的技术选择而作用于出口产品技术升级。当前发达国家和欠发达国家之间的贸易模式大多数可以用比较优势来解释。欠发达国家劳动力资源较为丰富,在劳动密集型产品上有比较优势;发达国家在高质量产品上有相对技术优势,贸易模式由此而决定(Flam and Helpman, 1987; Stokey, 1991; Murphy and Shleifer, 1997; Matsuyama, 2000)。尽管大量研究表明,为了在国际贸易中获得竞争优势,企业倾向于采用偏向利用技术的技术进步(Bound and Johnson, 1992; Berman et al., 1994; Berman et al., 1998; Haskel and Slaughter, 1998; Krugman, 2000; Acemoglu, 2002),但在劳动力成本低廉的国家,这种动机被大大弱化了。然而,伴随着刘易斯转折点到来,非技术工人相对于技术工人的工资上涨有可能成为中国逆转比较优势、促进出口产品技术升级的契机。郭其友、王春雷(2011)指出在南北贸易中,落后国家要想跨越"比较优势陷阱",一要靠要素相对生产率的变动实现贸易结构逆转,二要缩小国内资本密集型与劳动密集型产业之间的收入分配差距,但他们的研究结论只是基于理论的推导而缺乏实证的检验。Storm 和 Naastepad(2012)总结了以往的文献,认为从供给的角度而言,更高的实际工资促使企业提高劳动生产率以确保它的盈利能力,因此促进了产品技术水平的提升。

显然,需求驱动强调收入分配通过消费者的偏好和本土市场规模对出口产品技术升级的作用,而供给推动则侧重于收入分配通过企业基于成本压力的技术选择对出口产品技术升级施加的影响。鉴于国内基于供给推动的实证研究尚少,本书拟从该角度展开收入分配演进、比较优势逆转对出口产品技术升级的影响机制、效应测度和现实解析。接下来的结构安排如下:收入分配、比较优势演进对出口产品技术升级的影响机制;收入分配、比较优势对出口技术升级的实证分析;收入分配、比较优势对出口产品技术升级的现实解析;结论与启示。

二、收入分配、比较优势对出口技术升级的影响机制

按照李嘉图的比较优势原理,在两国之间,劳动生产率的差距并非在任何产品上都相等。每个国家都应集中生产并出口具有比较优势的产品,进口具有比较劣势的产品("两优相权取其重,两劣相衡取其轻")。通过贸易交换,双方均可节省劳动力,获得专业化分工提高劳动生产率的好处。但是,这一原理只注意了劳动生产率的差异而忽视了不同国家劳动成本的差别,若考虑要素成本差异,一国具有生产率优势的产品可能不具备价格优势。

随着刘易斯转折点的到来，非技术工人和技术工人相对工资的非同步演变有可能逆转中国的传统比较优势，改变中国参与国际分工的格局。基于以上思路，我们将收入分配（非技术工人和技术工人的相对工资）的演进融入发达国家和欠发达国家的国际分工模型，探讨收入分配演进、比较优势逆转对出口产品技术升级的影响机制。

假设1：贸易结构为两个国家（非技术工人资源比较丰富的欠发达国家和技术工人资源比较丰富的发达国家）、两种要素（非技术工人 L 和技术工人 H）、两种商品（劳动密集型产品 X 和技术密集型产品 Y）之间的 2×2×2 模型。

假设2：不存在国际贸易壁垒，也不存在国际贸易成本。产品市场是完全竞争的，因此产品价格等于其边际成本。

假设3：欠发达国家非技术工人资源比较丰富，单位非技术工人的工资 w 相对便宜；发达国家技术工人资源比较丰富，单位技术工人的工资 s 相对便宜。

假设4：商品 X 和商品 Y 的生产函数为柯布—道格拉斯形式：

$$X = f(H, L) = AH^\alpha L^\beta \tag{3-7}$$

$$Y = g(H, L) = BH^\gamma L^\delta \tag{3-8}$$

由柯布—道格拉斯生产函数的性质可知，A、B 是技术系数，H、L 分别表示技术工人和非技术工人的投入量，α、β 与 γ、δ 分别表示在商品 X 和 Y 的产出中，技术工人的收入和非技术工人收入所占份额。

生产单位 X 的技术工人投入用 H_X 表示，非技术工人投入用 L_X 表示；生产单位 Y 的技术工人投入用 H_Y 表示，非技术工人投入用 L_Y 表示。

令 $\frac{\partial f}{\partial H} = f_H$，$\frac{\partial f}{\partial L} = f_L$，$\frac{\partial g}{\partial H} = g_H$，$\frac{\partial g}{\partial L} = g_L$，要实现既定成本条件下商品 X 和商品 Y 的产出最大化，必须满足：

$$\frac{f_H}{s} = \frac{f_L}{w} \tag{3-9}$$

$$\frac{g_H}{s} = \frac{g_L}{w} \tag{3-10}$$

即：

$$\frac{f_H}{f_L} = \frac{s}{w} = \frac{\alpha}{\beta} \cdot \frac{L_X}{H_X} \tag{3-11}$$

$$\frac{g_H}{g_L} = \frac{s}{w} = \frac{\gamma}{\delta} \cdot \frac{L_Y}{H_Y} \tag{3-12}$$

现在考虑两个国家的情形。由于产品市场是完全竞争的，因此产品价格等于其边际成本。于是商品 X 的价格可以表示为：

$$P_X = \frac{s}{f_H} + \frac{w}{f_L} \tag{3-13}$$

商品 Y 的价格可以表示为：

$$P_Y = \frac{s}{g_H} + \frac{w}{g_L} \tag{3-14}$$

欠发达国家两种商品的相对价格为：

$$P^{poor} = \frac{P_X^{poor}}{P_Y^{poor}} = (\frac{1}{f_H^{poor}} + \frac{a}{f_L^{poor}})/(\frac{1}{g_H^{poor}} + \frac{a}{g_L^{poor}}) \tag{3-15}$$

发达国家两种商品的相对价格为：

$$P^{rich} = \frac{P_X^{rich}}{P_Y^{rich}} = (\frac{1}{f_H^{rich}} + \frac{b}{f_L^{rich}})/(\frac{1}{g_H^{rich}} + \frac{b}{g_L^{rich}}) \tag{3-16}$$

式（3-15）与式（3-16）中，a 和 b 分别为欠发达国家和发达国家单位非技术工人和技术工人的工资之比。

如果 $P^{poor} - P^{rich} < 0$，则欠发达国家在商品 X 上具有比较优势；如果 $P^{poor} - P^{rich} > 0$，则欠发达国家在商品 Y 上具有比较优势。显然，要素的边际产出效率和要素的相对价格共同决定了各国在国际贸易中的比较优势。因此，只要要素生产率差异足够大，不管要素相对价格如何，两个国家之间可以进行任意形式的国际贸易。

若两国的生产函数相同，式（3-15）、式（3-16）可以合成一个表达式：

$$P = \frac{P_X}{P_Y} = (\frac{1}{f_H} + \frac{c}{f_L})/(\frac{1}{g_H} + \frac{c}{g_L}) \tag{3-17}$$

式（3-17）中，c 代表单位非技术工人和技术工人的价格之比。对 c 求偏导可得：

$$\frac{\partial P}{\partial c} = (\frac{1}{f_L g_H} - \frac{1}{f_H g_L})/(\frac{1}{g_H} + \frac{c}{g_L})^2 \tag{3-18}$$

在两国之间，如果欠发达国家非技术工人资源相对丰裕，即 $a<b$，则 $\frac{\partial P}{\partial c} > 0$，意味着欠发达国家将专业化生产 X，发达国家将专业化生产 Y。如果 $\frac{\partial P}{\partial c} < 0$，结果

刚好相反。据此，可以得出收入分配、比较优势与国际分工的关系如表3-4所示：

表3-4 收入分配、比较优势与国际分工的关系

要素的相对成本比较	要素的相对劳动生产率比较	收入分配与产品要素密集度比较	国际分工	
			欠发达国家专业生产	发达国家专业生产
$a<b$ 即 $\frac{w^{poor}}{s^{poor}} < \frac{w^{rich}}{s^{rich}}$	$\frac{\partial P}{\partial c} > 0$，即 $\frac{f_H}{f_L} > \frac{g_H}{g_L}$	$\frac{\beta}{\alpha} \cdot \frac{H_X}{L_X} < \frac{\delta}{\gamma} \cdot \frac{H_Y}{L_Y}$	X	Y
	$\frac{\partial P}{\partial c} < 0$，即 $\frac{f_H}{f_L} < \frac{g_H}{g_L}$	$\frac{\beta}{\alpha} \cdot \frac{H_X}{L_X} > \frac{\delta}{\gamma} \cdot \frac{H_Y}{L_Y}$	Y	X
$a>b$ 即 $\frac{w^{poor}}{s^{poor}} > \frac{w^{rich}}{s^{rich}}$	$\frac{\partial P}{\partial c} > 0$，即 $\frac{f_H}{f_L} > \frac{g_H}{g_L}$	$\frac{\beta}{\alpha} \cdot \frac{H_X}{L_X} < \frac{\delta}{\gamma} \cdot \frac{H_Y}{L_Y}$	Y	X
	$\frac{\partial P}{\partial c} < 0$，即 $\frac{f_H}{f_L} < \frac{g_H}{g_L}$	$\frac{\beta}{\alpha} \cdot \frac{H_X}{L_X} > \frac{\delta}{\gamma} \cdot \frac{H_Y}{L_Y}$	X	Y

因此，国际贸易分工取决于两个国家之间非技术工人和技术工人两种要素的价格之比 $\frac{w}{s}$、要素的劳动生产率 $\frac{f_H}{f_L}$ 与 $\frac{g_H}{g_L}$ 的比较，两种商品的要素密集度 $\frac{H}{L}$，以及在商品 X 和 Y 的生产中非技术工人收入与技术工人收入所占份额之比 $\frac{\beta}{\alpha}$ 与 $\frac{\delta}{\gamma}$ 的相对大小。

所以，如果商品 X 中非技术工人的工资占产出的相对份额足够大，欠发达国家不是出口劳动密集型商品 X 而是出口技术密集型商品 Y。因此，如果一个非技术工人资源相对丰裕的欠发达国家已经专业化生产劳动密集型产品，那么缩小欠发达国家技术工人和非技术工人间的收入差距将会扭转这种不利的分工局面，避免陷入"比较优势陷阱"难以自拔。

因此，从理论的角度而言，伴随着刘易斯转折点的到来和利用非技术工人工资上涨的契机，缩小非技术工人和技术工人收入差距，将有助于发展中国家出口产品的技术升级和贸易条件的优化。

三、收入分配、比较优势对出口技术升级的实证分析

那么,从实证的角度而言,伴随着刘易斯转折点的到来和非技术工人工资相对于技术工人工资上涨的契机,是否真的能让中国实现出口产品的技术升级和贸易条件的优化呢?非技术工人工资相对于技术工人工资的上涨对出口产品的技术升级有什么影响呢?

(一)实证方程

首先,根据前面的理论分析,我们考虑实证方程中自变量的选择。

第一,非技术工人工资相对于技术工人工资之比 $income$ 对国际分工有重要的影响。假设一国参与国际分工时出口产品技术水平由比较优势来决定,则非技术工人工资相对于技术工人工资的变化会改变企业的比较优势,影响企业的技术选择,从而决定出口产品的技术水平。考虑到非技术工人工资相对于技术工人工资的变化对出口产品的技术水平可能存在的非线性影响,我们引入非技术工人工资与技术工人工资之比的平方项。

国内关于工资差距可以直接获得的数据包括地区工资差异、城乡工资差异、性别工资差异以及行业工资差异四个方面,但关于技术工人和非技术工人工资差距的数据难以获得。喻美辞和熊启泉(2012)采用了制造业大中型工业企业科技活动人员的劳务费与非科技活动人员劳务费的比例来表示熟练劳动力和非熟练劳动力的工资差距。也有研究用农村居民家庭人均纯收入与城镇家庭人均可支配收入之比来作为非技术工人工资与技术工人工资之比的代理变量。本书参考喻美辞和熊启泉的方法,根据制造业大中型工业企业 R&D 经费内部支出中人员的劳务费与 R&D 人员之比计算出技术工人的工资,用除了 R&D 人员以外的城镇单位就业人员平均工资作为非技术工人的工资,非技术工人工资相对于技术工人工资之比则为 $income$ 的值。根据《中国科技统计年鉴》和《中国统计年鉴》可以获得的数据,我们计算了 2009~2013 年的数值,1997~2008 年的数值来源于喻美辞和熊启泉(2012),1995~1996 年的数值来源于 Xu 和 Li(2008)。

第二,以 R&D 投入占 GDP 的比重表示的研发的投入强度 rd 是决定一国出口产品技术水平的重要因素。一方面,企业为了在国际贸易中获取较高的利润,会增加研发投入;另一方面,而由于技术进步的非竞争性和部分非排他性使其存在跨时域的溢出效应,各国政府为了提高本国的竞争优势,实施技术升级的

激励措施，也会加大研发投入。但是，由于研发投入强度的上升并不必然提高劳动生产率（Jones，1995），从而对出口产品的技术水平的影响也是不确定的，所以，这里引入研发投入强度的平方项，代表研发投入强度对出口产品的技术水平可能存在的非线性关系。

其次，考虑到一国出口产品的技术水平的提升还可能受到经济发展过程中其他因素的影响，我们引入以下控制变量。

第一，人力资本（aey），用平均受教育年限来表示。人力资本是"增长的发动机"，平均受教育年限作为反映人力资本的指标对产品技术升级的作用举足轻重。我们以受过各级教育的人数占总人数的比重为权重系数，分5组计算居民的加权平均受教育年限。根据我国当前的教育制度，受教育水平可以分为未上过学、小学、初中、高中、大专及以上5组。各组受教育年限为：未上过学0年，小学6年，初中9年，高中12年，大专及以上16年。

第二，汇率（exchange），用人民币兑美元的直接汇率来表示。汇率作为影响国际贸易的重要变量不容忽视，汇率的波动会影响一国产品在国际市场上的竞争力。从理论上讲，由于技术密集度高的产品利润率较高，不易受到汇率波动的冲击；而劳动密集型产品的利润率较低，易受到汇率波动的冲击。因此，本币汇率的改变对出口产品的技术水平有重要的影响。

第三，市场的自由度（free），用非国有部门的就业占总就业的比重来表示。市场自由度对技术进步的影响具有两面性。一方面，较高的市场竞争程度迫使企业加大研发投入以提高其市场竞争力。另一方面，市场竞争的加剧使得企业更加急功近利，不利于自主创新能力的提升，但学习和模仿动机会加强。

第四，交通基础设施（trans），用人均运输线路长度（包括铁路、公路、内河航道、航班航线、管道输油里程）来表示。从理论上讲，交通基础设施的完善，有利于开拓市场和减少要素流动的成本，从而促进经济发展和技术进步，推动出口产品技术升级。

第五，外商直接投资（fdi），用外商直接投资占GDP的百分比来表示。FDI的进入究竟是刺激了本土的技术进步，还是使得本土企业过分依赖外国的技术，从而丧失了自主研发的能力？这在发展经济学和跨国公司理论的研究过程中始终是一个有争议的问题。在经验分析方面，正反两方面的证据都有很多。

最后，我们构建出口产品技术水平的决定方程如下：

$$tech_t = \alpha_0 + \alpha_1 income_t + \alpha_2 income_t^2 + \alpha_3 rd_t + \alpha_4 rd_t^2 + \alpha_5 aey_t + \alpha_6 exchange_t + \alpha_7 free_t + \alpha_8 trans_t + \alpha_9 fdi_t + \varepsilon_t \tag{3-19}$$

式 (3-19) 中，tech 表示出口产品的技术水平，用高新技术产品出口额占出口总额的比重表示，ε_t 为随机扰动项，t 表示时间。

(二) 实证检验

以上因变量和自变量的数据来源于《中国统计年鉴》和《中国科技统计年鉴》1996~2014 年各期。为了避免宏观经济变量的不平稳产生缪回归，先采用 ADF 方法进行单位根检验，判断数据的平稳性。根据各组数据的时序图确定各变量数据 ADF 检验采用上述哪个检验方程（时序图省略），同时依据各变量数据单位根方程中截距项和时间趋势的系数显著性来判断单位根检验模型设定的合理性。滞后阶 p 的确定是基于最小信息准则（AIC 和 BIC）做出的，结果如表 3-5 所示。

表 3-5　1995~2013 年相关变量的 ADF 检验结果

变量	检验类型 (c, t, k)	ADF 统计量	1% 临界值	5% 临界值	10% 临界值	结论
tech	(c, 0, 1)	-1.692	-3.887	-3.052	-2.667	不平稳
income	(c, 0, 1)	-1.384	-3.887	-3.052	-2.667	不平稳
rd	(c, 0, 0)	1.338	-3.857	-3.040	-2.661	不平稳
aey	(c, 0, 0)	-0.576	-3.857	-3.040	-2.661	不平稳
exchange	(c, 0, 1)	0.132	-3.887	-3.052	-2.667	不平稳
free	(c, 0, 0)	-2.921*	-3.857	-3.040	-2.661	平稳
trans	(c, 0, 1)	1.857	-3.887	-3.052	-2.667	不平稳
fdi	(c, 0, 0)	-1.271	-3.857	-3.040	-2.661	不平稳
D (tech)	(0, 0, 0)	-1.626*	-2.708	-1.963	-1.606	平稳
D (income)	(c, 0, 0)	-2.713*	-3.887	-3.052	-2.667	平稳
D (rd)	(c, t, 1)	-3.961**	-4.668	-3.733	-3.310	平稳
D (aey)	(c, t, 0)	-5.526***	-4.616	-3.710	-3.298	平稳
D (exchange)	(0, 0, 0)	-1.765*	-2.708	-1.963	-1.606	平稳
D (free)	(c, t, 0)	-4.241**	-4.616	-3.710	-3.298	平稳

续表

变量	检验类型 (c, t, k)	ADF 统计量	1% 临界值	5% 临界值	10% 临界值	结论
$D(trans)$	(c, t, 0)	-4.221**	-4.616	-3.710	-3.298	平稳
$D(fdi)$	(c, t, 1)	-3.924**	-4.668	-3.733	-3.310	平稳

注：$D(*)$ 代表相关变量的一阶差分。检验类型中 c、t、k 分别表示常数项、趋势项、滞后阶数，c=0 表示不含常数项，t=0 表示不含时间趋势；ADF 统计量中的 ***、**、* 分别表示在 1%、5%、10% 的显著性水平下拒绝单位根检验。

数据来源：作者计算结果。

从表 3-5 中可以看出，各变量的时间序列的一阶差分在 10% 的显著性检验水平下拒绝了单位根假设，从而各变量都是 I(1) 序列，下面进行回归分析。首先，我们选择普通最小二乘法（OLS）对其进行回归分析。其次，为了避免残差项的自相关问题，我们引入残差的 AR(1) 项来进行修正。最后，为了克服内生性问题，本书参考 Baum、Schaffer 和 Stillman（2003）的方法将模型所有的解释变量及控制变量视为内生，并以其滞后项作为工具变量进行两阶段的最小二乘法回归（TSLS）和广义矩估计（GMM）。

表 3-6 的分析表明，从方程的拟合优度和回归系数的显著性的角度比较而言，方程③、方程④、方程⑤的回归结果都较为理想。回归结果显示，非技术工人和技术工人的工资之比（income）与出口产品的技术水平之间呈"U"形的关系，其最小值点出现在非技术工人和技术工人的工资之比 0.63~0.67 的地方；研发投入强度（rd）与出口产品的技术水平之间呈倒"U"形的关系，其最大值点出现在研发投入强度 1.80%~2.23% 的地方；而平均受教育年限（aey）与出口产品的技术水平之间呈负相关关系。

表 3-6　1995~2013 年收入分配与出口产品技术水平的关系

自变量 \ 因变量	tech ①	tech ②	tech ③	tech ④	tech ⑤
常数项	0.581 (1.352)	0.388** (2.758)	0.475*** (4.240)	0.369** (2.760)	0.915*** (10.886)

续表

自变量 \ 因变量	tech ①	tech ②	tech ③	tech ④	tech ⑤
Income	-1.292** (-3.234)	-0.837** (-2.687)	-1.379*** (-5.013246)	-1.664*** (-5.025)	-1.529*** (-4.245)
$Income^2$	0.814** (2.607)	0.546* (2.071)	1.053*** (4.277)	1.321*** (4.403)	1.141*** (3.5544)
rd	17.687 (0.826)	48.948*** (4.335)	67.162*** (6.457)	73.840*** (6.338)	72.832*** (6.313)
rd^2	-168.470 (-0.230)	-1092.240** (-2.637)	-1714.71*** (-4.403)	-2046.060*** (-4.502)	-1634.420*** (-4.052)
aey	-0.036* (-1.878)	-0.035* (-2.115)	-0.044*** (-3.271)	-0.025 (-1.332)	-0.103*** (-5.594)
exchange	-0.000 (-0.939)				
free	0.441 (0.934)				
trans	-0.000 (-0.905)				
fdi	-1.561 (-0.990)				
AR (1)			-0.280 (-1.295)	-0.403* (-1.903)	
评价统计量					
Adjusted R^2	0.9860	0.986	0.989	0.987	0.972
D-W stat	1.8280	1.571	1.892	1.811	2.138
F-stat	145.164	262.489	268.9122	220.770	

续表

自变量 \ 因变量	tech ①	tech ②	tech ③	tech ④	tech ⑤
Second-Stage SSR				0.001	
J-stat					0.095
顶点的 income 值	0.794	0.767	0.655	0.630	0.670
顶点的 rd 值	0.052	0.022	0.020	0.018	0.022
统计分析方法	LS	LS	LS	TSLS	GMM

注：系数估计值下面括号内的数字为 t 统计值，系数估计值旁边的 ***、**、* 分别表示在 1%、5%、10% 显著性水平下显著。

数据来源：作者计算结果。

实证结果印证了研发投入强度的增加对出口产品的技术水平的提高存在边际投入产出递减的作用。由于我国的研发投入强度逐年上升，已经由 1995 年的 0.57% 上升到 2013 年的 2.09%，所以当前继续依靠增加研发投入强度来促进出口产品技术升级的效果会不如之前那么明显了。

实证结果也表明平均受教育年限的提高对促进中国出口产品技术升级没有明显的积极意义。可能的原因在于人口受教育水平与出口产品技术水平之间存在适度问题，单纯的人口受教育水平提高并不必然会引起出口产品技术升级，而是与产业结构转化相匹配的人力资本，才是出口产品技术升级的源泉。当前中国出口产品技术升级需要更多的是专业技术人才而不是单纯的高学历人才。

因此，能否利用非技术工人的工资与技术工人的工资差距缩小的机会逆转国际贸易中的比较优势，促进出口产品技术升级也就显得尤为重要。实证结果表明当非技术工人的工资与技术工人的工资之比超过 0.67 时，非技术工人的工资相对于技术工人的工资的上升会促进出口产品技术升级。2013 年中国非技术工人的工资与技术工人的工资之比为 0.76，如果非技术工人的工资相对于技术工人的工资之比继续上涨，这种比较优势的逆转有可能成为促进出口产品技术升级的重要引擎。

四、收入分配、比较优势对出口技术升级的现实解析

尽管实证结果表明了在当前中国的发展阶段,非技术工人的工资与技术工人的工资差距缩小对促进出口产品技术升级的意义,但我们仍然希望从直观的角度进一步展示该实证结论的现实含义。

第一,以非技术工人与技术工人的工资差距缩小为特征的收入分配演变是中国劳动力供求变化的必然趋势。

由于中国的劳动力市场存在典型的二元性,即有限供给的技术工人市场和无限供给的非技术工人市场同时并存[见图3-6(a)]。对于非技术工人的供求市场来说,由于存在农村劳动力无限进入的问题,S_L曲线的左端非常平坦,厂商几乎可以在不变的工资水平上获得无限的劳动供给;对于技术工人的供求市场,由于技术工人的供给缺乏弹性,S_H曲线比较陡峭。两种异质劳动力之间的需求是互补的,随着产品技术水平的上升,对技术工人需求D_H的增加会扩大对非技术工人的需求D_L,于是非技术工人与技术工人之间的收入差距也呈扩大的趋势。

但是,随着刘易斯转折点的到来,非技术工人的供给由无限弹性变为有限弹性,S_L曲线的右端开始逐渐变得越来越陡峭,工资也呈现快速的增长趋势,于是非技术工人与技术工人之间的收入差距不断缩小。图3-6(b)显示1995~2013年非技术工人与技术工人工资之比经历了1995~2004年逐渐下降,而2004~2013年逐渐上升的过程。其表明中国已经进入非技术工人与技术工人工资之比持续上涨的轨道,中国的比较优势已经发生逆转。

第二,以非技术工人相对于技术工人的工资上涨为特征的收入分配演变使中国在劳动密集型产品上的比较优势难以为继,出口产品技术升级和转型发展势在必行。

实际上,尽管中国高新技术产品出口额1995~2013年呈逐年上升的趋势,但2009~2013年高新技术产品出口额占出口产品总额的比例有所下降,引发了出口驱动型经济增长可持续性的担忧(见图3-7)。

2009年之后也恰好是中国跨入中等偏上收入国家行列和"民工荒"出现的时期,其意味着刘易斯转折点的到来。一方面,随着刘易斯转折点的到来,面对非技术工人工资上涨不可逆转的趋势,中国的劳动密集型企业奄奄一息,中国在"劳动密集型"产品出口上的比较优势难以为继。另一方面,尽管我们已

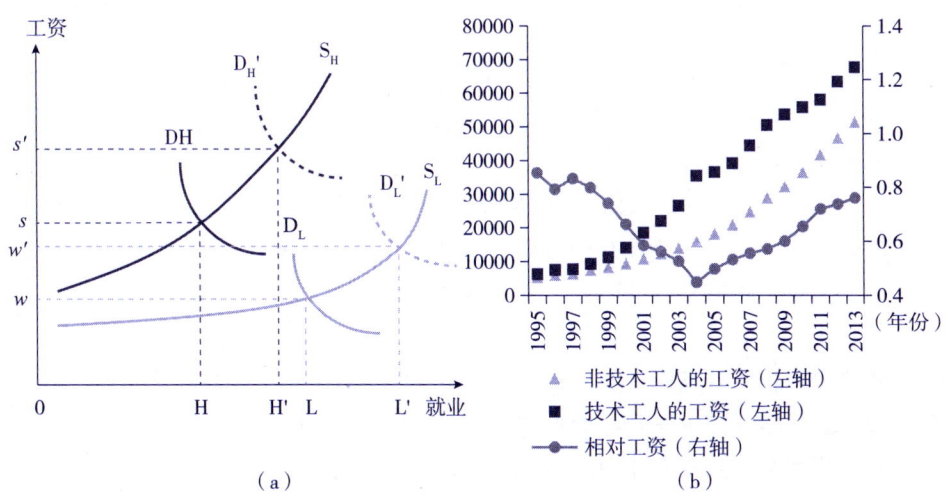

图3-6　1995~2013年非技术工人与技术工人收入差距的形成及演变

数据来源：作者绘制，原始数据来源于1996~2014年《中国统计年鉴》。

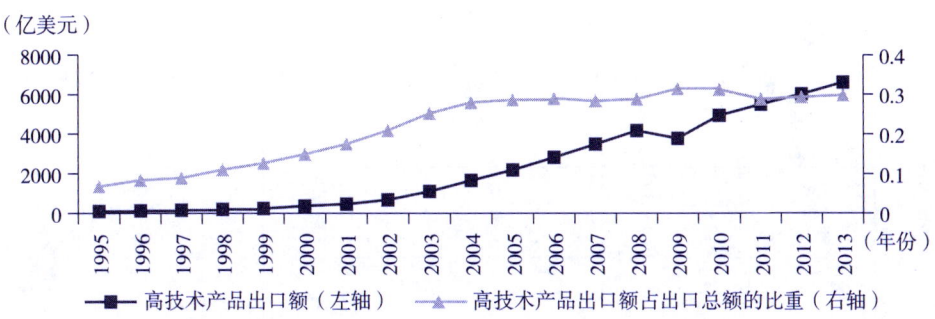

图3-7　1995~2013年中国出口产品技术水平的演变

数据来源：作者绘制，原始数据来源于1996~2014年《中国统计年鉴》。

经意识到在国际贸易中过度依赖劳动和资源密集型产品的弊端并致力于产业结构升级，但中国在资本和技术密集型产品上的比较优势尚未形成，处于"比较优势真空状态"。刘易斯曾经指出："如果增长的引擎是较发达的国家的工业产品和欠发达的国家的初级产品的出口，那么较发达国家的引擎就比欠发达国家的引擎转动得略微快一些。"① 为了维持可持续发展,中国迫切需要促进出口产品技术升级。

第三,以非技术工人与技术工人的工资差距缩小为特征的收入分配演变对中国出口产品技术升级的作用在当前的发展阶段被赋予了更加重要的意义。

实证分析表明研发投入强度（rd）与出口产品的技术水平（tech）之间呈倒"U"形的关系,其最大值点出现在研发投入强度约为1.96%的地方。然而,统计数据显示2013年中国的研发投入强度已经达到2.09%,因此当前继续依靠研发投入驱动的效果将逐渐减弱 [见图3-8（a）]。

实证分析显示平均受教育年限（aey）的提高并非像理论预期那样有利于促进中国出口产品技术升级。实际上,尽管近年来中国人口的平均受教育年限持续上涨,这种趋势在今后一段时间可能仍将继续,但是中国出口产品技术升级需要更多的是专业技术人才而不是单纯的高学历人才 [见图3-8（b）]。

由于平均受教育年限的提高和加大研发投入强度对出口产品技术升级作用式微,所以非技术工人相对于技术工人的工资的改变在当前的发展阶段被赋予了更加重要的意义 [见图3-8（c）]。2009年之后非技术工人与技术工人工资

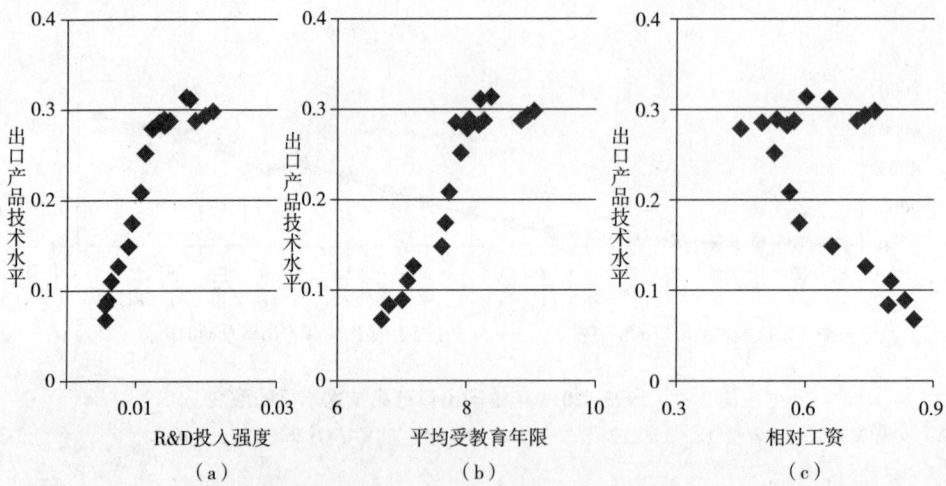

图3-8　1995~2013年研发投入强度、平均受教育年限、相对工资与出口产品技术水平的关系

数据来源：作者绘制,原始数据来源于1996~2014年《中国统计年鉴》。

---

① 刘易斯：《增长引擎的减慢》,见《现代国外经济学论文选》,第8辑,2511页,北京：商务印书馆,1984。

之比已经超过 0.65，中国的比较优势正在发生逆转。不应该抑制非技术工人工资的上涨，减少企业成本上涨压力；而是应该因势利导，利用非技术工人工资相对技术工人工资差距缩小的机会，增加企业的成本压力，激励企业增加研发投入、促进技术进步，逆转国际贸易中的比较优势，促进出口产品技术水平的提升，成功实现产业升级。

五、结论与启示

中国过去 30 多年的高速增长很大程度来源于劳动力成本优势、资源再配置效应和国际市场开放等。随着刘易斯转折点的到来、经济增长向稳态的趋同和国际市场供求的变化，中国迫切需要促进出口产品技术升级以维持可持续发展。

基于国际贸易学中的比较优势理论模型分析表明，非技术工人和技术工人收入差距的缩小将逆转比较优势，有助于欠发达国家出口产品的技术升级。 随着刘易斯转折点的到来，以非技术工人相对于技术工人的工资上涨为特征的收入分配演变使中国在劳动密集型产品的比较优势逐渐丧失，但是非技术工人和技术工人收入差距的缩小有可能逆转比较优势，为中国出口产品的技术升级和贸易条件的优化提供契机。

基于中国 1995~2013 年时间序列数据的实证分析显示，如果非技术工人的工资相对于技术工人的工资之比继续上涨，这种比较优势的逆转将成为促进出口产品技术升级的重要引擎。 2009 年之后中国非技术工人与技术工人工资之比已经进入了上升的轨道，由于人口平均受教育年限的提高和加大 R&G 投入强度对出口产品技术升级作用式微，非技术工人相对于技术工人的工资的改变对出口产品技术升级作用在当前的发展阶段被赋予了更加重要的意义。

基于中国劳动力市场供求和出口产品技术水平的现实解析发现，顺应非技术工人工资相对技术工人工资差距缩小的趋势，增加企业的成本压力，是激发企业提高出口产品技术水平的内在驱动力。 随着刘易斯转折点的到来，以非技术工人与技术工人的工资差距缩小为特征的收入分配演变是中国劳动力供求变化的必然趋势。在研发投入对中国出口产品技术升级作用式微的条件下，适应劳动力成本提高的动态比较优势变化，通过加大资金和技术投入，实现出口产品结构由低附加值的劳动密集型向资本密集型和技术密集型升级，符合转变经济增长方式、保持经济快速、健康发展的内在要求。

收入分配演进对中等收入阶段生产率提升的影响机制研究

综上所述，以非技术工人与技术工人的工资差距缩小为特征的收入分配演变有助于中国出口产品技术升级、经济增长方式改变和人民福利改善的和谐统一。

（本小节的内容发表在《国际经贸探索》2015年第12期，内容有部分调整。）

第四章
收入分配对中等收入阶段生产率提升的影响
——需求升级

前面从供给的角度分析了收入分配通过人力资本积累和经济转型对中等收入阶段生产率提升的关键意义,接下来从需求的视角探讨收入分配通过本土需求升级对出口结构优化的作用。传统产业间贸易理论着重于从供给层面研究贸易的决定因素,基于劳动、资本与技术的"比较优势"是探讨出口升级的重要基础。新的产业内贸易理论引进了需求决定因素,开始强调基于消费者偏好的总需求的构成对出口产品质量差异的影响,为探讨收入分配通过需求升级对贸易结构的影响提供了理论依据。

第一节 收入分配、本土需求与出口质量提升
——国际比较

本节基于48个经济体的面板数据对收入差距、本土市场需求与出口产品质量升级的传导机制、影响效应和优化方向进行了实证分析。在控制了影响出口产品质量的供给因素和宏观经济环境因素之后,研究发现伴随着出口产品质量的提升,存在一个相对有利于出口产品质量升级的适度收入差距。适度收入差距与出口质量水平相关,对于出口产品质量水平较高的经济体,收入差距的缩小有助于提高出口产品质量水平;对于出口产品质量水平较低的经济体,收入差距的扩大倾向于提升出口产品质量水平。适度收入差距因经济发展水平而异,对发达经济体而言,控制收入差距,培育强大的中产阶级更为重要;对于发展中经济体而言,适当的收入差距有利于激励产品质量升级。因此,旨在促进出口产品质量升级的收入差距优化方向在不同出口产品质量水平和不同经济发展

阶段的经济体有差别化的政策含义。

一、收入分配、本土需求与出口质量提升的关系概述

近年来，中国的出口产品规模不断扩张。2010年中国超过德国成为世界出口规模最大的国家，2013年中国对外贸易总体规模超过美国跃居全球首位。然而，中国的出口产品质量并没有伴随着出口规模的扩张而得到持续的改善反而有所下降（张杰等，2014），引发了出口可持续性发展的担忧。

事实上，为了在国际贸易中占据竞争优势，世界各国一直致力于出口产品的质量升级。Hausmann、Hwang和Rodrik（2007）的研究表明，出口精密产品的经济体增长更快；生产高质量品种被认为是促进差异化和规避竞争的一种方式（Aghion et al.，2005；Amiti and Khandelwal，2013；高越和李荣林，2015）；初始出口产品质量较高的经济体的产品质量提升更快（Krishna and Maloney，2011）；此外，生产高质量品种还可能产生更多的技术溢出效应并减少产业转移的可能性。因此，了解一个经济体基于质量的垂直比较优势在过去几十年一直备受关注。传统产业间贸易理论着重于从供给层面研究贸易的决定因素，基于劳动、资本与技术的"比较优势"是探讨质量升级的重要基础（Schott，2004；Verhoogen，2008；Fieler，2011；李怀建和沈坤荣，2015）。新的产业内贸易理论引进了需求决定因素，开始强调基于消费者偏好的总需求的构成对出口产品质量差异的影响（Fajgelbaum, Grossman and Helpman，2011；张国胜，2011），解释了收入分配差异是国际贸易产生的重要原因。

理论上，收入分配影响本土市场对高质量和低质量产品的相对需求规模，而本土市场规模是促进出口产品质量升级的关键因素。现实中，伴随着收入水平和收入结构演变的消费者对本土产品质量的需求变化能否转化成为出口产品质量升级的驱动力呢？经验数据显示（见图4-1），出口产品质量与人均GDP在一定程度上呈正相关关系，与基尼系数的关系则刚好相反，在基尼系数高于国际警戒线0.4的经济体当中，出口产品质量指数低于1的比例也居多。

综上所述，收入差距与出口产品质量之间无疑存在某种内在联系，在国际质量分工新格局下，能否通过收入水平与收入差距的调整优化，促进本土消费的需求升级，从而实现出口产品的质量提升呢？如何通过发挥国内市场优势，优化提升本国出口产品质量梯度，进而实现内需与外需的交互促进呢？这就是本书的研究逻辑和关注焦点。

第四章 收入分配对中等收入阶段生产率提升的影响——需求升级

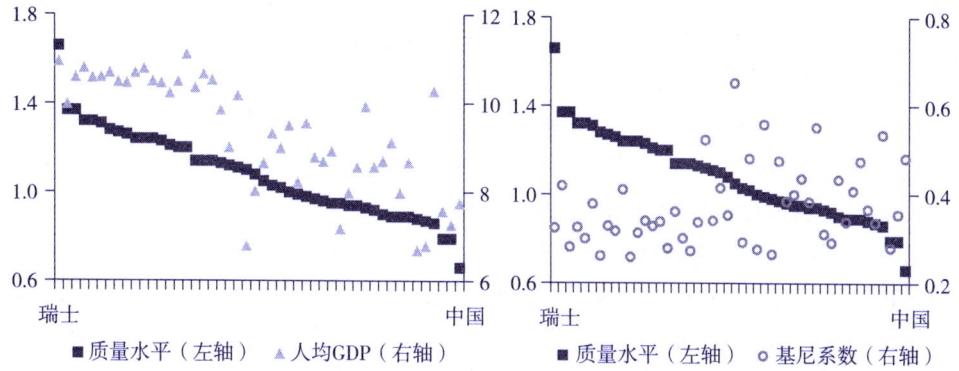

图 4-1 国民收入水平、收入差距与出口产品质量之间的关系

注：坐标横轴分经济体按质量水平从高到低排列，由左至右对应的分别是瑞士、以色列、芬兰、爱尔兰、奥地利、英国、瑞典、日本、法国、美国、丹麦、德国、澳大利亚、新西兰、加拿大、挪威、意大利、荷兰、比利时、葡萄牙、智利、西班牙、尼日利亚、阿尔及利亚、南非、匈牙利、墨西哥、斯洛伐克、哥伦比亚、捷克共和国、阿根廷、俄罗斯、土耳其、菲律宾、伊朗、巴西、韩国、罗马尼亚、马来西亚、波兰、泰国、委内瑞拉、越南、印度、中国香港、乌克兰、印度尼西亚、中国48个经济体。

数据来源：出口产品质量水平的数据来源于 Feenstra and Romalis（2014）所测算的质量标准化指数，取 2007 年所对应的值；人均 GDP 选取 2005 年不变价美元所表示的人均 GDP 的自然对数，取 2003~2012 年的平均值，数据来源于世界银行；收入差距用基尼系数表示，取 2003~2012 年的平均值，数据来源于世界银行和 OECD。

二、收入分配、本土需求对出口质量提升的影响机制

（一）文献回顾

随着传统产业间贸易理论向新产业内贸易理论推进，关于国际贸易驱动力的探讨也从基于资源禀赋和比较优势的供给层面向基于收入分配和消费者偏好的需求层面演进。

基于收入水平的视角研究出口产品质量升级可以追溯到 Linder（1961），他所提出的"重叠需求"，即两国之间对品质的共同需求是国际贸易产生的一个独立条件。一国的平均收入水平的提高增加了高质量产品的需求，因此富裕国家在生产高质量产品上更具优势。Hallak（2010）发现人均收入水平相近的国

家之间的贸易更加紧密,这与 Linder 的假说相吻合。Ponser (1961) 的"技术差距论"和 Vernon (1966) 的"产品生命周期理论"也指出本土市场对高质量产品的需求保障了创新国初期比较利益的获得,为出口产品质量升级提供了条件。Krugman (1980) 的"本土市场效应"则认为:如果两个经济体需求偏好差异显著,当运输成本很高且生产存在规模经济特性的时候,规模大的国内市场为本土企业创造了竞争优势。Mora 基于欧盟 1985~1996 年产业内贸易数据分析发现,高收入水平的国家出口高质量的产品,而南部收入水平较低国家出口质量低端产品。Davis 和 Weinstein 基于一个报酬递增模型论证了拥有超常需求的经济体将会成为生产区位并出口该商品。Hummels 和 Klenow (2005) 研究出口到美国的单位产品价值的跨国差异发现,出口产品的单位价值与人均国民收入正相关。Caron、Fally 和 Markusen (2014) 假定产品的收入弹性与技术密集度正相关,富国生产和消费高质量的产品,富国之间的贸易比富国和穷国之间的贸易更加紧密,尤其是在高质量产品领域。李怀建和沈坤荣 (2015) 使用 58 个国家 1996~2009 年的面板数据进行检验,发现对于人均收入水平不同的国家,出口质量的影响因素也呈现差异化的特征。一般而言,收入水平越高,对质量的要求也越苛刻,本土市场对高质量产品的需求为出口产品质量升级创造了条件。

基于收入差距的角度研究出口产品质量升级源于 Murphy、Shleifer 和 Vishny (1989),他们研究了消费者存在异质偏好的情况下收入分配对企业技术创新的影响。消费者的异质性偏好将收入分配和出口产品质量差异联系了起来 (Matsuyama, 2000; Mitra and Trindade, 2005)。Bohman 和 Nilsson (2006) 则发现收入差距越大的国家会出口更多的必需品和更少的奢侈品,收入差距扩大不利于一国出口高收入弹性的产品。Foellmi 和 Zweimuller (2006) 考虑了收入不均的双重效应:价格效应显示高收入者会为高质量产品支付更多,这给厂商带来更强的创新动机;市场规模效应表明收入分配不均会导致高质量产品的市场狭小,从而不利于激励厂商创新。在低水平收入分配不均的情形下,由于价格效应超过市场规模效应,收入差距的扩大会促进创新与质量升级。Fajgelbaum et al. (2011) 发现收入水平的提高通过本土市场效应促进出口产品质量升级,收入差距的作用则是不确定的,当消费者购买优质品牌的比例较低时(小于 50%),收入差距的扩大将促进出口产品质量水平提升。Latzer 和 Mayneris (2014) 使用欧盟 25 个经济体双边出口贸易流,研究一个经济体的收入分配和其出口产品的质量之间的关系,他发现收入差距对出口产品质量的积极影响伴随着收入水平的上升而增加，进而指出中产阶级的成长与壮大在内需驱动型质量升级中的关键作用。Dingel（2015）基于美国不同城市和企业的数据分析发现本土市场效应对产品质量提升的影响至少与要素禀赋因素一样重要。赵锦春和谢建国使用我国省际面板数据研究了有效需求规模、收入不平等对国内创新投入的影响。研究结果显示，收入分配不平等的加剧会显著抑制消费者对企业创新产品的需求，进而减少国内的创新行为和研发投入，而较高的市场需求规模会促进企业创新投入的增加。

（二）传导机制

遵循以上学者的研究思路。我们将收入差距、本土市场需求与出口产品质量升级的传导机制归纳如下（见图4-2、图4-3）。

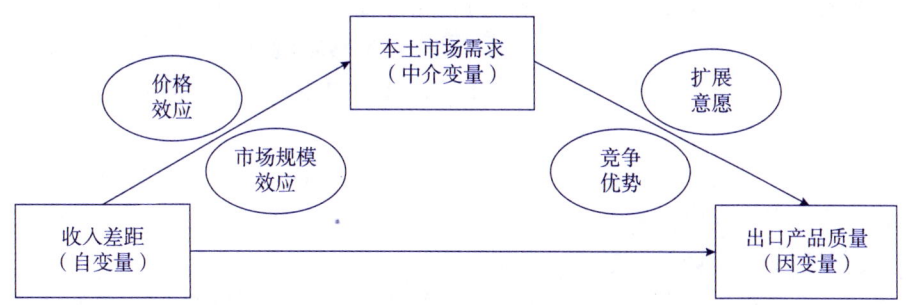

图4-2 收入分配、本土市场需求对出口产品质量升级的传导机制之一

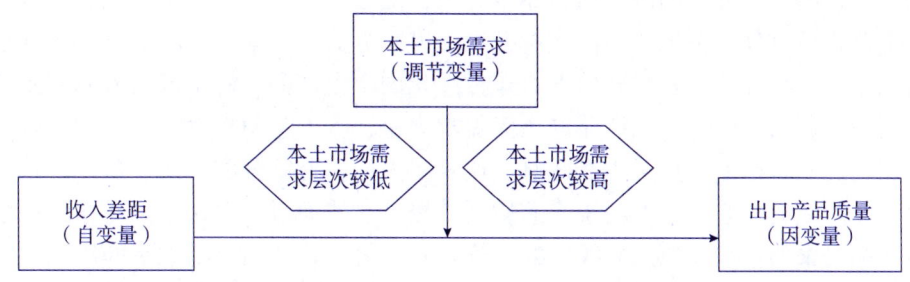

图4-3 收入分配、本土市场需求对出口产品质量升级的传导机制之二

收入差距对出口产品质量升级的传导机制一：收入差距通过影响本土消费者对高质量产品的需求层次和需求规模，从而作用于出口产品的质量升级。在这个过程中本土市场需求起到了中介作用。

收入分配演进对中等收入阶段生产率提升的影响机制研究

首先，收入差距对本土市场高质量产品需求有双重影响。一方面，收入分配不均可以导致进一步的质量分化，由于高收入者会为高质量产品支付更多，这给厂商带来更强的创新动机，这里称之为"价格效应"。另一方面，收入分配不均也会导致高质量产品的市场狭小，从而不利于激励厂商质量提升，这里称之为"市场规模效应"。理论上，收入分配不均对本土高质量产品需求市场的影响取决于"价格效应"和"市场规模效应"的比较。其次，本土高质量产品需求规模对出口产品质量升级的影响又存在两种作用。一方面，国内需求是产业竞争优势的关键要素。国内市场规模为企业发展、持续投资与创新提供了动力，并在日趋复杂的产业环节中建立企业的竞争力，形成"竞争优势"。另一方面，庞大的国内市场所带来的丰富机会，也可能导致厂商丧失向外"拓展意愿"，从而形成不利于国际竞争的因素。理论上，本国市场规模对出口产品质量升级的影响又取决于本土市场规模对企业"竞争优势"和"拓展意愿"的共同作用。最后，收入差距对出口产品质量升级的影响是不确定的。既取决于"价格效应"和"市场规模效应"的比较，又取决于本土市场规模对企业"竞争优势"和"拓展意愿"的共同作用。

收入差距对出口产品质量升级的传导机制二：本土消费者对高质量产品的需求层次和需求规模影响收入差距对出口产品质量升级的作用强度和方向。在这个过程中本土市场需求起到了调节作用。

收入差距对出口产品质量升级的影响随本土市场需求层次的提高而起到差异化的作用。一方面，当本土市场需求层次（这里用人均 GDP 来表示）较低时，居民对高档产品的消费能力非常有限，随着收入差距的逐渐扩大，孕育了部分高消费群体，促进了产品质量升级。另一方面，当本土市场需求层次普遍提高了以后，高收入阶层开始青睐非标准化的个性产品，而中低收入阶层则成为工业创新出来的标准化产品的主流需求力量，收入差距扩大抑制了中低收入阶层对高质量产品的购买力。此时，让更多人处在财富分配的两个极端，也就是中产阶级的空心化，不利于产品质量升级。总体而言，收入差距对本土高质量产品需求的影响可能是非线性的，收入差距对出口产品质量水平的影响取决于本土市场需求层次。

因此，收入差距对出口产品质量升级的影响机制和影响效应在不同经济体的不同发展阶段其结论是不确定的。相对于"低层次和小规模"国内需求的"小国"，拥有"高层次和大规模"国内需求的"大国"是否为本国产品质量升级提供了良好的市场基础和竞争优势，从而铸就了该国出口产品较高的国际竞争力呢？本书基于收入差距、本土市场需求与出口产品质量升级相关理论构建数理分析框架，通过对 48 个经济体的跨国面板数据实证分析试图探讨以下三个问题。①影响机制检验。在收入差距对出口产品质量水平的影响过程中，本土市场需求起到了中介变量还是调节变量的作用？②影响效应测度。收入差距、本土市场需求对不同出口产品质量水平的经济体有差异化的影响吗？③优化方向选择。如何优化收入差距和本土市场需求以促进出口产品质量升级，实现可持续发展？

三、收入分配、本土需求对出口质量提升的实证分析

（一）影响机制

理论分析表明，收入差距对出口质量的影响机制是多维的，影响效应也是不确定的。其既取决于经济体的收入差距和本土需求层次，又与国内市场规模、人力资本、研发投入等有关。因此，收入分配通过国内市场对出口质量的影响机制和影响效应在不同的经济体会呈现不同的特征。为了检验收入差距对出口产品质量升级的影响机制和影响效应，我们参考 Latzer 和 Mayneris（2014）的研究思路，构建如下的计量模型。

$$Q_{it} = \alpha_1 + \beta_{11} GINI_{it} + \lambda_1 X_{it} + \varepsilon_{1it} \quad (4-1)$$

$$\ln GDPPC_{it} = \alpha_2 + \beta_{21} GINI_{it} + \lambda_2 X_{it} + \varepsilon_{2it} \quad (4-2)$$

$$Q_{it} = \alpha_3 + \beta_{31} GINI_{it} + \beta_{33} \ln GDPPC_{it} + \lambda_3 X_{it} + \varepsilon_{3it} \quad (4-3)$$

$$Q_{it} = \alpha_4 + \beta_{41} GINI_{it} + \beta_{43} \ln GDPPC_{it} + \beta_{44} GINI_{it} \cdot \ln GDPPC_{it} + \lambda_4 X_{it} + \varepsilon_{4it}$$

$$(4-4)$$

$$Q_{it} = \alpha_5 + \beta_{51} GINI_{it} + \beta_{52} GINI_{it}^2 + \beta_{53} \ln GDPPC_{it} +$$
$$\beta_{54} GINI_{it} \cdot \ln GDPPC_{it} + \lambda_5 X_{it} + \varepsilon_{5it} \quad (4-5)$$

方程的设计基于以下三方面的考虑。①方程（4-1）、方程（4-2）、方程（4-3）检验本土市场需求层次（$\ln GDPPC_{it}$）在收入差距（$GINI_{it}$）对出口产品质量（Q_{it}）升级过程中的中介作用。若 β_{11} 显著表示自变量（$GINI_{it}$）与因变量（Q_{it}）存在线性关系，若 β_{21} 显著表示自变量（$GINI_{it}$）与中介变量（$\ln GDPPC_{it}$）

存在线性关系;若 β_{33} 显著表示中介变量与因变量存在线性关系,说明自变量通过中介变量对因变量产生影响。②方程(4-1)、方程(4-2)、方程(4-4)检验本土市场需求层次在收入差距对出口产品质量升级过程中的调节作用。若 β_{11} 显著或不显著,表示自变量(GINI$_{it}$)与因变量(Q_{it})之间的线性关系不确定;若 β_{21} 不显著表示自变量(GINI$_{it}$)与中介变量(lnGDPPC$_{it}$)不存在线性关系;若 β_{44} 显著表示收入差距与本土市场需求层次的交互项对出口产品质量的影响显著,本土市场需求起到调节的作用。③方程(4-5)引入了收入差距的平方项是基于收入差距与出口产品质量水平之间可能存在非线性关系的考虑。

Q_{it} 为第 i 个经济体第 t 年出口产品质量水平。出口质量较为抽象,不易测度。国外方面,早期学者们经常用出口产品单位价值来近似替代出口产品的质量,其弊端在于无法剔除产品质量以外其他影响价格的因素。Khandelwal(2010)认为市场份额越大,产品质量则越好。Hallak 和 Schott(2011)综合考虑了市场价格和市场份额因素,较之前的方法更为科学,一度成为衡量产品质量的主要方法。Feenstra 和 Romalis(2014)基于联合国 COMTRADE 数据库 1984~2011 年的 SITC 4 位数出口数据估计了 52 个最大贸易国 1987 年、1997 年、2007 年 3 个截面的出口产品质量。该方法是现有关于质量估计的前沿。国内方面,刘伟丽、陈勇(2012)在 Khandelwal(2010)的国际贸易产品质量模型的基础上采用产品单位价值、市场份额和人均 GDP 等指标来衡量最终产品和中间产品质量。李坤望、蒋为、宋立刚(2014)采用 Fontagne 等(2007)提出的相对出口单位价值方法来衡量出口产品的相对品质。刘伟丽等采用 Dulleck 等(2004)的质量升级多维模型,将质量升级分为三维,比较研究了中国、美国和欧盟制造业的出口质量升级状况。本书采用 Feenstra 和 Romalis(2014)对相应国家的出口产品质量相对指数作为质量的衡量指标。

Feenstra 和 Romalis(2014)从供给层面将产品质量内生化于异质企业模型(Melitz,2012),根据阿尔钦需求定律:假设企业同时选择单价和质量,由于一国进行远距离出口贸易需要高昂的运输成本,只有拥有较高的质量水平的产品才能转嫁运输成本。因此,出口到远距离国家的产品一般具有较高的质量水平。他们使用 1984~2011 年 185 个国家 SITC4 位数贸易数据,估计出各个国家 1987 年、1997 年、2007 年 3 年的质量(Q)。为了与这 3 个截面数据相匹配,其他变量分别选择 1983~1992 年、1993~2002 年、2003~2012 年的平均值作为 1987 年、1997 年、2007 年相对应的变量,增加了 1983 年和 2012 年的数据是为了让

3个截面数据的样本都为10年的数据平均。由于部分解释变量部分年份的数值缺失，为了保证样本容量我们选取了对应解释变量1983~1992年、1993~2002年、2003~2012年的平均值而不是1987年、1997年、2007年3年的对应值。被解释变量"出口产品质量水平"是一个短期内不会有太大波动的变量，考虑到解释变量某年的值会受到一些短期因素冲击，选取平均值还可以平滑短期冲击的影响并关注长期趋势。

其他变量的解释如下：$GINI_{it}$为用基尼系数表示的收入差距；$\ln GDPPC_{it}$为以2005年不变价表示的人均GDP的自然对数，反映了国民收入水平；$\ln GDPPC_{it}$反映了本土市场需求层次；$GINI_{it} \times \ln GDPPC_{it}$综合反映了收入差距和本土需求对出口产品质量水平的交互影响；X_{it}为影响出口产品质量水平的其他因素；α代表常数项；ε_{it}为随机扰动项；i表示地区；t表示时期。我们选择了能获得完整数据的48个经济体为研究对象（见图4-1注），样本既包括OECD等发达经济体，也包含了金砖五国等新兴发展中经济体。

理论上，影响出口产品质量水平的因素除了本国消费者收入差距、本土市场需求层次所体现的需求因素以外，也受到本国人口规模、人力资本结构、研发投入强度等供给因素的影响，还受本国宏观经济环境如通胀率、出口依存度、政府购买支出等因素的作用。因此我们拟将这些因素作为控制变量引入，各变量描述如表4-1、表4-2所示。

表4-1 变量描述

	变量名及缩写	变量解释	时期
因变量	出口产品质量水平（Q）	根据COMTRADE1984~2011年的SITC 4位数出口数据估计了1987年、1997年和2007年3个截面的出口产品总体相对质量（Q）。数据来源于Feenstra and Romalis（2014）的测算	1987年；1997年；2007年
自变量	收入差距（GINI）	用基尼系数表示。数据来源于世界银行和OECD	1983~1992年平均；1993~2002年平均；2003~2012年平均
	本土需求层次（lnGDPPC）	以2005年不变价美元的自然对数表示。人均GDP反映了地区的人均收入水平，其反映了本国消费者对质量的需求层次。数据来源于世界银行（单位：千美元）	

续表

变量名及缩写		变量解释	时期
控制变量 X	人口规模（lnPOP）	以人口数量的自然对数表示。人口总量反映了本国的市场规模大小。数据来源于世界银行（单位：百万人）	1983~1992 年平均；1993~2002 年平均；2003~2012 年平均
	人力资本结构（EDU）	用高等教育入学率来表示，即大学入学人口占学龄人口的百分比表示。人力资本是影响产品质量升级的重要因素。数据来源于联合国教科文组织	
	研发投入强度（RD）	以 R&D 投入占 GDP 的比重表示。研发的投入强度是决定一国出口产品技术水平的重要因素。数据来源于联合国教科文组织，数据的最早可获取年份为 1996 年	1996 年；1997~2002 年平均；2003~2012 年平均
	通胀率（INFLA）	用 GDP 平减指数来表示，数据来源于世界银行	
	出口依存度（EXPORT）	用出口占 GDP 的比重表示，数据来源于世界银行	1983~1992 年平均；1993~2002 年平均；2003~2012 年平均
	政府消费（GOVCON）	用政府消费支出占 GDP 的比重表示，数据来源于世界银行	
	失业率（UNEMP）	根据国际劳工组织的估计失业人口占总人口的比重表示，数据来源于世界银行	
	健康水平（HEALTH）	用五岁以下婴儿的死亡率表示，数据来源于世界银行	

（二）影响效应

Q 值是一个相对质量指数，Feenstra 和 Romalis（2014）假定世界平均 Q 值等于 1，所以我们将 Q 取值 1 假定为高质量和低质量的分界。考虑到不同质量水平经济体的差异化表现，我们根据最近期质量水平的高低分为两组，分别对出口高质量水平（质量系数值>1）的经济体 Q_{high}（方程①~⑤）和出口低质量水平（质量系数值≤1）的经济体 Q_{low}（方程⑥~⑩）的数据进行了面板数据回归分析（见表 4-3）。

第四章 收入分配对中等收入阶段生产率提升的影响——需求升级

表4-2 变量统计描述

	Q	GINI	lnGDPPC	lnPOP	EDU	RD	INFLA	EXPORT	GOVCON	UNEMP	HEALTH
均值	1.05	0.37	2.21	3.45	0.39	1.18	0.36	0.36	0.16	0.08	0.02
中值	1.02	0.34	2.37	3.60	0.34	0.91	0.05	0.30	0.17	0.08	0.01
最大值	1.66	0.65	4.20	7.19	0.97	4.18	7.48	2.03	0.32	0.26	0.21
最小值	0.66	0.19	-1.25	1.20	0.02	0.00	-0.01	0.06	0.04	0.01	0.00
标准差	0.19	0.10	1.36	1.38	0.23	1.03	1.14	0.25	0.05	0.05	0.03
偏度	0.46	0.77	-0.62	0.48	0.36	0.79	4.60	2.99	0.01	1.52	3.26
峰度	3.00	2.90	2.41	2.97	2.22	2.76	24.37	16.71	2.55	6.28	16.01
总和	147.47	51.30	309.51	483.49	54.79	165.78	52.28	52.29	23.75	11.62	3.51
总离差平方和	4.97	1.30	256.37	264.73	7.11	147.02	186.44	9.18	0.38	0.30	0.15
观测值	140	140	140	140	140	140	144	144	144	144	144
截面数	48	48	48	48	48	48	48	48	48	48	48

数据来源：作者计算所得。

表4-3 收入分配、本土市场需求层次与出口产品质量水平的关系之一

因变量\自变量	Q_{high} ①	$\ln GDPPC$ ②	Q_{high} ③	Q_{high} ④	Q_{high} ⑤	Q_{low} ⑥	$\ln GDPPC$ ⑦	Q_{low} ⑧	Q_{low} ⑨	Q_{low} ⑩
常数项	0.704*** (4.13)	1.188*** (3.96)	0.536*** (2.58)	0.151 (0.90)	0.071 (0.24)	1.580*** (7.53)	-3.388*** (-5.98)	1.522*** (6.63)	1.763*** (9.18)	1.544*** (6.94)
GINI	-0.119 (-0.50)	-0.118 (-0.37)	0.176 (0.85)	0.657*** (3.33)	0.986 (0.88)	0.179 (1.21)	0.534 (1.53)	0.169 (1.21)	-0.401* (-1.93)	1.065 (1.31)
$GINI^2$					-0.383 (-0.29)					-2.001* (-1.88)
$\ln GDPPC$			0.141*** (3.42)	0.279*** (4.63)	0.284*** (4.53)			-0.012 (-0.46)	-0.151*** (-3.06)	-0.132*** (-3.08)
$GINI \times \ln GDPPC$				-0.306*** (-2.75)	-0.322*** (-2.59)				0.482*** (3.05)	0.443*** (3.55)
$\ln POP$	0.159*** (3.19)	0.491*** (5.58)	0.059 (1.12)	0.096*** (2.72)	0.102*** (2.70)	-0.187*** (-3.56)	0.991*** (7.39)	-0.169*** (-2.83)	-0.186*** (-3.89)	-0.194*** (-4.20)
EDU	0.157*** (4.49)	0.940*** (22.64)	0.033 (0.57)	-0.005 (-0.09)	-0.008 (-0.16)	0.185*** (3.91)	1.228*** (12.81)	0.202*** (3.43)	0.158*** (2.90)	0.149*** (2.96)
RD	-1.430 (-1.07)	-3.030*** (-2.98)	-0.014 (-1.00)	-0.700 (-0.49)	-0.726 (-0.50)	-7.899*** (-2.65)	-3.958 (-0.58)	-0.085*** (-2.68)	-8.884*** (-2.96)	-8.759*** (-2.99)
INFLAT	-0.130*** (-3.18)	-0.112** (-2.38)	-0.117*** (-2.77)	-0.112*** (-2.91)	-0.111*** (-2.88)	-0.014*** (-2.75)	0.029*** (3.43)	-0.014*** (-2.89)	-0.010** (-2.04)	-0.006 (-1.24)

第四章 收入分配对中等收入阶段生产率提升的影响——需求升级

续表

自变量 \ 因变量	Q_{high} ①	ln$GDPPC$ ②	Q_{high} ③	Q_{high} ④	Q_{high} ⑤	Q_{low} ⑥	ln$GDPPC$ ⑦	Q_{low} ⑧	Q_{low} ⑨	Q_{low} ⑩
Adjusted R^2	0.950	0.997	0.964	0.978	0.977	0.749	0.992	0.790	0.889	0.895
F-stat	48.597	855.291	65.418	106.975	100.401	8.15	312.475	9.707	18.832	19.343
截面数	27	27	27	27	27	21	21	21	21	21
观测值	79	79	79	79	79	61	61	61	61	61
统计方法	Pooled EGLS（固定效应，截面加权）									

注：系数估计值下面括号内的数字为 t 统计值，系数估计值旁边的 ***、**、* 分别表示在 1%、5%、10% 显著性水平下显著。

数据来源：作者计算所得。

考虑到不同经济体经济、政治、文化、制度、地理等特征对统计结果的影响,我们分别尝试了随机效应模型、固定效应模型和混合数据普通最小二乘法进行分析和比较。根据似然率(Likelihood Ratio)和豪斯曼检验(Hausman Test)的分析结果,高质量国家组和低质量国家组都采取固定效应模型较好。同时,考虑到可能存在的截面间异方差性和截面间的同期相关性给估计结果造成了偏差,我们采用广义最小二乘法(Pooled EGLS)进行估计,加权方式为截面加权(Cross-section Weights)。综上所述,分析结果如表4-3所示(部分控制变量的回归结果不显著,我们将其删除)。

考虑到有可能因为自变量和因变量互为因果关系,遗漏关键变量和测量误差所引起的内生性问题,我们采取了以下方法来处理。首先,尝试加入尽可能多的控制变量,再删除掉不显著的控制变量,回归方程的拟合优度达到90%左右。通过增减控制变量,回归系数变化不大,可以说明结果的稳健性。其次,尝试引入基尼系数GINI的工具变量(IV)。一般认为,政府支出具有改善收入差距的功能,但政府支出应该与出口产品质量水平无关,政府支出理论上是一个合适的工具变量。Keuning(1989)、Ocampo(1998)认为,发展中国家的财政政策对于收入差距有较好的调节作用。Caminada et al.(2001)认为,教育、健康、住房和社会福利等方面的公共支出能较好地缩小收入差距。根据工具变量必须与基尼系数相关(验证结果如回归方程⑪和回归方程⑬所示),而与残差项无关的原则,我们选取政府消费支出占GDP的比重作为工具变量,用两阶段最小二乘方法(TSLS)重新估计收入差距、本土市场需求与出口产品质量升级模型,估计结果列在表4-4中的第⑫和⑭列。可以看出,使用工具变量后,收入差距、本土市场需求对出口产品质量升级的影响效应显著增大,但作用方向不变,说明我们的方程设定是合理的。

表4-4 收入分配、本土市场需求层次与出口产品质量水平的关系之二

自变量\因变量	$GINI$ ⑪	Q_{high} ⑫	Q_{high} ④	$GINI$ ⑬	Q_{low} ⑭	Q_{low} ⑨
常数项	0.565*** (6.73)	-2.406*** (-2.59)	0.151 (0.90)	0.355*** (3.10)	2.526*** (14.48)	1.763*** (9.18)
GINI		6.403*** (3.66)	0.657*** (3.33)		-1.643*** (-4.13)	-0.401* (-1.93)

续表

自变量＼因变量	GINI ⑪	Q_{high} ⑫	Q_{high} ④	GINI ⑬	Q_{low} ⑭	Q_{low} ⑨
ln*GDPPC*	-0.007 (-0.42)	0.954*** (6.11)	0.279*** (4.63)	-0.001 (-0.18)	-0.299** (-2.64)	-0.151*** (-3.06)
GINI×ln*GDPPC*		-2.039*** (-4.03)	-0.306*** (-2.75)		1.087** (2.73)	0.482*** (3.05)
ln*POP*	-0.068** (-2.13)	0.203 (1.29)	0.096*** (2.72)	0.047 (1.44)	-0.280*** (-5.12)	-0.186*** (-3.89)
EDU	0.062*** (2.81)	-0.207*** (-2.75)	-0.005 (-0.09)			0.158*** (2.90)
RD	0.989*** (4.19)	0.571 (0.35)	-0.700 (-0.49)	5.957*** (9.27)	-2.374 (-0.52)	-8.884*** (-2.96)
INFLAT	-0.034* (-1.88)	-0.072 (-0.90)	-0.112*** (-2.91)	-0.011** (-2.18)	-0.012 (-1.59)	-0.010** (-2.04)
GOVCON	-0.164*** (-5.69)			-1.328*** (-8.94)		
Adjusted R^2	0.967	0.973	0.978	0.979	0.946	0.889
F-stat	73.300	87.321	106.975	114.955	9.225	18.832
截面数	27	27	27	21	21	21
观测值	79	79	79	61	61	61
统计方法	Pooled EGLS	Pooled IV EGLS	Pooled EGLS	Pooled EGLS	Pooled IV EGLS	Pooled EGLS

注：系数估计值下面括号内的数字为 t 统计值，系数估计值旁边的 ***、**、* 分别表示在1%、5%、10%显著性水平下显著。

数据来源：作者计算所得。

从回归方程的整体拟合优度和各个解释变量的回归系数来看，方程的回归结果较为理想。根据表4-3和表4-4的实证分析结果，我们总结如下。

第一，本土市场需求在收入差距对出口产品质量升级的影响过程中没有起到中介作用。出口产品质量水平较高经济体的回归结果（如回归方程①、回归方程②、回归方程③所示）和出口产品质量水平较低经济体的回归结果（如回归方程⑥、回归方程⑦、回归方程⑧所示）显示，收入差距对本土市场需求层次和出口产品质量水平的直接影响是不显著的。可能的原因在于：一是收入差距通过"价格效应"和"市场规模效应"对本土市场需求的影响方向相反，使得两种的两种效应部分抵消，总效应不明显。二是本土市场需求在收入差距对出口产品质量升级的影响过程中起到了调节作用而不是中介作用。

第二，本土市场需求在收入差距对出口产品质量升级的影响过程中起到了调节作用。出口产品质量水平较高经济体的回归结果（如回归方程④、回归方程⑤所示）和出口产品质量水平较低经济体的回归结果（如回归方程⑨、回归方程⑩所示）显示，收入差距和本土市场需求层次的交叉项 $GINI_{it} \times \ln GDPPC_{it}$ 的回归系数显著，也比忽略交叉项的方程的拟合优度更佳。表明收入差距对出口产品质量水平的影响受到本土市场需求层次的调节作用。

第三，收入差距的影响效应在不同出口产品质量水平的经济体呈现出差异化的特征。对于出口质量水平较高的经济体，随着本土市场需求层次的提升，收入差距缩小有助于出口产品质量升级；对于出口质量水平较低的经济体，随着本土市场需求层次的提升，收入差距扩大有助于出口产品质量升级。总体而言，对于出口产品质量较高的经济体，控制收入差距、培育强大的中产阶级更为重要；对于出口产品质量较低的经济体，适当的收入差距有利于激励产品质量升级。因此，旨在促进出口产品质量升级的收入差距调整方向在不同出口产品质量水平的经济体可能背道而驰。

第四，强调收入差距和本土需求的意义的同时，不能忽视其他因素对出口产品质量升级的作用。首先，人口规模扩大有利于出口质量水平较高经济体的出口产品质量提升，但不利于出口质量水平较低经济体的出口产品质量升级。其次，高等教育入学率对出口质量水平较高经济体的出口产品质量提升没有显著的影响，但显著促进了出口质量水平较低经济体的出口产品质量升级。再次，R&D投入强度的提高对出口质量水平较高经济体的出口产品质量提升没有显著的影响，但对出口质量水平较低经济体的出口产品质量提升存在显著的抑制作用。最后，通胀率对所有经济体的出口产品质量提升都存在抑制作用。

(三) 优化方向

理论分析表明出口质量水平和收入差距存在某种内在联系，而基于跨国面板数据的实证分析表明本土市场需求层次在收入差距对出口质量水平的影响过程中起到了调节的作用。那么，如何通过收入分配的调整优化出口产品质量水平呢？为了探讨收入差距的优化方向，我们求出产品质量水平 Q 对收入差距 $GINI$ 的偏导数，由此可以得到收入差距对质量水平的边际影响表达式 (4-6)。

$$\frac{\partial Q_{it}}{\partial GINI_{it}} = \beta_{41} + \beta_{44}\ln GDPPC_{it} \tag{4-6}$$

基于表 4-3 的回归方程④、回归方程⑨和表 4-4 基于工具变量的回归方程⑫、回归方程⑭对出口产品质量水平较高经济体和出口产品质量水平较低经济体的实证结果，并结合各国最近可获得数据年份的人均 GDP 和基尼系数，我们可以测算出 48 个经济体收入差距对出口产品质量水平的边际影响并进行比较（见图 4-4）。若收入差距对质量水平的边际影响为正值表明收入差距扩大有利于出口产品质量升级，若为负值表明收入差距缩小有利于出口产品质量升级。基于工具变量的表达式所测算的收入差距对出口产品质量水平的边际影响总体上是放大了，但作用方向基本不变。收入差距对质量水平的边际影响指明了旨在培育本土市场并促进出口产品质量升级的收入分配的调整方向。

第一，旨在促进出口产品质量升级的收入差距优化方向受出口产品质量水平的影响，存在一个适度的范围。伴随着出口产品质量的提升，存在一个相对有利于出口产品质量升级的适度收入差距。对出口质量水平较低的经济体，收入差距的扩大倾向于提高出口产品质量水平；随着出口产品质量的提升，当跨入出口质量水平较高经济体的行列以后，收入差距的缩小有助于出口产品质量水平的提高。理论上，存在一个相对有利于出口产品质量升级的适度收入差距。该结论在一定程度上解释了发展中国家伴随着经济增长的提高收入差距持续扩大的合理性。有鉴于此，所有的高收入水平国家以及哥伦比亚、菲律宾、巴西、泰国、委内瑞拉、越南、印度、印度尼西亚、中国应该适度降低贫富差距，培育本土高质量产品的市场需求规模，以孕育出口产品的质量升级。

第二，旨在促进出口产品质量水平提升的适度收入差距与本土市场需求层

收入分配演进对中等收入阶段生产率提升的影响机制研究

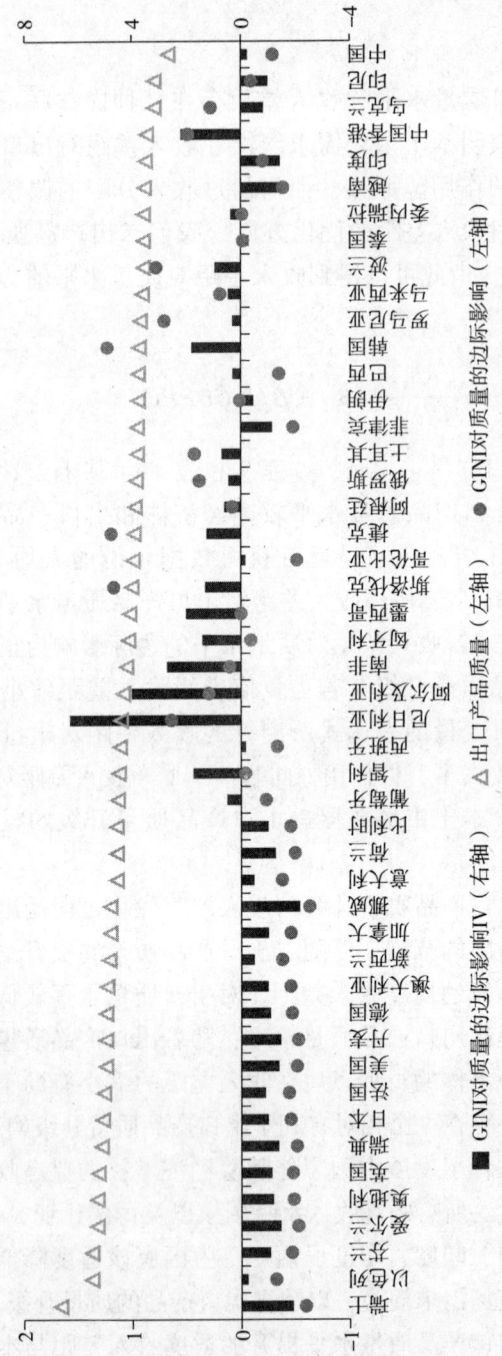

图4-4 48个经济体基尼系数对出口产品质量升级的边际影响

数据来源：作者计算所得。

次密切相关，随着本土需求层次的提高，最优的收入差距将趋于缩小。随着本土市场需求层次的提升，存在一个相对有利于出口产品质量升级的适度收入差距。对于出口质量水平较高的经济体，随着本土市场需求层次的提升，收入差距缩小有助于出口产品质量升级；对于出口质量水平较低的经济体，随着本土市场需求层次的提升，收入差距扩大有助于出口产品质量升级。从经济发展的角度而言，由于伴随着经济发展的"创造"与"破坏"改变着社会和经济结构并影响着收入分配，这种收入差距的扩大在一定程度上促进了出口产品质量升级。但是，随着收入差距的进一步扩大，让更多人处在财富分配的两个极端，将不利于产品质量改进和经济可持续发展。因此，只有培育形成颇具规模的具有一定消费能力和发言权的中产阶级，也就是收入相对比较公平的橄榄形收入分配结构，而不是收入差距两极分化的"M"形收入分配结构，本土需求模式才能成为出口产品质量升级的驱动力。这也与发展中经济体更关注增长而发达经济体更强调分配的政策取向相吻合。

第三，旨在促进出口产品质量水平提升的收入差距的动态调整优化，对于处在中等偏上收入阶段的经济体具有更为关键的意义。对于中等偏上收入阶段的经济体，随着人均 GDP 的逐年上升，降低贫富差距对经济增长方式转变的意义越发显著。中等偏上收入阶段的经济体，收入差距对促进出口产品质量提升的作用方向即将面临转折，如果不能顺利实现经济发展方式的转变，将会陷入"中等收入陷阱"。从供给的角度而言，传统的劳动密集型产品的比较优势逐渐丧失而高质量水平产品的比较优势尚未形成，处于"比较优势真空状态"，迫切需要促进出口产品质量。从需求的角度而论，由于高收入阶层需求开始转向以非标准化的个性产品为主，而中低收入阶层才是标准化产品的主要购买者，控制收入差距比提高收入水平对于利用本土市场培育出口产品竞争优势更具意义。

四、结论与启示

我们基于 48 个经济体的面板数据对收入差距、本土市场需求与出口产品质量升级的传导机制、影响效应和优化方向进行了实证分析。

实证研究表明：首先，旨在促进出口产品质量升级的收入差距优化方向受出口产品质量水平的影响。为了让本土需求模式成为出口产品质量升级的驱动力，中国应该适度降低贫富差距。其次，旨在促进出口产品质量水平提升的适度收入差距与本土市场需求层次密切相关。对于发达经济体而言，控制收入差距、培育强大的中产阶级更为重要；对于发展中经济体而言，适度的收入差距有利于激励产品质量升级。再次，对于处在中等偏上收入阶段的经济体，旨在促进出口产品质量水平提升的收入差距的作用方向面临转折，控制收入差距比提高收入水平对于利用本土市场培育出口产品竞争优势更具意义。最后，强调本土需求对出口产品质量升级的意义，也不能忽视供给因素对出口产品质量升级的作用。

针对当前中国的发展现实，适度降低贫富差距比提高收入水平具有更为关键的意义。该理论判断与中国当前经济发展进入新常态阶段的政策导向相当吻合。2015年我国人均GDP约为8016美元，已达到中等偏上收入国家水平，正处在20世纪90年代拉美国家跌入"中等收入陷阱"时相似的发展阶段。如果仍然追求过去的粗放型增长，由于传统的劳动密集型产品的比较优势逐渐丧失而高质量水平产品的比较优势又尚未形成，经济发展将失去竞争优势并有可能陷入困境。在当前中国经济运行从高速增长转到了7%左右的中高速增长的新常态阶段，是经济向形态更高级、分工更复杂、结构更合理的阶段演进的过程，对经济转型、产业升级、创新驱动、节能环保提出了更高的要求。

面对新常态发展阶段的经济增长与结构转型的新难题，从供给方的角度促进出口产品的质量升级固然重要，从需求的角度努力也颇具意义。通过创造公平的竞争环境，扩大就业规模，降低财富的代际转移，保障改善民生等政策降低贫富差距，让本土消费者的需求升级成为出口产品质量提升的驱动力，有助于充分发挥国内"市场优势"，调整并优化贸易结构，从而实现内需与外需的交互促进，经济增长方式转变和国民福利改善的和谐统一。

（本小节的内容发表在《产业经济研究》2017年第2期，内容有部分调整。）

第二节 收入分配、本土需求与出口技术升级
——金砖国家

本节基于金砖五国2000~2015年的面板数据，探讨本土市场需求水平、需求规模和需求结构对金砖国家出口产品技术升级的影响机制并测度其影响效应。

第四章 收入分配对中等收入阶段生产率提升的影响——需求升级

实证研究表明,金砖五国人均收入水平的提高促进了国内需求结构升级,庞大的人口规模所形成的规模经济提高了创新的成功概率,为出口产品结构优化提供了有力的需求保障,而对收入差距的扩大起到了不利的影响。由于过分依赖外部市场会让金砖国家陷入比较优势陷阱,而通过增加研发投入强度也会出现边际报酬递减,因此,充分发挥本土市场优势来实现规模经济,从而培育与提升出口产品竞争优势,是金砖国家外贸可持续发展的必然选择。

一、收入分配、本土需求与出口技术升级的关系概述

自 2009 年金砖合作机制正式启动以来,金砖国家作为新兴经济体的代表,在全球经济与贸易领域发挥着举足轻重的作用。金砖五国 GDP 占全球 GDP 总额的比重从 2000 年的 8.26% 上升到 2015 年的 22.80%。金砖五国商品出口占全球商品出口总额的比重从 2000 年的 7.65% 上升到 2015 年的 19.49%。以金砖国家为代表的发展中大国的崛起在一定程度上改变了全球产业竞争的格局。这些国家有着一些共同的特点:庞大的人口规模、高速的经济增长、广阔的成长空间,本土内需市场日益成为世界上最富吸引力的新兴市场。然而,出口大国不同于出口强国。金砖国家的出口竞争优势较为依赖资源禀赋和廉价的劳动力,在高科技产品出口方面有待提升。2000~2015 年,金砖五国中的巴西、俄罗斯和南非高科技产品出口占制成品出口的比例不升反降,引发了出口驱动型经济增长可持续性的担忧(见图 4-5)。

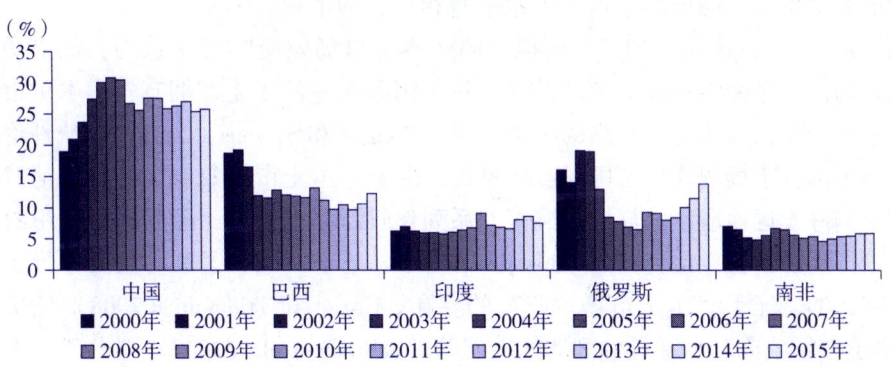

图 4-5 2000~2015 年金砖五国高科技产品出口占制成品出口的比例演变
数据来源:作者根据世界银行数据库的数据绘制。

已有的研究表明，发展中国家根据劳动力资源和自然资源的比较优势参与国际分工，只能获得相对较低的附加值，比较优势战略会使发展中国家的贸易条件恶化并不可避免产生贫困化增长，长陷"比较优势陷阱"。与此相反，出口高技术产品的国家可以规避竞争（Aghion et al.，2005），享受技术溢出效应（Hausmann et al.，2007），减少产业转移（Amiti and Khandelwal，2013），从而保持更快的经济增长速度。因此，发展中国家一直致力于出口产品的技术升级和贸易条件的逆转。那么，如何提高出口产品的技术水平呢？长期以来，基于供给方的"比较优势"和"要素禀赋"理论是探讨出口产品技术提升的重要基础，而"研发要素说"认为丰富的资金和高质量的劳动力是产业升级的先决条件；近期的研究表明，本土需求是影响出口技术提升的关键因素（Fajgelbaum et al.，2011）。那么，金砖国家逐渐扩大的国内市场需求规模和不断升级的本土需求结构可否成为推动出口产品技术升级的动力源泉呢？

二、收入分配、本土需求与出口技术升级的相关文献

关于本土市场需求对出口产品技术升级的影响主要从两个视角展开：收入水平与收入差距。

第一，收入水平、本土需求对出口产品技术提升的影响。关于收入水平、本土需求对出口产品技术提升的影响研究可以追溯到 Linder（1961）所提出的"重叠需求"理论。Linder 认为两国之间对品质的"重叠需求"是国际贸易产生的关键条件。两国的平均收入水平越相近，则消费者需求越相似，因而贸易范围越大。Krugman（1980）所提出的"本土市场效应"理论认为，如果两个国家的消费者需求存在显著的差异，每个国家会专注于生产拥有较大本土市场需求的产品，并成为该产品的净出口国。Holmes 和 Stevens（2005）也从理论上证明了本土市场规模决定国际贸易模式。由于"本土市场效应"依赖于消费者需求偏好、运输成本、规模报酬等一系列比较严格的假定，随后的研究纷纷对其进行实证检验。Davis 和 Weinstein（2003）基于 OECD 国家的数据进行实证研究，都验证了"本土市场效应"的存在。Crozet 和 Trionfetti（2008）证明了"本土市场效应"的稳健性和非线性问题。Behrens et al.（2009）则发现"本土市场效应"受到了第三国效应的决定性影响，当将模型扩展到多国情形时不再有效。国内方面，郭克莎（2003）认为本土市场需求会促进需求收入弹性高的产业竞争力提升。张帆和潘佐红（2006）基于中国区域出口数据证明了本土市

第四章　收入分配对中等收入阶段生产率提升的影响——需求升级

场效应对中国贸易结构优化的积极作用。大量基于中国制造业行业出口数据的实证研究也表明本土市场效应是我国制造业出口竞争力的重要源泉（李慧中和祁飞，2012；钱学锋和黄云湖，2013；张鹏辉和李若兰，2013；赵奇、伟杨秋和严兵，2016），这表明了本土市场对国际贸易结构优化的战略价值。

第二，收入差距、本土需求对出口产品技术提升的影响。关于收入差距、本土需求对出口产品技术提升的影响源于 Murphy、Shleifer 和 Vishny（1989）。Murphy，et al. 基于消费者异质偏好假定探讨了收入差距对企业技术创新的作用机制。Foellmi 和 Zweimuller（2006）对 Murphy et al. 的模型进行了拓展，区分了收入不平等对技术进步的两种效应：价格效应表明高收入者愿意为创新产品支付更高的价格，收入差距的扩大意味着高收入阶层的比例提高，这激发了厂商的创新动机；市场规模效应表明，收入差距的扩大会导致创新产品的市场需求规模较小，这不利于厂商的创新。总效应是不确定的，取决于价格效应和市场规模效应哪个起主导作用。Fajgelbaum、Grossman 和 Helpman（2011）将收入水平、收入差距通过本土市场需求对产品技术提升的影响拓展到国际贸易领域，他们研究发现收入水平的提高通过本土市场效应对国际贸易和产品质量升级产生积极的影响，收入差距的作用则是不确定的。当消费者对高质量产品的需求比例低于 50%时，收入差距的扩大有助于出口产品质量升级。国内方面，范红忠（2007）从有效需求规模的角度研究发现，基本要素总收入和人均收入的提高会促进研发投入和自主创新能力的提升，而基本要素收入差距的扩大则起相反的作用。鲍晓华、金毓（2013）从需求角度论证了一国及其贸易伙伴国国内的收入差距对生产率的影响。李景睿（2017）基于 48 个经济体 1983~2012 年的面板数据，对收入差距、本土市场需求与出口产品质量升级的关系进行实证研究发现，旨在促进出口产品质量升级的收入差距优化方向在不同出口产品质量水平和不同经济发展阶段的经济体有差别化的政策含义。

总结已有的研究成果，在不同的国家、不同的贸易模式背景下，收入水平、收入差距通过本土市场需求对出口产品技术升级的影响机制和影响效应是有差异的。近年来，金砖国家迅速崛起，贸易规模持续扩大。伴随着金砖国家人均收入水平的不断提高，收入差距普遍偏大使得众多学者开始关注收入水平、收入差距通过本土市场需求对金砖国家的出口产品技术升级的影响。探讨其影响机制并测度其影响效应对金砖国家从本土需求的角度促进出口产品的技术升级具有重要的现实意义。

三、收入分配、本土需求对出口技术升级的实证分析

遵循已有的研究思路,我们从收入水平与收入差距的视角探讨本土市场需求对出口产品技术升级的影响。理论上,人均收入水平和人口规模通过影响本土市场需求总量,形成规模经济,降低生产成本,提高创新成功概率等方式对出口产品技术升级起到促进作用。收入差距则通过影响本土消费者的需求结构对出口产品技术升级产生作用。一方面,由于高收入者愿意为高技术产品支付更高的价格,收入差距的扩大通过"价格效应"促进高技术产业发展。另一方面,收入差距的扩大导致高技术产品市场需求规模狭小,"市场规模效应"抑制了高技术产业发展,总效应是不确定的。为了测度收入水平、收入差距通过本土市场需求对金砖国家出口产品的技术升级的影响效应,我们构建计量模型进行实证分析。

(一)模型构建

影响出口产品技术升级的因素既包括需求层面的本土需求水平、需求规模、需求结构,也包括供给层面的研发投入强度,还受一国宏观财政货币政策的作用,综合而言,我们构建以下计量方程,探讨收入水平、收入差距通过本土市场需求对金砖国家出口产品技术升级的影响。

$$Htexp_{it} = \alpha_0 + \alpha_1 HMDpc_{it} + \alpha_2 HMDpc_{it}^2 + \alpha_3 Pop_{it} + \alpha_4 Gini_{it} +$$
$$\alpha_5 RD_{it} + \alpha_6 RD_{it}^2 + \alpha_7 X_{it} + \varepsilon_{it} \quad (4-7)$$

其中,$Htexp$ 代表高技术出口产品额;$HMDpc$ 代表本土需求水平;$HMDpc^2$ 代表本土需求水平的平方项,用来探讨本土需求水平对出口产品技术升级的非线性影响;Pop 代表人口数,反映了一国的本土需求规模;$Gini$ 代表基尼系数,反映了一国的需求结构;RD 代表研发投入强度,RD^2 代表研发投入强度的平方项,用来探讨供给层面的研发投入强度对出口产品技术升级的非线性影响;X 代表影响出口产品技术升级的其他因素,这里引入代表一国货币政策的货币供给增长率和代表一国财政政策的财政支出占 GDP 的比重。α_0 是常数项,ε 是残差项,i 代表国家,t 代表年份。各变量的定义和描述如表 4-5 所示。

表 4-5　各变量的定义和描述

变量	描述
高技术产品出口额（Htexp）	用高技术产品出口额的自然对数表示，代表出口技术水平
本土需求水平（HMDpc）	用人均（GDP-出口额+进口额）表示，取自然对数，代表本国的人均需求水平
本土需求规模（Pop）	用人口总量的自然对数表示，代表本国的市场规模
本土需求结构（Gini）	基尼系数用来衡量收入差距，反映本国的需求结构
出口比率（Export）	用出口额占 GDP 的百分比来表示，代表国外市场的需求规模和一国的开放程度
研发投入强度（RD）	用研发投入占 GDP 的百分比来表示，代表研发投入力度。研发投入强度是影响产品技术水平的关键变量
货币供给增长率（Money）	用广义货币供给增长率来表示，代表货币政策的松紧程度
财政支出（Expense）	用财政支出占 GDP 的百分比来表示，代表财政政策的松紧程度

（二）实证分析

我们选取中国、巴西、印度、俄罗斯、南非 2000~2015 年的面板数据进行实证分析，各变量的描述性统计如表 4-6 所示。根据豪斯曼检验（Hausman Test）的结果，选择地区固定效应模型，考虑到可能存在截面异方差和同期相关对实证结果的影响，进行了截面加权（Cross-section Weights）并引入了自相关矫正项 AR（1），广义最小二乘法（Pooled LS）的分析结果如表 4-7 所示。

表 4-6　各变量的描述性统计

	Htexp	HMDpc	Pop	Gini	Export	RD	Money	Expense
均值	23.04	8.13	19.52	0.48	0.24	1.07	0.19	0.23

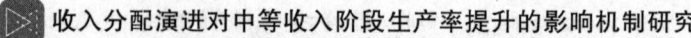

续表

	Htexp	HMDpc	Pop	Gini	Export	RD	Money	Expense
中值	22.51	8.22	19.09	0.48	0.25	1.03	0.17	0.23
最大值	27.05	9.59	21.04	0.65	0.44	2.07	0.58	0.35
最小值	20.42	6.12	17.60	0.33	0.10	0.68	0.02	0.14
标准差	1.85	0.95	1.28	0.11	0.08	0.33	0.09	0.05
偏度	1.02	-0.40	-0.04	0.15	-0.11	1.39	1.57	0.11
峰度	2.93	2.13	1.49	1.77	2.14	4.67	6.42	1.95
J-B 统计值	12.79	4.19	6.91	4.91	2.41	32.01	65.51	3.48
P 值	0.00	0.12	0.03	0.09	0.30	0.00	0.00	0.18
总离差平方和	245.27	65.06	118.28	0.84	0.49	8.01	0.64	0.21

数据来源：作者根据世界银行数据库（http://data.worldbank.org/indicator）的数据计算所得。

表4-7 本土需求对出口产品技术升级的影响分析

变量	Htexp (1)	Htexp (2)	变量	Htexp (3)	Htexp (4)
常数项	-51.13 (0.27)	-34.58 (0.35)	常数项	-64.88 (0.16)	-49.66* (0.09)
$HMDpc$	0.56*** (0.00)	2.10** (0.02)	$HMDpc_{(-1)}$	0.34*** (0.00)	2.66*** (0.00)
$HMDpc^2$		-0.09* (0.08)	$HMDpc_{(-1)}^2$		-0.14** (0.01)
Pop	3.45 (0.15)	2.30 (0.24)	$Pop_{(-1)}$	4.36* (0.07)	3.09* (0.05)
$Gini$	0.14 (0.89)	0.19 (0.85)	$Gini_{(-1)}$	-1.33* (0.07)	-1.48* (0.09)
$Export$	3.74*** (0.00)	3.89*** (0.00)	$Export$	2.52*** (0.00)	2.73*** (0.00)

续表

变量	Htexp (1)	Htexp (2)	变量	Htexp (3)	Htexp (4)
RD	1.52* (0.05)	1.02 (0.17)	RD	0.92 (0.21)	0.39 (0.54)
RD^2	−0.32 (0.19)	−0.14 (0.56)	RD^2	−0.22 (0.35)	−0.02 (0.94)
$Money$	0.01 (0.98)	−0.02 (0.94)	$Money$	−0.16 (0.30)	−0.24 (0.19)
$Expense$	−0.28 (0.77)	−0.10 (0.92)	$Expense$	−1.70* (0.06)	−1.43 (0.12)
AR(1)	0.77*** (0.00)	0.67*** (0.00)	AR(1)	0.79*** (0.00)	0.69*** (0.00)
Adjusted R^2	0.99	0.99	Adjusted R^2	0.99	0.99
F-stat	2587	2421	F-stat	1973	1837
D-W stat	1.87	1.75	D-W stat	1.96	1.96
截面数	5	5	截面数	5	5
观测值	68	68	观测值	66	66
统计方法	Pooled LS（固定效应，截面加权）		统计方法	Pooled LS（固定效应，截面加权）	

注：系数估计值下面括号内的数字为t统计量的P值，系数估计值旁边的***、**、*分别表示在1%、5%、10%显著性水平下显著。

表4-6中回归方程（1）和回归方程（2）是本土市场需求规模和需求结构相关变量（人均本土需求水平、人口规模、收入差距）当期值对当期出口产品技术水平的影响；考虑到本土需求对出口产品技术升级的滞后作用，回归方程（3）和回归方程（4）是本土市场需求规模和需求结构相关变量前一期值对当期出口产品技术水平的影响。总体而言，金砖五国的实证分析表明本土市场需求是影响出口产品技术提升的关键变量，滞后一期本土市场需求规模和需求结构相关变量对出口产品技术提升的拟合优度更好。

第一，本土需求结构优化有利于出口产品技术升级。当期和滞后一期本国人均需求水平的提高会显著促进出口产品的技术提升［见回归方程（1）和回归方程（3）］，但这种促进作用会随着本国人均需求水平的提高而递减［见回归方程（2）和回归方程（4）］。这表明本国人均需求水平的提高促进了国内需求结构升级，为出口产品结构优化提供了有力的需求保障。

第二，本土需求规模扩张有利于出口产品技术升级。滞后一期人口规模的回归系数显著为正，说明人口规模也是促进出口产品技术提升的重要因素。这表明庞大的本土市场需求规模所形成的规模经济有助于出口产品技术升级。

第三，本国收入差距的变化对出口产品技术升级有明显的影响。滞后一期基尼系数的回归系数为负，表明降低收入差距有利于出口产品技术提升。除了印度以外，金砖四国的基尼系数都超过国际警戒线 0.4 的水平，中国接近 0.5，巴西超过 0.5，南非高达 0.6 以上，降低贫富差距有助于扩大高技术产品的市场规模效应，促进出口产品技术提升。

第四，国外市场需求规模也是影响出口产品技术升级的重要变量。通过扩大对外开放，基于出口导向参与全球化生产显著促进了金砖国家的经济发展。但是那种以低端要素加入全球价值链、基于出口导向的第一波全球化发展的红利已经透支（刘志彪，2012），充分利用本土市场优势来实现规模经济，从而培育与提升出口产品竞争优势，是金砖国家外贸可持续发展的当务之急。

第五，R&D 投入强度对促进出口产品技术升级的效果不太明显。加大 R&D 投入强度以促进出口产品的技术升级是从供给的角度发力的关键举措，但是提高 R&D 投入强度对出口产品技术升级的边际影响是递减的。随着各国 R&D 投入的逐年增加，继续单纯依赖 R&D 投入驱动技术升级的效果日趋不明显，本土需求扩张提供了出口产品技术升级的另一条可供选择的路径。

第六，货币与财政政策对出口产品技术升级的作用甚微。利率的影响不明显，财政支出占 GDP 的比重提高不利于出口产品技术升级。可能的原因在于，扩张性财政政策所导致的粗放型增长不利于出口产品的技术升级，另外，根据财政预算平衡原则，高支出也意味着高税收，不利于企业创新积极性的发挥。

四、收入分配、本土需求与出口技术升级的现实解析

第一，突破比较优势陷阱，促进出口产品技术升级是金砖国家外贸可持续发展的当务之急。近年来，金砖五国商品出口占全球商品出口总额的比重持续扩大，从 2000 年的 7.65% 上升到 2015 年的 19.49%。金砖五国附加值出口占全

球附加值出口的比重从 2000 年的 8.38% 上升到 2011 年 19.96%，相应地，中国附加值出口占比从 2000 年的 3.92% 上升到 2011 年的 10.99%（见图 4-6）。但是，金砖国家的出口产品较为集中在资源密集型和低技术密集型产品。

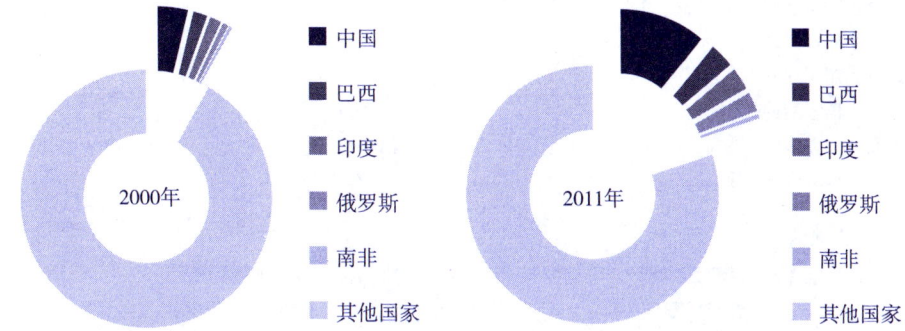

图 4-6　2000 年、2011 年金砖五国附加值出口占全球附加值出口的比重演变
数据来源：作者根据 OECD-TiVA 数据库的数据绘制（Dataset：Trade in Value Added（TiVA）- October 2015）。

从金砖五国出口额最大的前十种商品（见图 4-7）上看，除了中国以外，金砖四国主要出口产品分布在价值链的低端。俄罗斯的原油、石油产品、天然气、煤炭、半成品钢铁等出口规模较大；巴西的铁矿石和精矿、大豆、石油和原油、糖、禽类和内脏等出口规模较大；印度的石油、钻石、珠宝及贵金属、药物、大米等产品出口规模较大；南非在贵金属、铁矿石和精矿、煤炭、运输设备、铁合金等方面有出口竞争优势。促进金砖五国出口产品技术升级已经成了当务之急。

第二，发挥本土市场优势，促进出口产品技术升级是金砖国家外贸可持续发展的必然选择。近年来金砖五国人均国民收入持续快速增长（见图 4-8），人口规模也基本保持正的增长（见图 4-9），本土市场需求规模和需求层次随之提高，通过规模与成本的静态效应、竞争与创新的动态效应为出口产品技术升级创造了条件（易先忠，2016）。一方面，本土市场需求规模的扩大可以形成内部规模经济并降低成本，还促使产业聚集和技术外溢并形成外部规模经济。另一方面，国内大市场可以容纳更多的企业和更广阔的产品空间，市场竞争的加剧激励产品技术升级；国内大市场还通过分摊创新成本，促进技术外溢，降低创新风险提高了创新成功的概率。

收入分配演进对中等收入阶段生产率提升的影响机制研究

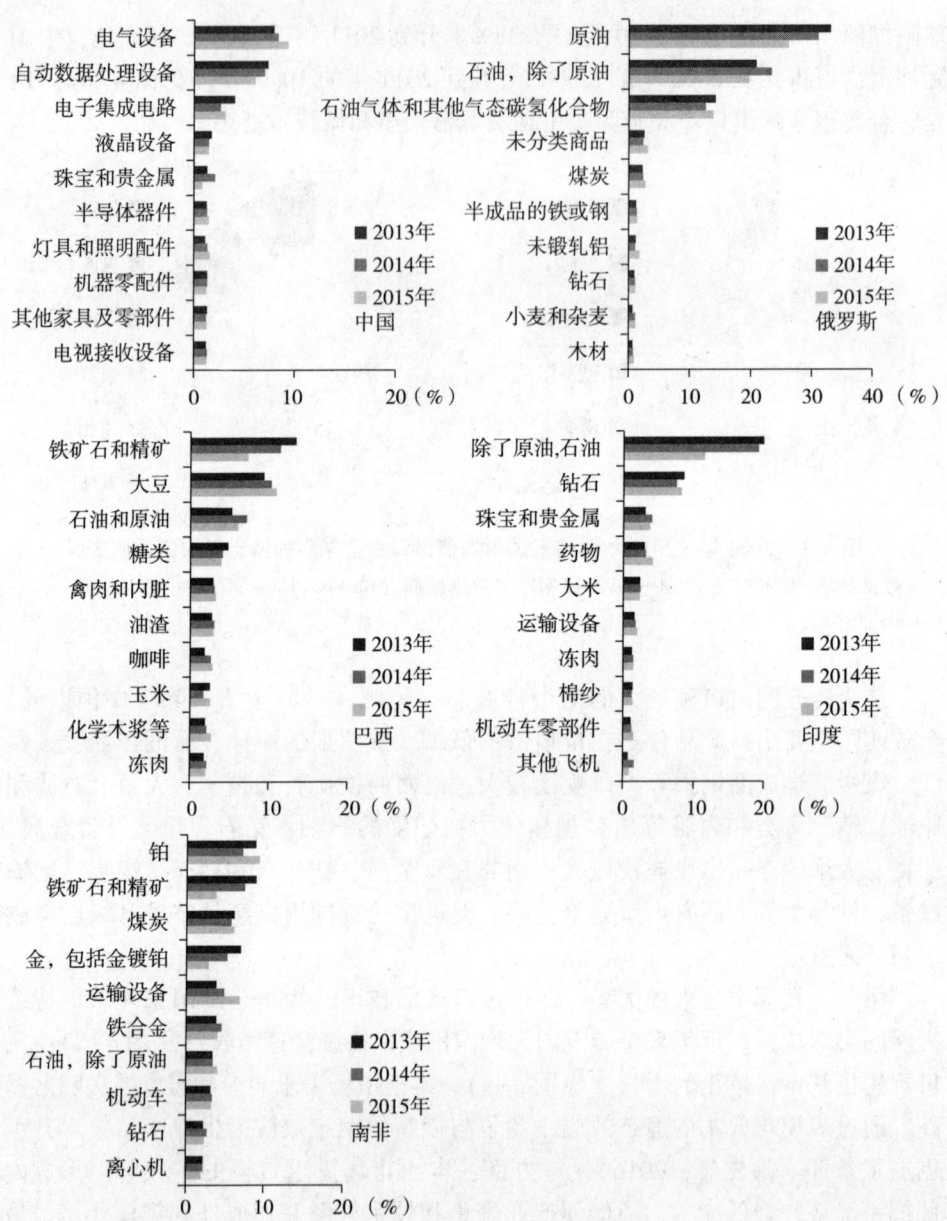

图 4-7　2003~2015 年金砖五国出口额最大的前十种商品

注：商品的统计口径按 HS 2012 四位码分类标准。

数据来源：作者根据联合国商品贸易统计数据库（UN Comtrade）的数据绘制。

第四章 收入分配对中等收入阶段生产率提升的影响——需求升级

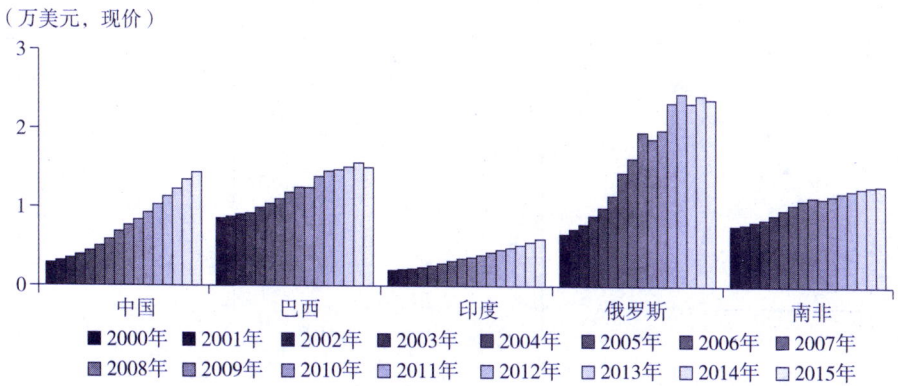

图 4-8　2000~2015 年金砖五国按购买力平价计算的人均国民收入之演变

数据来源：作者根据世界银行数据库的数据绘制。

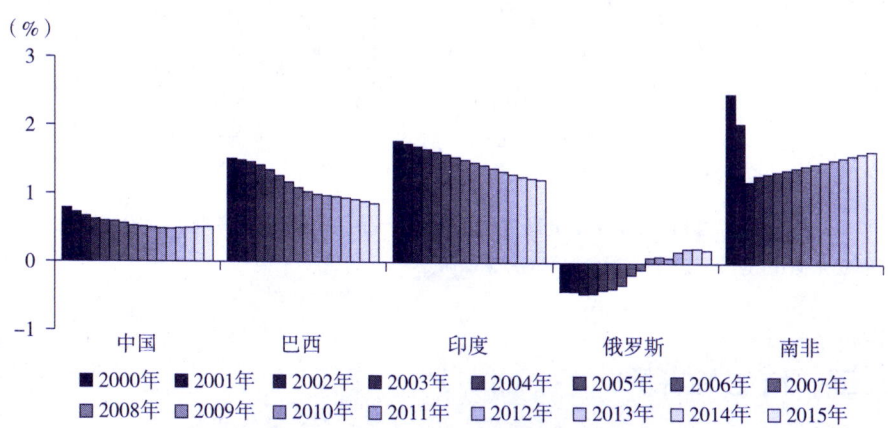

图 4-9　2000~2015 年金砖五国人口增长率演变

数据来源：作者根据世界银行数据库的数据绘制。

我们的实证研究也表明，通过扩大对外开放和提高 R&D 投入强度固然可以促进出口产品的技术升级，但是过分依赖外部市场会让金砖国家陷入比较优势陷阱，而通过增加 R&D 投入强度也会出现边际报酬递减。与此不同，金砖五国 2000~2015 年高科技产品出口随本土需求水平的演变数据表明本土市场需求与高科技产品出口额存在明显的正相关关系（见图 4-10）。因此，充分发挥本土市场优势来实现规模经济，从而培育与提升出口产品竞争优势，是金砖国家外贸可持续发展的必然选择。

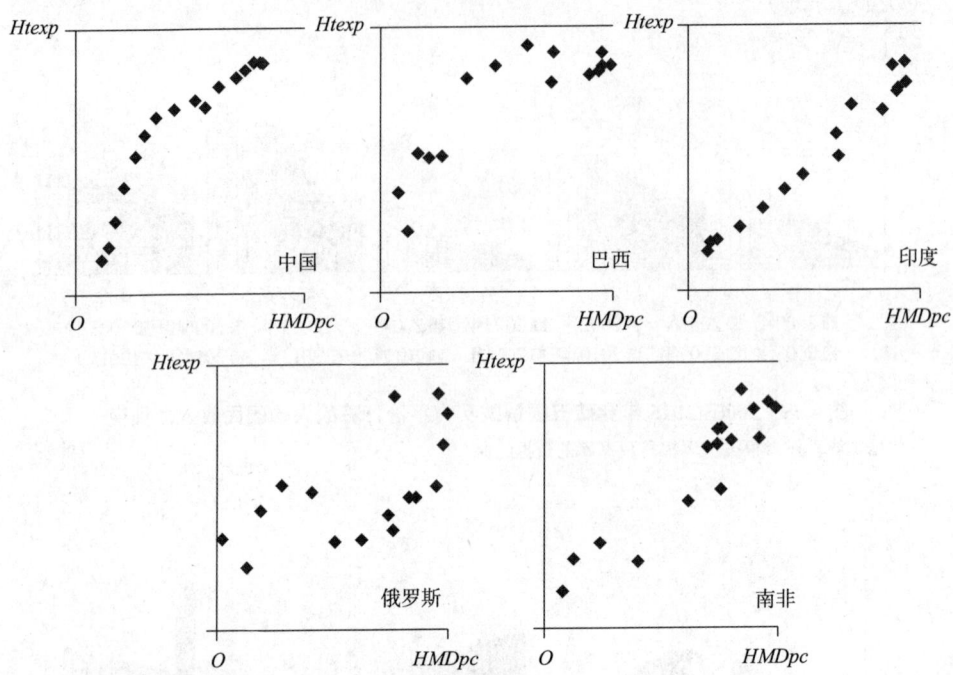

图 4-10　2000~2015 年金砖五国高科技产品出口随本土需求水平的演变

数据来源：作者根据世界银行数据库的数据绘制。

五、结论与启示

金砖国家作为新兴经济体的代表，在全球经济与贸易领域发挥着举足轻重的作用。2015 年金砖五国商品出口占全球商品出口总额的 1/5。然而，金砖国家的出口竞争优势较为依赖资源禀赋和廉价的劳动力，在高科技产品出口方面较为薄弱，引发了出口驱动型经济增长可持续性的担忧。

近年来，金砖国家经济增长速度持续放缓，中国、巴西、印度、俄罗斯、南非的 GDP 增长率从 2007 年的 14.23%、6.07%、8.61%、8.54%、5.36% 分别下降到 2015 年的 6.91%、-3.85%、7.56%、-3.73%、1.26%。在经济增长进入新常态阶段，是经济向形态更高级、分工更复杂、结构更合理状态发展的过程，对技术进步、产业升级、出口结构优化等方面提出了更高的要求。从供给方的角度促进出口产品技术升级固然重要，从需求的角度发力更具意义。

我们基于金砖五国2000~2015年的面板数据，探讨本土市场需求对金砖国家的出口产品技术升级的影响机制并测度其影响效应。实证研究表明，金砖五国人均收入水平的提高促进了国内需求结构升级，庞大的人口规模所形成的规模经济提高了创新的成功概率，为出口产品结构优化提供了有力的需求保障，而收入差距的扩大则不利于出口产品技术升级。由于过分依赖外部市场会让金砖国家陷入比较优势陷阱，而通过增加R&D投入强度也会出现边际报酬递减，因此，充分发挥本土市场优势来实现规模经济，从而培育与提升出口产品竞争优势，是金砖国家外贸可持续发展的必然选择。

总而言之，让本土需求升级和市场扩张成为出口产品技术升级的动力，可以实现内需与外需的交互促进，进而实现国民福利改善和贸易结构优化的和谐统一。

（本小节的内容发表在《亚太经济》2017年第3期，内容有部分调整。）

第五章
收入分配对中等收入阶段生产率提升的影响
——技术进步

第四章从国际贸易的视角探讨了收入分配通过本土需求对出口结构的影响，本章从国内需求的角度探讨收入分配通过"价格效应"和"市场规模效应"对技术进步和生产率提升的作用。基于收入分配和需求视角对技术进步的探讨遵循"收入分配演进—需求驱动—技术选择—企业创新"的逻辑思路，符合市场机制引导创新的原则，赋予企业创新和技术进步坚实的微观基础。本章接下来将通过金砖国家比较与中国省际现实相结合的实证研究，探讨收入分配演进与技术进步的关系。

第一节 收入分配与技术进步的关系
——金砖国家

金砖国家经济高速增长伴随着收入差距的持续扩大引发了增长可持续性的担忧。本节基于 DEA 方法对金砖五国 2000~2016 年全要素生产率、前沿技术进步和技术效率改变进行测算，并利用固定效应面板数据模型探讨收入差距与技术创新的内在关系发现：收入差距与全要素生产率和前沿技术进步之间呈显著的倒"U"形关系，因此，激励技术创新存在一个收入适度差距问题。当前金砖国家中南非、巴西用基尼系数所衡量的收入差距已经超过倒"U"形曲线顶点的临界值，采取切实有效的措施减小收入差距，促进国内需求和激励技术创新是保持经济持续增长的关键。

一、收入分配与技术进步的关系概述

自2001年高盛公司的吉姆·奥尼尔首次提出"金砖国家"的概念以来,"金砖国家"经济保持高速增长,当前金砖五国的GDP占全球的23%,根据IMF的预测,该比重在2022年之前将达到26.8%。其中,中国的表现尤其优异。

但是,金砖国家的经济是否能够持续增长,近年来成为备受关注的热点问题。对可持续性的怀疑主要来自两个方面:从供给的角度而言,经济增长主要源于要素投入的驱动,全要素生产率的贡献过低;从需求的视角而言,收入差距过大抑制有效需求,经济增长后劲不足。两者不是相互隔离的对立面,而是相互依存的统一体,解决问题的关键之一是建立收入分配演进、需求驱动型技术创新和可持续发展的良好机制。

强调收入分配和需求驱动对经济增长方式转变的意义在于人们所一贯认为的依靠创新投入促进经济增长与技术进步的主观愿望与客观现实似乎背道而驰。从宏观的视角而言,基于实证分析的"Jones批判"揭示了创新投入并不必然提高全要素生产率的异样结论。因此,从供给角度强调增加创新投入力度并不必然导致增长绩效的改善,可能的原因在于忽略了需求因素在技术创新中的关键作用。从微观的视角而论,创新源于企业面对市场诱因做出的理性行为,如果创新投入不能获得相应的利润作为回报,企业必然缺乏足够的创新激励。创新的垄断利润来源于企业对市场的控制能力,而消费者的收入分配状况通过影响其产品多样化和质量改善的偏好和支付能力从而决定企业对投入品的技术选择和创新企业的市场力量。基于收入分配和需求视角对企业创新原动力的探讨遵循"收入分配演进—需求驱动—技术选择—企业创新"的逻辑思路,符合市场机制引导创新的原则,赋予企业创新坚实的微观基础和持久的创新动力。

在国际金融危机和欧债危机导致国际需求萎缩的背景之下,金砖国家企业的技术创新和产业升级面临需求结构和需求环境的巨大改变,金砖国家的外向型经济增长面临挑战。尽管其贸易额占全球贸易额的比重依然呈上升趋势,但五国商品和服务出口占GDP的比重明显下降,五国出口占GDP比重的平均值由2006年的27%下降到2016年的22%。金砖国家迫切需要转变经济增长方式,更多地依赖本国的消费、投资和全要素生产率的提高。因此,本书从需求的角度探讨金砖国家的收入分配演进与技术进步的关系具有一定的现实意义。

第五章　收入分配对中等收入阶段生产率提升的影响——技术进步

二、收入分配与技术进步的文献回顾

事实上，收入差距扩大到底是促进了还是抑制了技术进步，这个问题在经济理论与实证研究中是有争议的。

关于一国的收入分配对技术创新与经济增长影响的理论研究目前还未达成共识。Murphy、Shleifer 和 Vishny（1989）研究了消费者存在异质偏好的情况下收入分配对企业技术创新的影响。在该模型中，由于价格外生给定，收入分配只会影响平均规模。Zweimuller（2000）将 Murphy 等的模型拓展用于分析收入分配与经济增长的关系。由于价格外生给定，收入差距的缩小扩大了创新品的市场需求，从而对经济增长呈正向作用。Foellmi 和 Zweimuller（2006）考虑了收入不均对经济增长的双重影响：一方面，收入差距的扩大会导致进一步的质量分化，由于高收入者会为新产品支付更多，这给厂商带来更强的创新动机。另一方面，收入分配不均也会导致新产品的市场狭小，从而不利于激励厂商创新。由于价格效应超过市场规模效应，在低水平收入分配不均的情形下，收入差距的扩大有助于创新与增长。Vona 和 Patriarca（2011）引入收入差距的动态演变，并区分需求驱动型创新在不同收入水平国家的作用机制。他们的研究发现，收入不均与环境技术创新的关系是非线性的，并主要取决于一国的人均收入，过大的收入不均不利于环境技术创新尤其是在富裕国家。

关于一国收入分配对经济增长的实证研究也结论迥异。一些实证分析显示收入不均对经济的长期增长有负面影响；另一些研究则指出，收入分配不均对短期经济增长有正面作用（Forbes，2000），或非线性的影响（Chen，2003；Banerjee 和 Duflo，2003）。国内方面，范红忠（2007）从有效需求规模 R&D 投入与国际自主创新能力的角度研究发现，基本要素经济总收入和人均收入的提高会促进一国 R&D 投入和自主创新能力的提升，而基本要素收入的差距的扩大，会降低一国 R&D 投入并损害其自主创新能力。他通过对跨国数据的实证研究发现收入差距对一国 R&D 投入和自主创新能力有着十分重要的决定性影响。沈凌、田国强（2009）认为不能只关注基尼系数所衡量的贫富不均对经济增长的影响。他们基于一个二元结构的两部门模型分析得出减少低收入者数量所引致的贫富差距缩小有利于创新，而提高低收入者收入所导致的贫富差距缩小不利于创新的结论，并得到跨国数据实证研究结论的验证。王俊、刘东（2009）实证研究了中国居民收入差距与企业技术创新的关系，两者在短期内具有正向关系，而在长期会逆转为反向关系，并且还存在区域差异。

上述差异化的研究结论可能与特定经济基础、发展模式和制度背景有密切的关系。对于金砖国家而言，当前的收入差距是过大还是过小呢？是促进了技术创新还是抑制了技术进步呢？本书选择面临经济增长方式转变的金砖五国作为研究对象，尝试回答以上问题。本书接下来的结构安排如下。首先，测算金砖五家2000~2016年全要素生产率（TFP）及其内部构成的演变，这部分我们利用非参数"数据包络分析"（Data Envelopment Analysis，DEA）方法进行研究。其次，探讨收入差距与技术创新的内在关系，这部分利用固定效应面板数据模型（Panel Data）来进行回归分析。最后，根据实证分析结果，结合金砖五国的经济发展现状，适当提出收入分配和促进技术创新的政策建议。

三、金砖国家技术进步指标演变趋势

（一）研究方法

测度技术进步最常用的指标是全要素生产率（TFP），一个经济体的经济增长模式的演变可以用经济增长中要素投入驱动（FD）和全要素生产率驱动的相对比例来描述，将第 $t+1$ 期的GDP与 t 期的GDP之比表示为指数形式，用GDP指数（GDPI）来描述，则：

$$GDPI_i^t = FD_i^t \times TFP_i^t \tag{5-1}$$

GDPI的数据可以直接获得，TFP的测算则采用基于非参数DEA方法。根据Farrell（1957）关于效率的思想，Charnes、Cooper和Rhodes（1978）提出了DEA方法，将对经济主体效率的评价扩展到多投入多产出的情形。该方法利用线性规划方法构建有效率的凸性生产可能性边界，与此边界相比可以识别低效率的决策单位及其效率值大小。DEA方法同传统的方法相比较有诸多优点：首先，DEA方法可以用于多输入多输出的系统的评价。其次，DEA方法无须对系统的输入输出之间进行任何形式的生产函数假定，也不要求所有的决策单元的生产函数形式相同，故它满足"多元最优化准则"。最后，DEA方法不需要事前设定投入与产出的权重，从而使评价更客观。

我们从投入的角度来研究全要素生产率变化。假设第 $k=1,\cdots,K$ 个经济体，在每一个时期 $t=1,\cdots,T$，使用 $n=1,\cdots,N$ 种投入 $x_{k,n}^t$，得到第 $m=1,\cdots,M$

种产出 $y_{k,m}^t$。计算每一个决策单位基于投入的 Farrell 技术效率的非参数规划模型为：

$$\begin{cases} F_i^t(y^t, x^t \mid C, S) = \min\theta^k \\ s.t. \ y_{k,m}^t \leq \sum_{k=1}^{K} z_k^t y_{k,m}^t, \ m = 1, \cdots, M \\ \sum_{k=1}^{K} z_k^t x_{k,n}^t \leq \theta^k x_{k,n}^t, \ n = 1, \cdots, N \\ z_k^t \geq 0, \ k = 1, \cdots, K \end{cases} \quad (5-2)$$

为了得到生产率随时间变化的 Malmquist 生产率指数，我们引入距离函数 $D_i^t(y^t, x^t)$，距离函数是 Farrell 技术效率的倒数：

$$D_i^t(y^t, x^t) = 1/F_i^t(y^t, x^t \mid C, S) \quad (5-3)$$

于是，基于投入的全要素生产率指数可以用 Malmquist 生产率指数来表示：

$$M_i^t = D_i^t(x^t, y^t)/D_i^t(x^{t+1}, y^{t+1}) \quad (5-4)$$

Malmquist 生产率指数测度了基于时期 t 的技术条件，从时期 t 到 $t+1$ 的技术效率的变化。基于时期 $t+1$ 的技术条件，从时期 t 到 $t+1$ 的技术效率变化可以用相同的方法定义：

$$M_i^{t+1} = D_i^{t+1}(x^t, y^t)/D_i^{t+1}(x^{t+1}, y^{t+1}) \quad (5-5)$$

为了得到以时期 t 为基期 $t+1$ 期的全要素生产率，我们用两个 Malmquist 生产率指数的几何平均值来表示：

$$\begin{aligned} TFP_i &= M_i(x^{t+1}, y^{t+1}; x^t, y^t) \\ &= \left\{ \left[\frac{D_i^t(x^t, y^t)}{D_i^t(x^{t+1}, y^{t+1})} \right] \left[\frac{D_i^{t+1}(x^t, y^t)}{D_i^{t+1}(x^{t+1}, y^{t+1})} \right] \right\}^{1/2} \\ &= \frac{D_i^t(x^t, y^t)}{D_i^{t+1}(x^{t+1}, y^{t+1})} \left[\frac{D_i^{t+1}(x^{t+1}, y^{t+1})}{D_i^t(x^{t+1}, y^{t+1})} \times \frac{D_i^{t+1}(x^t, y^t)}{D_i^t(x^t, y^t)} \right]^{1/2} \\ &= EC_i(x^{t+1}, y^{t+1}; x^t, y^t) \times TC_i(x^{t+1}, y^{t+1}; x^t, y^t) \end{aligned} \quad (5-6)$$

显然，Malmquist 指数即 TFP 可以被分解为技术效率的改变指数（EC）和前沿技术进步指数（TC）。如果用生产可能性曲线来描述的话，生产可能性边界内部点的外移可以理解为技术效率的改变，代表"追赶"效应；而生产可能性边界的整体外移可以理解为前沿技术进步，代表"创新"效应。GDPI、FD、TFP、EC、TC 都以 1 为基准，大于 1 代表上升，等于 1 代表没有变化，小于 1 代表下降。

(二) 实证分析

我们选取金砖五国2000~2016年的数据作为研究对象,使用DEA方法利用计量分析软件Onfront2.01对国内生产总值做投入产出分解。

在测算时,以各国GDP作为产出,以相应固定资本存量K和当年经济活动人口L作为投入。其中,各国GDP和投资的数据来源于《世界经济展望数据库2017》,当年经济活动人口来自历年的《国际统计年鉴》和《金砖国家统计》,GDP按2000年不变价进行平减。各国的资本存量通过对固定资产投资进行永续盘存法计算得到。使用永续盘存法主要涉及投资平减、基期资本数量的计算和折旧率的选择3个问题。我们假设各国每年的GDP平减指数和固定资产投资价格指数相似,以2000年为基期用GDP平减指数对各国每年的固定资产投资进行平减。根据数据的可获得性,我们选择1980年作为基期(俄罗斯以1992年作为基期),假设基期的资本存量是过去投资的加总,参考张军(2004)的研究,选择9.6%作为固定资产折旧率,用线性规划的方法(颜鹏飞,2004)可以求出基期的资本存量。

全要素生产率(TPF)、要素驱动指数(FD)、前沿技术进步(TC)和技术效率(EC)的演变轨迹如表5-1、图5-1、图5-2所示。

表5-1 2000~2016年金砖五国全要素生产率(TFP)和要素驱动指数(FD)的演变

年份 \ 国家	中国		巴西		印度		俄罗斯		南非	
	TFP	FD	TFP	FD	TFP	FD	TFP	FD	TFP	FD
2000~2001	1.03	1.06	1.03	0.98	1.02	1.03	1.02	0.98	1.04	0.99
2001~2002	1.03	1.07	1.04	0.99	1.00	1.04	1.02	1.02	1.05	0.99
2002~2003	1.03	1.09	1.02	0.99	1.03	1.05	1.02	0.98	1.06	0.97
2003~2004	1.04	1.10	1.05	1.01	0.99	1.09	1.05	1.00	1.07	0.98
2004~2005	1.03	1.09	1.03	1.00	1.00	1.09	1.02	0.98	1.03	1.02
2005~2006	1.03	1.10	1.04	1.00	0.99	1.10	1.04	1.00	1.04	1.02
2006~2007	1.03	1.12	1.06	1.00	0.98	1.12	1.06	1.00	1.08	0.98
2007~2008	1.03	1.12	1.04	1.01	1.04	1.08	1.04	0.98	0.98	1.05
2008~2009	1.00	1.14	1.00	1.00	1.00	1.10	1.00	1.00	1.01	0.97

续表

国家 年份	中国		巴西		印度		俄罗斯		南非	
	TFP	FD	TFP	FD	TFP	FD	TFP	FD	TFP	FD
2009~2010	1.07	1.13	1.07	1.00	1.07	1.10	1.07	1.00	1.06	0.97
2010~2011	1.02	1.13	1.04	1.00	1.02	1.11	1.06	1.00	1.03	1.00
2011~2012	1.01	1.11	1.00	1.02	1.01	1.09	0.99	1.01	0.99	1.03
2012~2013	1.02	1.06	1.02	1.01	1.01	1.07	1.02	0.99	1.01	1.01
2013~2014	0.99	1.03	0.99	1.02	1.00	1.07	0.99	1.00	1.01	1.01
2014~2015	0.98	1.03	0.97	0.99	0.97	1.06	0.98	1.01	0.99	1.02
2015~2016	0.98	1.04	0.97	0.99	0.97	1.06	0.97	1.00	0.99	1.00
平均值	1.02	1.09	1.02	1.00	1.01	1.08	1.02	1.00	1.03	1.00

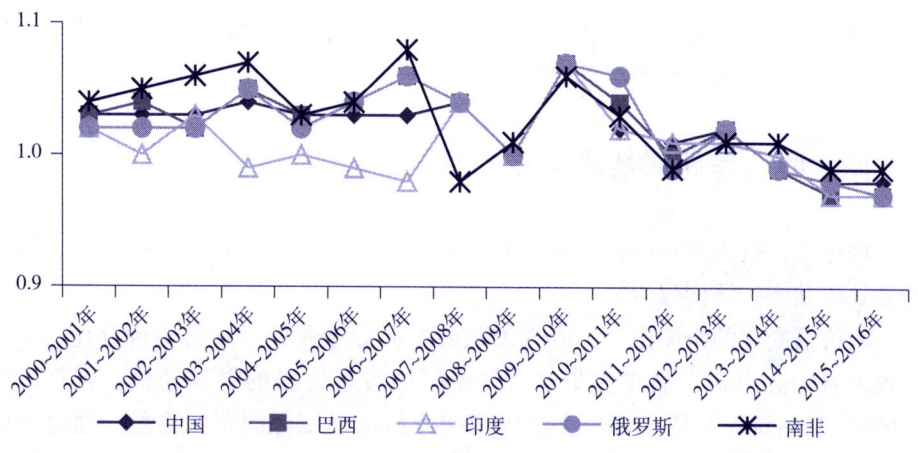

图 5-1　2000~2016 年金砖五国前沿技术进步指数的演变轨迹

从金砖五国 2000~2016 年全要素生产率（TPF）和要素驱动指数（FD）的演变来看，中国和印度的经济增长更多源于要素驱动的贡献，而巴西、俄罗斯和南非更多源于全要素生产率的提高。总体而言，金砖五国全要素生产率对经济增长的平均贡献率为 2%，远低于发达国家的水平。将 TFP 分解为前沿技术进步（TC）和技术效率的改变（EC），我们发现，2000~2010 年，金砖五国前沿技术进步对经济增长的贡献比较显著，2010~2016 年 TC 的作用呈下降的趋

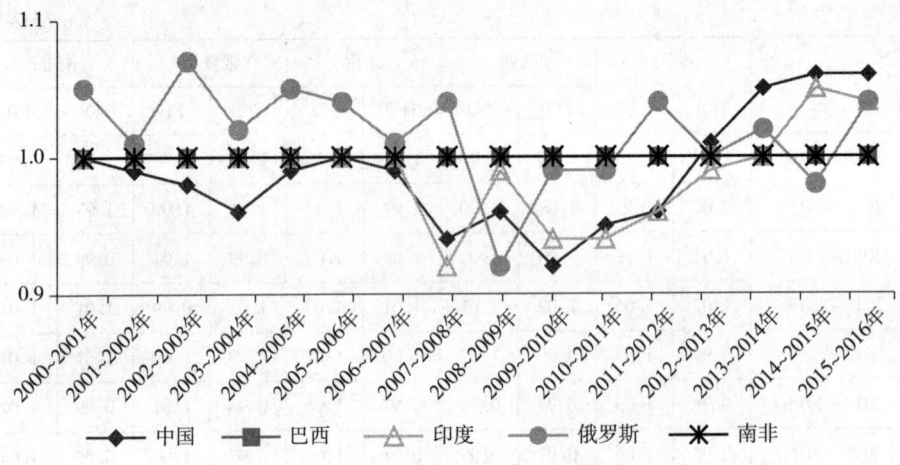

图 5-2　2000~2016 年金砖五国技术效率指数的演变轨迹

势。而技术效率的改变 2010~2016 年对金砖五国经济增长的贡献呈波浪形的上升趋势。金砖国家迫切需要转变经济增长方式，促进前沿技术进步，让经济增长更多地依赖全要素生产率的提高。

四、收入差距对技术进步的影响实证

理论上，收入差距的扩大对技术创新产生影响可以归结为价格效应、需求规模效应和消费结构效应。

从价格变化的角度而言，收入差距的扩大会导致进一步的质量分化，由于高收入阶层会为新产品支付更多，这给厂商带来更强的创新动机。姜百臣等（2009）从消费者对技术创新含量较高的产品选择偏好的角度出发，通过对问卷数据的实证分析，探讨消费者的需求行为偏好对企业技术创新的影响。结果显示：当一项技术或功能不断提升、改善时，消费者将愿意为此支付更多，当企业的目标是为了满足消费者需求而获得盈利时，消费者的需求行为偏好将对企业的技术创新行为产生影响。

从需求规模的视角而论，根据凯恩斯的观点，由于低收入阶层的消费倾向高于高收入阶层，低收入阶层人群比重的上升所导致的收入差距扩大将导致平均消费倾向的下降，在收入水平既定的情况下，市场需求规模趋于下降。而低收入阶层收入水平的提高所引起的收入分配状况的改善对需求规模的影响则是不确定的：一方面，低收入阶层收入水平的上升提高其对创新产品的购买力，富人基于虚荣心理的作用降低了购买意愿，新产品的市场规模可能下降。另一方面，如果低收入阶层对创新产品需求的增加超过富人购买意愿的减少，则新产品的市场规模随之扩大。

从消费结构的角度来看，消费结构的升级指明了新的消费方向，企业必须进行技术创新以迎合消费者的需求变动，对原有产品进行技术创新以提高产品的质量、品质或性能（刘冰，2007）。但是收入分配演变通过影响消费结构从而影响技术创新在经济发展的不同阶段会呈现异样的特征。当发展中国家总体收入水平较低的时候，居民对高档产品的消费能力非常有限，随着收入差距的逐渐扩大，形成了部分高消费群体，激发了企业的创新动机。但是，当发展中国家总体收入水平普遍提高了以后，高收入阶层开始青睐非标准化的个性产品，而中低收入阶层则成为工业创新出来的标准化产品的主流需求力量，此时收入差距扩大抑制了中低收入阶层的购买力，不利于技术创新。

因此，收入差距的扩大到底是促进了技术创新还是抑制了技术进步，这在不同经济体的不同发展阶段其结论是不确定的。那么，从激励技术进步的角度而言，金砖国家当前的收入差距到底是过大还是过小呢？本书接下来将检验收入差距与技术进步的关系。

（一）模型构建

基于收入差距与技术创新之间可能存在非线性关系的考虑，参考 Inyong Shin（2012）的研究思路，构建如下计量模型：

$$Y_{it} = \alpha_0 + \alpha_i^* + \alpha_1 Gini_{it} + \alpha_2 Gini_{it}^2 + \alpha_3 RD_{it} + \alpha_4 RD_{it}^2 + \alpha_5 X_{it} + \varepsilon_{it}$$

(5-7)

式（5-7）中，Y 表示技术进步，分别用 TFP、EC、TC 表示；$Gini$ 表示收入差距，用基尼系数表示；X 表示影响技术进步的其他因素；α_i^* 代表回归方程的固定效应；ε_{it} 为随机扰动项；i 表示地区，t 表示时间。

由于影响技术进步的最基本要素是 R&D 投入和地区特征（Griliches et al.，1988），我们在式（5-7）的基础上加入代表各国创新投入的 R&D 投入强度（RD）、代表各国创新内部环境的人类发展指数（HDI）、代表各国创新外部驱动的出口（Export）、代表一国货币政策的货币供给增长率（Money）和代表一国财政政策的财政支出占 GDP 比重（Expense）作为控制变量。

代表各国创新投入的 R&D 投入强度用 R&D 支出占 GDP 比重来表示，由于

R&D 投入并不必然提高全要素生产率的提高,这里引入 R&D 投入强度的平方项目,代表 R&D 投入强度与技术进步可能存在的非线性关系。

代表各国创新内部环境的人类发展指数由联合国开发计划署(UNDP)在《人文发展报告 1990》中提出的,是以"预期寿命、教育水准和生活质量"三项基础变量按照一定的计算方法组成的综合指标,用以衡量联合国各成员国经济社会发展水平。

代表各国创新外部驱动的出口反映了国内外两个市场的一体化程度,其对技术进步的积极作用可能来自对外开放的"学习效应"。

代表货币政策的松紧程度的货币供给增长率,用广义货币供给增长率来表示。
代表财政政策的松紧程度的财政支出,用财政支出占 GDP 的百分比来表示。

根据式(5-7),若 $\alpha_1 \neq 0$,$\alpha_2 = 0$,则收入差距与技术创新之间呈线性关系;若 $\alpha_1 < 0$,$\alpha_2 > 0$,则收入差距与技术创新之间呈"U"形关系;若 $\alpha_1 > 0$,$\alpha_2 < 0$,收入差距与技术创新之间呈倒"U"形关系,顶点出现在 $G = -\alpha_1/2\alpha_2$。

(二)实证结果

基于式(5-7),根据 Hausmam 检验判断,本书选取个体上的固定效应模型进行估计,分析软件采用 Eviews6.0。同时,考虑到可能存在的截面间异方差性和截面间的同期相关性给估计结果造成了偏差,我们采用面板广义最小二乘估计法(Pooled EGLS)进行估计,加权方式为截面加权(Cross-section SUR),分析结果如表 5-2 所示。

表 5-2　金砖五国收入分配演进与 TFP、TC、EC 的关系

自变量 \ 因变量	TFP	TC	EC
常数项 α_0	1.40*** (8.25)	0.78*** (8.62)	1.38*** (9.54)
$Gini_{it}$	−0.43 (−1.23)	0.76** (2.77)	−0.79* (−1.81)
$Gini_{it}^2$	0.24 (0.71)	−0.70** (−2.49)	0.67* (1.77)

续表

自变量 \ 因变量	TFP	TC	EC
RD_{it}	-0.10 (-1.34)	0.05 (1.48)	-0.12*** (-5.30)
RD_{it}^2	0.05* (1.91)	-0.02* (-1.89)	0.05*** (4.85)
HDI_{it}	-0.06 (-0.42)	0.10 (1.14)	-0.08 (-0.86)
$Export_{it}$	-0.06 (-0.73)	-0.03 (-0.91)	-0.06*** (-2.95)
$Money$	-0.02 (-0.64)	0.01 (0.65)	-0.02 (-1.66)
$Expense$	-0.53*** (-3.10)	-0.21*** (-3.08)	-0.09* (-1.67)
固定效应 α_i^*			
中国	-0.04	-0.01	0.03
巴西	0.04	-0.01	0.13
印度	-0.09	-0.01	-0.43
俄罗斯	0.02	0.00	0.13
南非	0.07	0.03	0.15
评价统计量			
R^2	0.44	0.33	0.41
D-W stat	1.95	2.23	1.80
F-stat	4.37	2.69	3.86
顶点的 Gini 值 $(-\alpha_1/2\alpha_2)$	—	0.54	0.59

注：系数估计值下面括号内的数字为 t 统计值，系数估计值旁边的 ***、**、* 分别表示在 1%、5%、10% 显著性水平下显著。

数据来源：基尼系数和 R&D 投入强度的数据来源于世界银行（中国 2004~2016 年的基尼系数来源于国家统计局），人类发展指数的数据来源于联合国开发计划署，出口占 GDP 比重的数据来源于世界贸易组织，部分年份数值缺失的取相近年份的平均值来表示。

收入分配演进对中等收入阶段生产率提升的影响机制研究

2000~2016年基于固定效应面板数据的分析表明,收入差距与前沿技术进步呈显著的倒"U"形关系,顶点在基尼系数为0.54的位置;与技术效率呈显著的"U"形关系,顶点在基尼系数为0.59的位置,由于两者的关系几乎刚好相反,综合而言对全要素生产率的作用不显著。这说明金砖国家收入差距对前沿技术进步的影响存在一个适度的问题,当基尼系数低于0.54时,收入差距的扩大有利于国内企业创新,反之则不利于前沿技术进步。2010年以来,金砖五国的前沿技术进步对经济增长的贡献处于不断下降的趋势,切实提高前沿技术进步是保持可持续发展的当务之急。

其他控制变量的回归结果表明:R&D投入强度的上升对前沿技术进步的提高存在边际递减的作用。人类发展指数和扩张性货币政策对技术进步不存在显著的影响。扩张性财政政策不利于前沿技术进步、技术效率和全要素生产率的提升,可能的原因在于财政干预扭曲了要素配置效率。出口占GDP比重的上升不利于技术效率的改进,可能是由于出口产品还处在总量的扩张阶段,出口的产品比较低端,对产业没有质量升级的要求,不利于技术效率的改进。

(三) 现实分析

根据美国经济学家西蒙·史密斯·库兹涅茨于1955年所提出的倒"U"形假说:在经济未充分发展的阶段,收入分配将随同经济发展而趋于不平等。其后,经历收入分配暂时无大变化的时期,到达经济充分发展的阶段,收入分配将趋于平等。

由于随着经济发展而来的"创造"与"破坏"改变着社会、经济结构,并影响着收入分配,似乎发展中国家经济增长所伴随着的收入差距扩大是一种必然的过程。而且,这种收入差距的扩大在一定程度上激励了技术创新,因为收入差距的扩大会导致进一步的质量分化,由于高收入者会为新产品支付更多,这给厂商带来更强的创新动机。当发展中国家总体收入水平较低的时候,居民对高档产品的消费能力有限,收入差距的扩大促进了部分高消费群体的形成,从而激励企业的技术创新。但是,随着收入差距的进一步扩大,让更多人处在财富分配的两个极端,也就是中产阶级的空心化,将不利于技术创新和经济可持续发展。从社会稳定的角度而言,收入差距过大容易造成心理落差,促使部分低收入阶层迫于无奈选择铤而走险,这种情况在巴西尤其突出,俄罗斯的黑社会和光头党的大行其道也可以从收入两极分化上找到根源(王永兴,2006)。在收入分配极其不公的情况下,有可能发生暴乱和革命。从经济发展的角度而论,只有培育形成颇具规模的具有一定消费能力和发言权的中产阶级,也就是收入相对比较公平的橄榄形收入分配结构,而不是收入差距两极分化的"M"形收入分配结构,一国的经济和社会状态才会趋于稳定。因为中产阶级推动的经济增长更具有可持续性(Birdsall,2010),经济上,这样的增长能够避免与利益高度集中相关的"寻租"及腐败行为;政治上,更容易管理种族和民族之间的矛盾。

因此,当收入差距的扩大成为技术创新和经济可持续发展的阻碍时,采取切实有效的政策减小收入差距就迫于眉梢。根据本书的实证分析,以基尼系数所衡量的收入差距临界点大约处于0.54的水平,对于当前基尼系数大于0.54的国家,必须采取切实有效的措施减小收入差距,才能促进国内需求和激励技术创新。从金砖五国近期基尼系数在全球中的位置来看(见图5-3),南非、巴西和中国的基尼系数在全球都处于偏高的位置,俄罗斯和印度的情况稍微乐观一些。由于收入差距的进一步扩大将会抑制前沿技术进步,因此采取切实有效的措施减小收入差距,促进国内需求和激励技术创新,是金砖国家摆脱资源、环境约束,实现经济增长方式转变和保持持久竞争力的关键举措。部分金砖国家已经意识到收入差距过大对经济增长的抑制作用并采取了一系列的手段解决收入分配不公问题。如巴西以"公平社会"政策作为优先治国战略,经过卡多佐、卢拉和罗塞夫三位总统历时十余年的连贯施政,使基尼系数大大降低,并

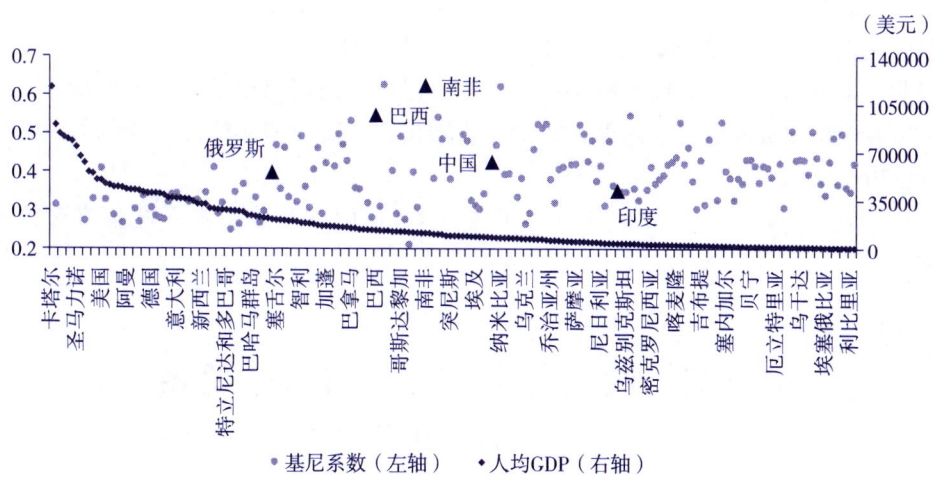

图5-3 金砖五国近期基尼系数在全球中的位置

数据来源:各国的基尼系数和人均GDP数据来源于世界银行WDI 2000~2016年的平均值。

逐步形成一个中产阶层占半数以上的橄榄形社会。尽管巴西当前贫富差距依然比中国要大，但巴西在治理收入差距方面的治国理念、政治智慧、政策实施颇为值得借鉴。

五、结论与启示

金砖国家经济高速增长伴随着收入差距的持续扩大引发了增长可持续性的担忧：从供给的角度而言，经济增长主要源于要素投入的驱动，全要素生产率的贡献过低；从需求的视角而论，收入差距过大抑制有效需求，经济增长后劲不足。两者不是相互隔离的对立面，而是相互依存的统一体，解决问题的关键之一是建立收入分配演进、需求驱动型技术创新和可持续发展的良好机制。

从理论的视角而言，收入差距的扩大可以通过价格效应、需求规模效应和消费结构效应对技术创新产生影响，但在不同经济体的不同发展阶段其影响方向是不确定的，因此从激励技术进步的角度而言，收入分配政策应该有区别地实施。

从实证的角度而论，我们基于DEA方法对金砖五国2000~2016年全要素生产率、前沿技术进步和技术效率改变进行测算，并利用固定效应面板数据模型探讨收入差距与技术创新的内在关系发现：收入差距与前沿技术进步之间呈显著的倒"U"形关系，因此，激励技术创新存在一个收入适度差距问题。

当前金砖国家中南非和巴西用基尼系数所衡量的收入差距已经超过倒"U"形曲线顶点的临界值，收入差距的进一步扩大将会抑制前沿技术进步的提高，因此，采取切实有效的措施减小收入差距，促进国内需求和激励技术创新，是金砖五国摆脱资源、环境约束，实现经济增长方式转变和保持持久竞争力的关键举措。

（本小节的内容发表在《国际贸易问题》2014年第4期，内容有部分调整。）

第二节 收入分配与技术进步的关系
——中国现实

中国经济高速增长伴随着收入差距的持续扩大引发了增长可持续性的担忧。

第五章 收入分配对中等收入阶段生产率提升的影响——技术进步

本节基于 DEA 方法对中国 1990~2016 年全要素生产率、前沿技术进步和技术效率改变进行测算，并利用固定效应面板数据模型探讨收入差距与技术进步的内在关系发现：降低基尼系数对东部地区 TFP、TC、EC 的提高都有积极的影响，对中西部地区 EC 的提高也有积极的作用。缩小收入差距不仅从需求的角度促进生产率提升，而且从供给的角度对提高 R&D 投入的产出效率起到了相辅相成的作用。因此，采取切实有效的措施降低贫富差距对成功实现经济转型和可持续发展具有举足轻重的意义。

一、技术进步对中国经济转型的作用

改革开放以来中国经济的高速增长，主要有两个方面的原因：一是激励制度变革带来的要素使用效率的提高，二是由于矫正扭曲的经济结构带来的资源配置效率的提高。两者都因起始点与常态增长模式之间的差距，可以获得"趋同效应"，即不是从技术创新前沿上起步的，而是一种"趋同"类型的新古典经济增长（Barro，1995）。然而，这种源于后发优势的要素驱动型经济增长不可避免地面临可持续性问题。剩余劳动力终将吸收殆尽，资本报酬递减规律难以突破。根据索洛（1956）和斯旺（1956）的新古典增长理论，以及卢卡斯（1988，1993）和 Young（1991）等内生增长理论，经济持久增长的动力必须依赖全要素增长率的提高。

全要素生产率的提升既取决于 R&D 投入、人力资本、基础设施、制度环境等供给因素的驱动，也离不开需求规模、需求结构、需求层次等需求因素的作用，而收入分配是影响本土需求和生产率提升的关键变量。基于产品需求视角，收入分配会影响家庭对高、低技术产品的需求偏好，需求升级通过高、低技术产品的相对价格和利润进一步作用于企业的技术进步、出口升级和生产率提升。本节选择面临经济增长方式转变的中国各个省市作为研究对象，尝试回答两个问题：一是 1990 年以来中国各个省市的前沿技术进步和技术效率的演变，这部分我们可以利用非参数 DEA 方法核算出各个城市 TFP 中的 EC 和 TC 份额。二是收入分配、本土需求如何影响前沿技术进步和技术效率水平？这部分利用固定效应面板数据模型（Panel Data）来进行回归分析。区分收入分配、本土需求对前沿技术进步和技术效率的差异化影响对处于经济增长方式转型瓶颈阶段的中国经济而言具有一定的理论和现实意义。

收入分配演进对中等收入阶段生产率提升的影响机制研究

二、收入分配对技术进步的影响文献

第一，需求驱动对生产率提升的作用日益引起关注。大量的研究指出需求规模和需求特征是创新动态和区域竞争力的主要决定因素（Porter，1990）。在有关创新与增长的"创造性毁灭"模型和"产品质量阶梯"模型中（Grossman and Helpman，1991；Aghion and Howitt，1992；Caballero and Jaffe，1993；Horowitz and Lai，1996），需求的规模影响增长绩效；关于"需求生命周期"的理论模型指出需求驱动型创新在经济增长中的关键作用（Aoki and Yoshikawa，2002）；而"新贸易理论"则强调贸易需求对产品质量升级和生产率提升的影响（Melitz，2003；Crozet，Head and Mayer，2012）。国内研究中，刘小玄、吴延兵（2009）通过对我国企业生产率进行分解，发现其在很大程度上依靠外部市场需求来拉动。孙韩钧（2012）也认为产业结构高度与消费需求、国际贸易结构之间存在长期均衡关系。

第二，收入分配演进对需求驱动型生产率提升有重要影响。Murphy，shleifer 和 Vishny（1989）研究了消费者存在异质偏好的情况下收入分配对企业技术创新的影响。Zweimuller（2000）将 Murphy 等的模型拓展，发现收入差距的缩小扩大了创新品的市场需求，从而促进了经济增长。Fajgelbaum、Grossman 和 Helpman（2011）则发现收入分配通过国内市场效应对国际贸易和产品质量升级产生影响。国内研究中，范红忠（2007）从有效需求规模的角度研究发现，基本要素总收入和人均收入的提高会促进 R&D 投入和自主创新能力的提升，而基本要素收入差距的扩大则起相反的作用。沈凌、田国强（2009）发现减少低收入者数量所引致的贫富差距缩小有利于创新，而提高低收入者收入所导致的贫富差距缩小不利于创新。鲍晓华、金毓（2013）从需求角度论证了一国及其贸易伙伴国国内的收入差距对生产率的影响。

第三，收入分配演进对生产率提升的作用机制与经济发展阶段密切相关。自 Kuznets（1955）提出收入分配与经济增长之间呈倒"U"形关系的理论以后，经济学家们热衷于检验其存在与否。一些实证分析显示两者呈负相关关系（World Bank，2000；Tetsuji Okazaki，2007），也有研究指出两者呈正相关（Forbes，2000）或非线性关系（Chen，2003）。Foellmi 和 Zweimuller（2006）考虑了收入不均对经济增长的双重影响，发现在低水平收入不均的情形下，收入差距的扩大有助于创新与增长。Vona 和 Patriarca（2011）引入收入差距的动态演变，发现收入不均与环境技术创新的关系是非线性的并主要取决于人均收入。国内研究中，尹恒、龚六堂、邹恒甫（2005）发现库兹涅茨倒"U"形关系在一定程度上是存在的。王俊、刘东（2009）通过实证研究发现中国居民收入差距与企业技术创新在短期内具有正向关系而在长期会逆转，且存在区域差异。赵锦春、谢建国（2013）则发现收入不均对我国进口需求的影响与经济发展水平密切相关。

显然，以往的研究表明，收入分配对生产率提升存在影响，这种作用与经济发展阶段密切相关。接下来我们将探讨收入分配对中国东、中、西部地区生产率提升的差别化影响。

三、中国技术进步相关指标演变趋势

我们使用 DEA 方法利用计量分析软件 Onfront2.01 对 GDP 做投入产出分解。在测算时，以各省市区 GDP 作为产出，以相应固定资本存量 K 和当年就业人数 L 作为投入。其中，各省 GDP、当年就业人数来自历年的《中国统计年鉴》，GDP 按 1990 年不变价进行平减。1990~2005 年各省市的资本存量采用张军等的估算值，2005~2016 年各省市的资本存量是作者按照同样的方法估算所得。中国部分省市全要素生产率（TPF）、前沿技术进步（TC）和技术效率（EC）的数值如表 5-3、表 5-4、表 5-5 所示。

表 5-3　1990~2016 年中国省际前沿技术进步（TC）年均值比较

地区		1990~1991 年	1995~1996 年	2000~2001 年	2005~2006 年	2010~2011 年	2015~2016 年
东部	北京	1.02	1.00	1.02	1.04	1.03	1.02
	天津	1.02	1.00	1.02	1.04	1.05	0.92
	河北	1.03	1.02	1.00	1.03	1.02	0.96
	辽宁	1.03	1.01	1.02	1.04	1.05	0.91
	上海	1.05	1.06	1.05	1.07	1.05	0.96
	江苏	1.06	1.00	1.02	1.05	1.03	0.9
	浙江	1.04	1.00	1.02	1.05	1.02	0.95
	福建	1.06	1.00	1.01	1.04	1.02	0.91
	广东	1.06	1.01	1.02	1.04	1.00	1.02

续表

	地区	1990~1991年	1995~1996年	2000~2001年	2005~2006年	2010~2011年	2015~2016年
中部	山西	1.03	1.03	0.98	1.03	1.00	1.02
	内蒙古	1.04	1.01	0.98	1.05	1.03	0.9
	黑龙江	1.05	0.99	1.00	1.02	1.01	1.02
	安徽	1.05	1.03	0.9	1.02	1.00	1.02
	江西	1.02	1.00	0.9	1.02	1.00	1.02
	河南	1.02	0.97	0.9	1.02	0.99	1.02
	湖北	1.01	0.99	0.94	1.02	1.00	0.98
	湖南	1.02	0.96	0.9	1.02	0.99	1.02
	广西	1.00	0.97	0.9	1.02	0.99	1.02
西部	四川	1.05	1.03	0.94	1.02	1.00	1.02
	贵州	1.02	0.95	0.9	1.02	0.99	1.02
	云南	1.05	1.01	1.02	1.04	0.99	1.02
	陕西	1.06	1.01	0.97	1.02	1.00	0.96
	甘肃	1.01	0.95	0.9	1.02	0.99	1.02
	宁夏	1.04	0.99	1.00	1.03	1.01	1.02
	青海	1.05	1.00	1	1.03	1.00	0.95
	新疆	1.05	1.01	1.02	1.05	1.02	1.02

表5-4 1990~2016年中国省际技术效率（EC）年均值比较

	地区	1990~1991年	1995~1996年	2000~2001年	2005~2006年	2010~2011年	2015~2016年
东部	北京	0.99	0.99	0.99	1.02	1.00	1
	天津	0.97	1.06	1.01	1.01	1.04	1.11
	河北	1.00	1	1.02	0.95	0.96	1.02
	辽宁	0.97	1.03	1.00	0.98	1.00	1.17
	上海	1.00	1	1.00	1	1.00	1
	江苏	0.93	1.03	1.00	0.97	0.95	1.19

续表

	地区	1990~1991年	1995~1996年	2000~2001年	2005~2006年	2010~2011年	2015~2016年
东部	浙江	1.05	0.99	0.99	0.97	0.98	1.06
	福建	1.01	1.02	1.00	0.97	0.94	1.07
	广东	1.00	1	1.00	1	1.00	0.94
中部	山西	0.96	1.01	1.04	0.96	0.99	0.89
	内蒙古	0.94	1.05	1.05	0.97	0.95	1.13
	黑龙江	0.98	1.05	1.04	0.96	0.97	0.93
	安徽	0.93	1.03	1.11	0.88	0.97	0.92
	江西	1.02	1.03	1.08	0.91	0.98	0.92
	河南	0.98	1.04	1.09	0.94	0.97	0.91
	湖北	1.00	1	1.00	0.92	0.95	0.97
	湖南	1.02	1.05	1.09	0.93	0.95	0.9
	广西	1.1	0.98	1.08	0.95	0.95	0.9
西部	四川	0.88	1.01	1.06	1.01	1.01	0.93
	贵州	1.03	1.06	1.05	0.98	0.98	0.91
	云南	0.92	1.02	0.99	1.06	1.06	0.92
	陕西	0.96	1.04	1.05	0.98	0.98	1.05
	甘肃	1.06	1.06	1.1	0.95	0.94	0.88
	宁夏	0.96	1.13	1.01	0.99	1.00	0.92
	青海	0.95	1.00	1	0.98	0.98	1.04
	新疆	1.01	0.99	1.00	0.99	0.97	0.91

表5-5 1990~2016年中国省际全要素生产率（TFP）年均值比较

	地区	1990~1991年	1995~1996年	2000~2001年	2005~2006年	2010~2011年	2015~2016年
东部	北京	1.01	0.99	1.01	1.06	1.03	1.02
	天津	0.99	1.06	1.03	1.05	1.05	1.02
	河北	1.03	1.02	1.02	0.98	1.02	0.98

续表

地区		1990~1991年	1995~1996年	2000~2001年	2005~2006年	2010~2011年	2015~2016年
东部	辽宁	1.00	1.04	1.02	1.02	1.05	1.07
	上海	1.05	1.06	1.05	1.07	1.05	0.96
	江苏	0.99	1.03	1.02	1.02	1.03	1.08
	浙江	1.09	0.99	1.01	1.02	1.02	1.00
	福建	1.07	1.02	1.01	1.01	1.02	0.97
	广东	1.06	1.01	1.02	1.04	1.00	0.96
中部	山西	0.99	1.04	1.02	0.99	1.00	0.91
	内蒙古	0.98	1.06	1.03	1.02	1.03	1.02
	黑龙江	1.03	1.04	1.04	0.98	1.01	0.95
	安徽	0.98	1.06	1.00	0.90	1.00	0.94
	江西	1.04	1.03	0.97	0.93	1.00	0.94
	河南	1.00	1.01	0.98	0.96	0.99	0.92
	湖北	1.01	0.99	0.94	0.94	1.00	0.95
	湖南	1.04	1.01	0.98	0.95	0.99	0.92
	广西	1.10	0.95	0.97	0.97	0.99	0.92
西部	四川	0.92	1.04	1.00	1.03	1.00	0.95
	贵州	1.05	1.01	0.95	1.00	0.99	0.92
	云南	0.97	1.03	1.01	1.10	0.99	0.94
	陕西	1.02	1.05	1.02	1.00	1.00	1.00
	甘肃	1.07	1.01	0.99	0.97	0.99	0.90
	宁夏	1.00	1.12	1.01	1.02	1.01	0.94
	青海	1.00	1.00	1.00	1.01	1.00	0.98
	新疆	1.06	1.00	1.02	1.04	1.02	0.93

四、收入分配对技术进步的影响实证

(一) 模型构建

显然，不同省市区全要素生产率中的前沿技术进步和技术效率存在广泛的差距，同一省市区不同时期的数值也有很大的差异。那么，收入分配与前沿技术进步（TC）、技术效率（EC）和全要素生产率（TFP）有怎样的关系呢？

直观的数据表明基尼系数和前沿技术进步（TC）、技术效率 EC 和全要素生产率 TFP 之间都存在一定程度的非线性关系（见图5-4）。那么，收入分配对生产率提升的影响机制是如何发生作用的呢？为了进一步探讨它们之间的关系，我们构建如下的基本计量模型：

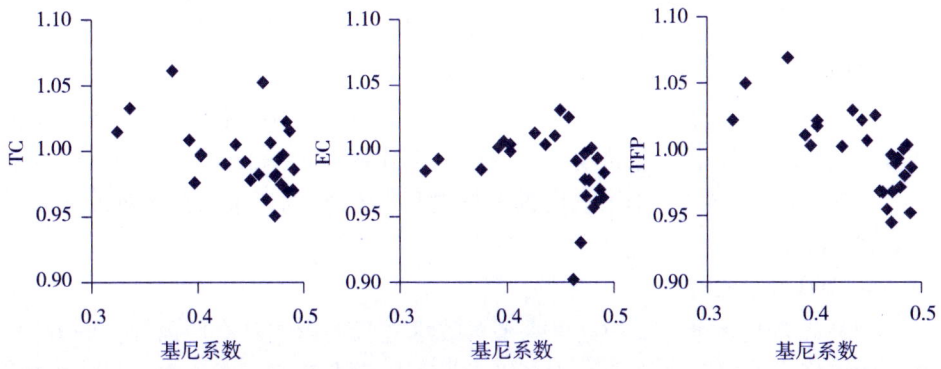

图 5-4　1990~2016 年基尼系数与 TC、EC 和 TFP 指数的关系

注：基尼系数和 TC、EC 和 TFP 指数选用全国平均值，数据来源同上。

$$Y_{it} = \alpha_0 + \alpha_i^* + \beta_1 Gini_{it} + \gamma X_{it} + \epsilon_{it} \qquad (5-8)$$

式（5-8）中，Y 表示技术进步，分别用 TFP、EC、TC 表示；$Gini$ 表示收入差距，用基尼系数表示；X 表示影响技术进步的其他因素；α_i^* 代表回归方程的固定效应；ε_{it} 为随机扰动项；i 表示地区，t 表示时间。

由于影响技术进步的最基本要素是 R&D 投入和地区特征（Griliches et al.，1988），我们在模型（5-8）的基础上加入代表各地区经济基础的研发投入强度（RD）、人力资本（AEY），代表发展模式的产业结构（INDUS）、对外贸易（TRADE），代表制度背景的经济自由度（FREEDOM）、财政支出（FDEXP）

作为控制变量。各控制变量的解释如下：

1. 经济基础指标

(1) R&D 投入强度。R&D 投入对于创新能力提高的重要作用和积极意义在理论和经验研究上已经得到了广泛的认同。高昂的 R&D 投入是创新型国家和城市建设采取的主要措施。本书用 R&D 支出占 GDP 比重来表示 R&D 投入强度 RD。

(2) 人力资本。人力资本积累对前沿技术进步和技术效率具有重要的影响（Benhabib and Spiegel，1994）。本书用平均受教育年限代表人力资本水平（AEY）。

2. 发展模式指标

(1) 产业高度化指数。产业结构高度化实际上是产业的技术结构高层次化，产业结构不断向高附加值化、高技术化、高集约化演进。根据"配第—克拉克定理"，随着经济发展和人均收入上升，产业结构呈波浪型变动，国民经济中第一产业所占比例将下降，第三产业的比重会上升，第二产业则先升后降。有人定义产业结构高度化指数=第一产业比重+第二产业比重×2+第三产业比重×4。本书参照此计算公式定义产业高级化指数 INDUS。

(2) 对外开放度。对外贸易占 GDP 的比重反映了国内外两个市场的一体化程度，其对前沿技术进步和技术效率的积极作用可能来自进出口的"学习效应"（何庆元，2007）。本书选用进出口之和占 GDP 的比重来衡量对外开放度（TRADE）。

3. 制度背景指标

(1) 市场化水平。市场竞争水平对技术进步的影响具有两面性。一方面，较高的市场竞争程度迫使企业加大研发投入以提高其市场竞争力。另一方面，市场竞争的加剧使得企业更加急功近利，不利于自主创新能力的提升，但学习和模仿动机会加强。刘伟、李绍荣（2001）的研究表明市场化改革因素对要素效率有提升作用。本书用非国有企业固定资产投资占全部固定资产投资的比重来代表市场竞争化水平（FREEDOM）。

(2) 公共支出水平。国家创新系统理论和演化经济学提供了一条理解政府在创新系统中作用的途径。由公共部门和私营部门中各种机构组成的网络相互影响促进了新技术的开发、引进、改进和扩散（Freeman，1995）。本书选用财政支出占 GDP 的比重来衡量公共支出水平（FDEXP）。

此外，考虑到收入分配和 R&D 投入对技术进步的相互影响，我们引入两者的交互项，形成以下模型：

$$Y_{it} = \alpha_0 + \alpha_i^* + \beta_1 Gini_{it} + \beta_2 Gini_{it} * RD_{it} + \gamma X_{it} + \epsilon_{it} \qquad (5-9)$$

(二) 实证结果

考虑到经济发展的地区差异,本书分东部、中部、西部进行研究。我们选取了 26 个省份作为样本。东部地区包括北京、天津、河北、辽宁、上海、江苏、浙江、福建、广东,中部地区包括山西、内蒙古、黑龙江、安徽、江西、河南、湖北、湖南、广西,西部地区包括四川、贵州、云南、陕西、甘肃、宁夏、青海、新疆。部分省份没有包括在样本中的原因是基于以下考虑:山东、吉林、海南基尼系数缺失;为了保持重庆设为直辖市前后四川省统计口径的一致,重庆的数据计入四川,西藏由于大多数数据不全省略掉。

基于式(5-9),根据 Hausmam 检验判断,本书选取个体上的固定效应模型进行估计,分析软件采用 Eviews6.0。同时,考虑到可能存在的截面间异方差性和截面间的同期相关性给估计结果造成了偏差,我们采用面板广义最小二乘估计法(Pooled EGLS)进行估计,加权方式为截面加权(Cross-section SUR),分析结果如下。

为了探讨收入不平等对各省份 TFP、TC、EC 的边际影响,根据式(5-9)求出基尼系数对 TFP、TC、EC 的偏导数 [见式(5-10)]。根据式(5-10)并结合表 5-6 的实证结果,可以求出基尼系数的变化对各省份 TFP、TC、EC 的边际影响(见图 5-5)。

$$\frac{\partial Y_{it}}{\partial Gini_{it}} = \beta_1 + \beta_2 RD_{it} \qquad (5-10)$$

根据实证结果,我们可以得到以下结论。

第一,降低基尼系数对东、中、西部地区生产率的提升有差别化的含义。中国东、中、西部地区收入分配与 TFP、TC、EC 的关系表明,降低基尼系数对东部地区 TFP、TC、EC 的提高都有积极的影响,对中西部地区 EC 的提高也有积极的作用,但对大部分中西部地区 TC 的提高有负面的影响。该结论与 Foellmi 和 Zweimuller(2006)的结论不谋而合,即考虑了收入不均对经济增长的双重影响,在低水平收入不均的情形下,收入差距的扩大有助于创新,如现在的西部地区。但随着人均收入水平的提高,基尼系数的扩大会抑制 TFP、TC、EC 的提升,如现在的东部地区。

表 5-6 中国东、中、西部地区收入分配与 TFP、TC、EC 的关系

自变量\因变量	东部			中部			西部		
	TFP	TC	EC	TFP	TC	EC	TFP	TC	EC
α_0	0.68*** (8.20)	0.94*** (21.38)	0.70*** (10.78)	0.83*** (11.10)	0.90*** (16.38)	0.95*** (9.58)	0.84*** (22.28)	0.70*** (13.83)	1.14*** (17.05)
$Gini_{it}$	0.01 (0.05)	0.07 (0.97)	0.15 (1.03)	0.32** (2.56)	-0.41*** (-4.48)	0.75*** (4.44)	0.32*** (6.41)	0.18*** (5.27)	0.03 (0.35)
$Gini_{it}*RD_{it}$	-16.22** (-2.44)	-8.43*** (-2.89)	-15.54*** (-3.35)	-26.78 (-1.59)	48.00*** (4.88)	-93.55*** (-4.40)	-35.50*** (-6.17)	0.19 (0.07)	-19.48*** (-2.92)
RD_{it}	3.74* (1.71)	1.93** (2.15)	3.97*** (2.79)	7.92 (1.15)	-18.06*** (-4.62)	33.06*** (3.89)	15.59*** (5.77)	-3.64*** (-3.32)	11.61*** (3.37)
AEY_{it}	0.01** (2.25)	0.00 (1.32)	0.01* (1.80)	0.03*** (5.53)	0.00 (-0.09)	0.03*** (5.06)	0.00 (-1.02)	0.00 (-0.74)	0.00 (1.01)
$INDUS_{it}$	0.09*** (3.32)	0.01 (0.91)	0.07*** (3.03)	-0.04* (-1.79)	0.07*** (5.19)	-0.12*** (-5.89)	0.01 (0.49)	0.10*** (6.78)	-0.08** (-2.34)
$TRADE_{it}$	0.04*** (3.34)	0.01** (2.33)	0.01** (2.00)	0.04 (0.91)	0.14*** (4.43)	-0.21*** (-4.18)	0.02 (1.34)	0.10*** (3.08)	-0.12*** (-6.21)
$FREEDOM_{it}$	-0.01 (-0.35)	-0.02 (-1.53)	0.02 (0.93)	-0.12*** (-4.94)	0.13*** (8.38)	-0.24*** (-7.78)	0.02** (1.96)	0.04*** (2.90)	-0.03 (-1.67)

续表

因变量\自变量	东部			中部			西部		
	TFP	TC	EC	TFP	TC	EC	TFP	TC	EC
$FDEXP_{it}$	-0.24** (-2.06)	0.02 (0.35)	-0.28*** (-2.98)	-0.43*** (-5.41)	-0.19*** (-3.75)	-0.23*** (-2.87)	-0.01 (-0.39)	-0.11*** (-5.96)	0.18*** (3.83)
评价统计量									
R^2	0.61	0.45	0.30	0.60	0.61	0.76	0.99	0.96	0.69
D-W stat	1.77	1.84	1.81	1.48	1.51	1.55	2.20	1.87	2.05
F-stat	13.9	7.44	3.92	13.88	14.36	28.02	347.33	94.76	9.29

注：系数估计值下面括号内的数字为t统计值，系数估计值旁边的***、**、*分别表示在1%、5%、10%显著性水平下显著。

收入分配演进对中等收入阶段生产率提升的影响机制研究

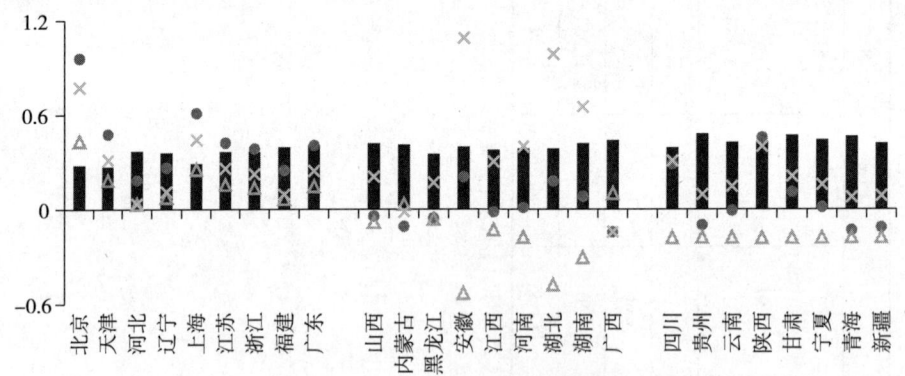

图 5-5　降低基尼系数对东、中、西部各省份 TFP、TC、EC 的边际影响

第二，基尼系数的提高会降低研发投入强度对生产率提升的作用。R&D 投入对生产率提升的作用在理论与实践上得到了认可，但部分研究表明 R&D 投入的增加并不必然提高生产率，可能的原因是忽略了需求的作用，我们的结论印证了这一观点。由于降低收入差距在需求规模、需求层次、需求结构升级中具有关键意义，这些直接影响了 R&D 投入强度对生产率提升的作用。因此，降低基尼系数对提高 R&D 投入产出效率、促进经济转型与可持续发展具有重要的作用。

五、结论与启示

中国东中西部地区 1990~2016 年的前沿技术进步 TC、技术效率 EC 和全要素生产率 TFP 存在一定程度的下降趋势，这种趋势在中西部地区表现得更为明显。不同于发达国家的经济增长主要源于全要素生产率增长的特征，中国东中西部大部分省市近年来的经济增长主要来源于要素的驱动，经济增长的可持续性问题引发担忧。

那么，对于当前处于中等收入阶段的中国而言，如何提高全要素生产率，实现经济增长从"量"的扩张向"质"的飞跃成了当前的焦点问题。理论上，收入差距通过价格效应、需求规模效应和消费结构效应对技术创新和生产率提升产生影响；实证研究表明降低基尼系数对东部地区 TFP、TC、EC 的提高都有

第五章 收入分配对中等收入阶段生产率提升的影响——技术进步

积极的影响，对中西部地区 EC 的提高也有积极的作用。缩小收入差距不仅从需求的角度促进生产率提升，而且从供给的角度对提高 R&D 投入的产出效率起到了相辅相成的作用。因此，采取切实有效的措施降低贫富差距对成功实现经济转型和可持续发展具有举足轻重的意义。

第六章 中国居民收入再分配意愿与个人所得税的影响

前面的分析表明，收入差距扩大在一定程度上抑制了中国的生产率提升，不利于长期可持续发展。鉴于中等收入阶段经济发展的阶段性、结构性特征，适当的收入分配演进路径可以推动内需与外需的交互促进，实现增长方式转变和人民福利改善的良性互动。因此，采取切实有效的措施降低贫富差距，成为亟待解决的问题。接下来我们将探讨中国居民收入再分配意愿和个人所得税对收入差距的影响。

第一节 中国居民的收入再分配意愿

本节利用微观调查数据中国综合社会调查（CGSS）的数据，分析 2003～2015 年中国收入再分配意愿的特征演变。基于再分配意愿的四大动机理论（经济利益动机、风险规避动机、公平信念动机和声誉理想动机）进行实证分析发现：2003～2015 年，中国居民的再分配意愿显示出了不同程度的改变，其中整体再分配意愿依然较高，女性的再分配意愿有所降低，甚至低于男性再分配意愿，农村居民的再分配意愿逐步增强，受教育程度越高的居民再分配意愿越低，低收入群体再分配需求在 2013 年首次低于中等收入群体的再分配需求，不同社会经济地位的居民中处于中等地位的人群成了支持再分配的主要力量，具有向上流动预期的居民再分配意愿稍高于向下流动性预期的居民意愿，传统的 POUM 假说无法解释该现象。由于中国居民的再分配意愿演变较为复杂，政府应该更加关注微观视角下的民意，制定更有针对性的再分配政策和构建合理的分配制度，通过"提高激励力度"来提高政策实施效率从而提升再分配对收入

收入分配演进对中等收入阶段生产率提升的影响机制研究

的调节作用,以期有效缩小收入差距。

一、研究中国居民收入再分配的意义

改革开放以来,经过40多年的快速发展,我国实现了中等偏上收入水平,同时伴随着收入差距的持续扩大。根据世界银行和我国国家统计局的调查数据,20世纪80年代初,我国的基尼系数为0.20左右,90年代初期上升到0.35左右,2000年之后的基尼系数始终高于国际公认的收入与差距"警戒线"(0.40),2008年达到最高点0.491,其后几年虽然有所回落,但依然高于0.46(汪良军和童波,2017)。袁方和史清华(2013)研究发现持续性的贫富差距引发了一系列的社会问题,降低了人们的幸福感,特别是低收入人群,甚至会提高犯罪率,不利于社会稳定,也会引发消费需求不足、企业投资乏力、出口结构低下等经济问题,不利于经济的持续发展。

结合前面章节的分析,处于中等收入阶段的中国面临刘易斯转折点的到来,经济增长的驱动力由劳动力、物质资本向人力资本和技术转变,与其他金砖国家发展实际情况对比可知,从供给的角度来看,为了跨越比较优势陷阱,中国迫切需要促进出口产品技术升级以维持可持续发展。从需求的角度而论,通过创造公平的竞争环境,扩大就业规模,降低财富的代际转移,保障改善民生等政策降低贫富差距,让本土消费者的需求升级成为出口产品质量提升的驱动力,有助于充分发挥国内"市场优势",调整并优化贸易结构,从而实现内需与外需的交互促进,经济增长方式转变和国民福利改善的和谐统一。也就是说控制收入差距比提高收入水平对于现阶段的中国提升生产率水平更具意义。

人力资源禀赋是生产率提升的关键因素,缩小收入差距也有利于国民受教育水平的提升,从而促进人力资本的积累。当前过高的收入差距不利于国内产业升级、出口技术升级,提升我国的生产率。而为缩小收入差距,政府最常用的手段之一就是收入再分配,税收是收入再分配的重要手段。但我国再分配政策的收入调节效应却并不尽如人意,杨永梅(2013)比较了我国2005~2011年居民税前和税后收入基尼系数,发现个人所得税的收入再分配效果非常不理想。杨晓梅、尹音频和吴菊(2015)基于2008年和2011年的自然实验数据,对我国个人所得税改革的收入再分配效应进行实证分析发现,两次个人所得税改革对调节收入分配都有正效应,2008年的收入再分配效应更加明显,2011年税收改革虽然显著缩小了单位间的收入差距,但是对缩小各阶层收入差距的作用不大。究其原因，刘煜（2018）认为主要与我国一直以来奉行"效率优先、兼顾公平"的收入分配制度原则有关，该制度没有对公平给出确切的定义，易陷入"平均主义"误区，同时"兼顾公平"，主观地将"公平"放在次要地位，造成了忽视公平的现象。

当前改革进入了攻坚期和深水区，我国社会面临一系列新的结构转换和体制改革任务，收入分配体制改革尤其关键。收入分配问题一直是我国经济社会发展的重点与热点问题，在我国经济发展进入新常态、处于第十三个五年规划期更是成为上下关注的焦点。"十三五"规划明确指出要缩小收入差距，调整居民收入分配格局，规范初次分配，加大再分配调节力度。为了能够制定更为科学合理的再分配政策，政府不能仅关注收入差距的硬指标如基尼系数，更应该从主观维度看待民众的再分配意愿，从微观视角关注再分配倾向、需求及其影响因素，这有利于了解民众对于收入再分配政策的接受程度，分析其动机和影响因素对政策决策有重要的参考意义。李清彬（2012）认为再分配在形式上是一种转移，在内容上是一种制度，在效果上是一种保障。宋晓梧认为，在二次分配方面，在不同群体之间、不同区域之间、城乡之间存在着逆向转移的趋势。这意味着不同地区居民的再分配意愿存在差异性，而缩小我国收入差距的走势和收入分配公平性如何，取决于收入分配制度改革的力度和收入再分配政策的力度，只有这样才能实现到2020年建立起公平合理的收入分配制度的目标。

越来越多的民主国家已经认识到选民的收入再分配意愿对国家的再分配政策能产生直接的影响，各国选民对税率和福利的不同组合意愿在很大程度上能够决定其收入再分配政策走向。因此，了解中国居民再分配意愿的特征演变有利于了解不同时期影响居民再分配意愿的主要因素，从微观视角为制定再分配政策提供了重要的参考。在充分了解居民再分配意愿的前提下，政府制定再分配政策更加具有针对性和可行性，有利于新时期下政府缩小居民收入差距，适应中等收入阶段中国经济发展的需要，从而为社会经济的持续健康发展创造良好的环境，影响微观层面的家庭效用最大化决策进而影响企业利润最大化的技术选择，作用于宏观层面的本国产业升级和出口技术提升，从而对生产效率产生积极的影响。

经济学从人类行为本身出发，从机械的经济人假设逐步探索人类行为决定模式，并从个体行为推演出整体的效应，这对于搭建宏微观直接联系，为宏观规律寻找微观基础来说是一个很好的突破口。

收入分配演进对中等收入阶段生产率提升的影响机制研究

二、居民收入再分配意愿的相关文献

(一)理论研究

早期对居民收入再分配意愿的研究带有较强的经济理性传统。基本的观点为给定税前收入,个体基于收入再分配政策带来的净收益大小做出支持或反对收入再分配决策。收入再分配的实质是将财富从富裕的人群(或地区、行业、部门、阶层等)转向贫穷的人群(或地区、行业、部门、阶层等),以缩小各种因素带来的收入差距。在自由放任型或政府干预型国家中都不同程度地存在收入再分配政策。政府需基于影响居民再分配意愿的主导因素来确定收入再分配比例和额度。理论上,个人支持再分配及程度大小取决于在一定约束条件下采取这种行为比其他行为能够产生更大的效用及效用增加的大小。现实中,收入再分配政策的制定与实施依据是人们的再分配意愿。因此,探讨居民收入再分配意愿的决定因素,对于收入再分配政策的制定及成功实施具有重要的参考价值。

直观的认知似乎表明,人们的收入再分配意愿与收入不平等程度正相关,收入差距越大则再分配力度应该越大,以有效缩小收入差距。在经典的静态政治经济学模型(MR模型)中,Meltzer和Richcard基于一次性转移支付和线性所得税假设研究发现选民的再分配意愿与其生产效率呈显著的负相关关系,即相对于富人而言,穷人的再分配意愿更强。MR模型探讨了社会经济地位在个体再分配意愿中的作用,但当穷人反对而富人支持再分配现象出现时,该模型无法对此现象给出合理的解释。Benabou构建了动态政治经济学模型(POUM假说),该模型在MR模型的基础上加入了收入流动性和未来收入预期因素,结果发现向上的流动性预期(prospect of upward mobility)能降低居民的再分配意愿。因此,具有向上流动预期的穷人会为了未来得益而不再支持再分配,具有向下流动预期的富人也可能会为了未来的财富转移而不再反对再分配。为穷人反对而富人支持再分配现象提供了一种合理的解释。

此后,大量的研究以MR模型和POUM假说为基础,探讨个体收入再分配意愿的影响因素。Ravallion和Lokshin基于俄罗斯居民的再分配意愿研究发现,社会弱势群体如女性、老人、低学历者及担心失业者具有更高的再分配意愿,预期收入会下降的居民有较强的收入再分配意愿,在富人阶层这一效应表现得更为明显。Alesina 和 La Ferrara 基于 1978～1991 年美国收入动态纵贯调查（PSID）和综合社会调查（GSS）数据，构造衡量收入流动性预期的客观指标进行研究，发现该指标与居民再分配意愿呈负相关关系，也验证了绝对收入水平与再分配意愿间的负相关关系。

然而，收入再分配政策的实施与收入不平等之间并不一定存在必然的联系。Fong（2001）发现尽管许多发展中国家的收入不平等程度较高，但人们对于再分配的意愿却低得多。Alesina 和 Angetetos（2005）指出美国的再分配政策力度比欧洲低得多，尽管美国的税前收入不平等程度显著高于欧洲很多国家。对于这一现象，自选择理论提供了一种解释：在居住地选择和不平等规避风险内生的情况下，税前收入差距过大会导致富人向政府再分配力度较小的地区转移，而穷人则向政府再分配力度较大的地区转移。这种人口转移趋势导致了富人区和穷人区的阶层分化，进而降低了不同阶层间的社会连带（social attachment）关系和富人向穷人进行转移支付的意愿，由此导致了税前收入越不平等则再分配力度越小的反常现象。因此，不能依据收入不平等作为衡量收入再分配意愿的主要指标。

进入 21 世纪，对个体再分配意愿的决定因素研究突破了经济学理性经济人的假定并开始转向社会学角度进行探讨。Alesina 和 Angeletos 将社会信念（social belief）引入分析模型，不同的信念和认知会导致差异化的再分配意愿，认为成功与回报取决于自身努力等内在因素的成员具有较低的再分配意愿；而认为成功与回报取决于种族、关系、运气等外在因素的成员则具有较高的再分配意愿。据此，该模型描述了再分配政策的多重均衡。后续研究表明，收入再分配意愿不仅受种族、性别、年龄和社会经济地位等个人特征的影响，而且也受政治意识形态、历史文化和公平观念的作用，包含七种基础性的因素：文化习俗、价值观念、父母教育、个人阅历、家庭组织结构、公平观念以及从众心理。还有研究表明，社会资本和个体间社会互动对社会成员的再分配意愿也起到不同程度的作用。

相比于国外的研究，国内学者对再分配意愿的研究起步较晚。国内最早研究再分配意愿的学者是马明德和陈福明，他们定量验证了 MR 模型与 POUM 假说在中国的适用性，指出我国居民的再分配意愿存在地区差异和单位差异。其后，李清彬（2011）通过对相关文献的归纳和提炼，提出再分配意愿的四大动机：经济利益动机、风险规避动机、公平信念动机以及声誉理想动机。四大动机理论从经济学和社会学的角度总结了再分配意愿的各种内在激励和诸多影响

收入分配演进对中等收入阶段生产率提升的影响机制研究

因素。作为本节实证部分的理论基础,接下来将对四大动机理论进行简单阐述。

1. 经济利益动机

即人们从自身经济利益的角度选择再分配,考虑这个举动带来的效应。这个动机因素把人们是否支持再分配完全放在经济利益的动机上,属于标准(狭义)的经济人框架。而收入水平是再分配意愿的重要影响因素,但需要注意的是,经济利益包括现期的,也包括未来预期的,需从动态的角度研究居民的再分配意愿。1973 年,Hirschman 的"隧道效应"(tunnel effect)强调流动性预期的重要作用。Piketty(1995)通过构造学习模型(learning model)研究了流动性预期与再分配意愿之间的关系,认为流动性预期是影响居民的再分配意愿的重要因素之一。在此基础上,Benabou 和 Ok(2001)的 POUM 假说有力地解释了低收入居民具有向上流动预期时将不再支持再分配。不少学者通过实证分析验证了流动性预期对收入再分配意愿的影响,Corneo 和 Gruner(2002)利用国际社会调查数据(ISSP)验证那些认为自己会比父辈更加富裕的居民具有更弱的再分配意愿。总体来说,流动性预期对于再分配意愿有较大影响。

2. 风险规避动机

正如前文提及,不少学者已经不再单纯考虑理性经济人的假设,Molnar 开始从社会契约(social contact)的角度来理解人们对于再分配政策的支持与否及支持程度,体现了利用社会保障实现风险规避的意愿,即为了获得更为确定的保障而放弃一部分自身权益。风险即未来的不确定性,这是比负向流动性预期更为严重的不确定性,而再分配提供了风险缓冲,使得人们在面对未知情境下做出是否签下契约的决定,也就是说,即使在不利的情况下支持再分配政策能够得到最低的生活保障,人们愿意为此承受较高的再分配税率。

由社会不平等引发的风险,体现为负的外部性和正的外部性。人们(尤其是富人)对这种负的外部性的规避会影响其再分配意愿。例如,由于教育存在外部性,收入差距越大会导致越多的人缺乏足够的收入来获取较高层次的教育,这引致教育环境的恶化,富人宁愿接受再分配让更多的穷人获得受教育机会以缓解教育不平等,自己也从中获益。又如,收入不平等引发的犯罪行为也使得富人为避免受危害而支持一定的再分配来缓解不平等状况,进而保护自己的权益。社会不平等在一定程度上也提供了正的外部性,表现为"激励效应":生产效率较高的人多劳多得,生产的积极性更高。然而社会不平等的负的外部性显著,实证研究中,衡量风险规避动机的指标主要有人们的流动性预期(确定还是不确定)、特殊经历(影响人们的风险意识)、就业状况(是否有各种保险,是否容易失业等)、健康状况等。总体上,风险规避动机对再分配意愿存在明显的影响。

3. 公平信念动机

人们对整体社会体系及收入来源公平与否的感知,在很大程度上影响着人们的再分配意愿。同时追求再分配的公平反过来又体现了人们对于社会公平的追求。这里公平与否取决于人们对成功依靠可控因素还是不可控因素的看法。机会均等时(通过社会流动性大小来表现),人们对公平的认同度较高,其再分配意愿就较小。如果机会不均等,一个人取得成就更多地依靠运气(如出生地点、父母的经济社会地位、关系等外在因素),而不是个人奋斗的结果,则人们对再分配的支持倾向也较大。然而学术界对"公平"的认定仍然没有一个较为确定的定义,本书参照 Alesina 和 Giuliano(2009)的总结,列明 4 种关于公平认知的观点:

(1)彻底的平均主义观点:要求社会的所有成员得到所有相同数量的商品,没有贫富差别。

(2)罗尔斯的观点:指政府在"无知之幕"原则下实施各类措施来平均化各个体的效用后的分配状况。

(3)效用最大化观点:要求社会所有成员的效用最大化,即支持蛋糕最大化。

(4)市场观点:纯粹由"看不见的手"——市场来决定的分配状况,政府不介入干预,市场的结果即公平结果。

显然,不同的公平认知会影响整体的再分配意愿,而持有不同观点的人在国家间和人群间的分布,也会影响整体的再分配意愿,从而对收入再分配政策产生影响。

4. 声誉理想动机

声誉理想动机是常说的"利他主义",通过组织中产生的"声誉"机制发挥作用。声誉理想动机可以提供激励,让人们遵守公共价值观,追求更高的社会地位而不只是经济利益(Corneo and Gruner, 2000; Corneo and Gruner, 2002)。声誉理想动机促使人们以所在团体利益为重,对组织忠诚,这会影响人们的再分配意愿,这种影响在较小团体更加明显。理想动机是指社会理想和政治理想对人们再分配意愿的影响。Gintis 发现人们对社会的认知并不仅停留在观点上,也表现在行动上,这是理想动机发挥的前提。如部分人为了维持社会的公平正义愿意不惜代价。他们明知预期收益未必能够补偿成本,但是仍然愿意花费比自身收益更大的成本去惩罚那些破坏群体规范的人。因此,不同人群的"强互惠人"程度会影响再分配意愿,社会中的"强互惠人"比例自然会影响整体的再分配意愿。在以往的研究中,通常采用党派或组织身份、宗教信仰等体现文化社会规范差异的指标来衡量声誉理想动机。有社会政治理想的人会权衡自我利益最大化与自己社会组织身份及理想,然后做出再分配意愿的决策。

四大动机理论从多个维度解释了人们做出再分配意愿时考虑的因素,是国内学者进行实证研究的重要依据,再分配意愿的诸多影响因素通过单独或综合的动机来发挥作用,以四大动机理论为基础,构建一个系统的框架,能够全面分析再分配意愿的作用机理,可以有效避免重要影响因素的遗漏,有助于解释不同时期影响居民再分配意愿的主导因素的差异,从而把握中国居民再分配意愿的特征演变。

(二)实证研究

这部分将总结国内学者实证研究中影响人们再分配意愿的主要因素,利用表格将主要的因素呈现出来。然而,必须认识到,以下所列出的影响因素难以清晰地与四大动机理论——对应起来,实证中一个因素可能通过多个动机途径来影响人们的再分配意愿,且不同因素之间容易存在相互关系而共同发挥作用,有时某些因素的影响更多地表现为经验问题,无法清晰地阐明与意愿之间的内在关系。

其中产生系统性影响的是身份特征因素,主要包括性别、年龄、种族、婚姻状况、党派、收入状况、社会经济地位。多数学者认为性别、年龄、种族和社会经济地位是主要影响因素,与其他身份特征产生交叉效应。其他影响因素包括教育水平、流动性预期、就业状况、对公平的认知、文化和社会规范、理想信仰和家庭结构的组织形式等等,具体的指标设置和一般结论如表6-1所示。

表6-1 影响中国居民再分配意愿的实证因素

影响因素	逻辑途径	通常指标	一般结论
性别	综合控制变量	男女虚拟变量	国内外学者实证数据表明,女性比男性更倾向于再分配
年龄	综合控制变量	年龄及年龄的平方	倒"U"形,再分配意愿随年龄先增加,后减小

第六章　中国居民收入再分配意愿与个人所得税的影响

续表

影响因素	逻辑途径	通常指标	一般结论
民族	综合控制变量	汉族设为对照组	汉族居民的意愿相对更低
户口	综合控制变量	农村户口和城镇户口的划分	农村户口的再分配意愿更低
教育水平	综合动机	受教育年限	教育程度越高，再分配意愿越低
社会经济地位	综合动机	将社会阶层划分等级	穷人更支持再分配
地区划分	综合影响	东中西部地区划分	中部地区意愿更弱些，与政策倾斜相关
就业状况	经济利益动机 风险规避动机	就业的行业职业类型	易失业的行业类型更支持再分配
健康状况	风险规避动机	健康等级、医疗费用	经常生病的人再分配意愿更高
流动性预期	经济利益动机 风险规避动机	问卷中对自己未来几年的预期判断或者回答父母的教育水平，家庭经济状况等来反映	向上（下）流动性预期减少（增加）再分配意愿
流动性经历	公平信念动机	年轻时的贫苦经历，失业经历，住院经历，宏观事件等	负面的经历对人们的再分配意愿有正向的作用
机会均等与否	公平信念动机	问卷回答；实验制度设计	不均等时人们的再分配意愿更高
收入和成功获得的因素认知	公平信念动机	问卷中对公平感知的回答	对公平程度认同越低意愿越高在公平观念中更加侧重市场观点
宗教信仰	声誉理想动机	问卷回答及家庭信仰背景	有诸如基督教和犹太教信仰的再分配意愿更高
党派倾向	声誉理想动机	党员与非党员身份的划分	党员的再分配意愿更低，与当前的国家政策一致
组织身份	声誉理想动机	问卷回答	对组织内部意愿更平均分配；对再分配的态度会考虑组织的利益而不只是个人利益

资料来源：作者根据李清彬的研究及中国学者的实证结论整理。

三、中国居民的收入再分配意愿回顾

收入再分配意愿是指民众对收入再分配的支持力度,其反映了民众对社会收入分配状况的满意程度。根据中国综合社会调查(CGSS)2003~2015年的数据进行分析发现,"同意"和"非常同意"应该从收入高的人那里征收更多的税来帮助穷人(即收入再分配)的居民比例始终高于73%(见图6-1)。由此可见,中国居民的再分配意愿普遍较高。

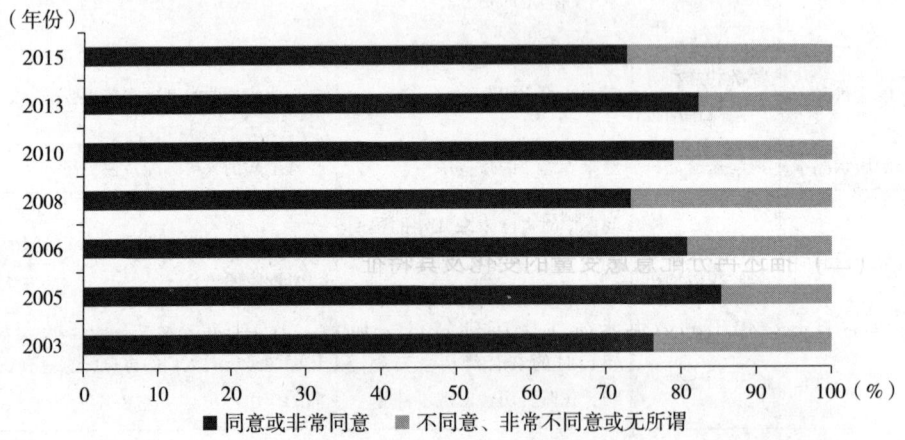

图6-1 中国居民再分配意愿

数据来源:根据CGSS计算整理。

该现象也可以从一些社会调查和学术研究中得到验证。国内的研究主要基于对2005年和2006年的中国综合社会调查数据进行实证,得到的结论主要是反映过去十几年中国居民对收入再分配意愿的特征,存在时滞性。本书在对国内研究成果进行分类总结的基础上展开研究。

(一)国内针对居民再分配意愿的研究总结

第一,中国社科院调查显示,民众高度关注收入分配问题。2000年和2001年认同"贫富悬殊是影响当地社会稳定的主要因素"的城市居民分别占比71.6%和64.5%;2005年,91%的被调查者关注收入差距扩大和社会分配不公平的问题。汝信的调查发现,2008~2010年,"贫富分化"一直是城镇居民关注的八大社会问题之一。

第二,胡联合等学者的研究表明,收入差距悬殊基本成为民众的共识。2001年认为当前收入差距拉大"勉强可以接受"或"完全可以接受"的被调查者只占19.7%,其余的80.3%则"完全不能接受"或持消极或中性态度(汝信等,2002);2001年,高达71.6%的被调查者认为"收入差距太大"。怀默霆通过研究民众看待社会不平等时发现,2004年70%以上的居民认为全国范围内的收入差距"有些大"或"太大"。

第三,不少学术研究发现,中国收入差距的持续扩大导致了一系列社会福利代价,诸如居民消费不振、犯罪率提高(胡联合等,2005)、相对剥夺感的上升和主观幸福感的下降(何立新和潘春阳,2011)。

上述研究反映了中国居民对收入分配现状的不满,本书在于探讨什么特征的居民倾向于更高的收入再分配意愿,在中国经济发展的近十几年,居民的再分配意愿是否随经济转型出现了大的变化,进而为进一步探讨什么原因诱发这样的改变做研究准备。

(二) 描述再分配意愿变量的变化及其特征

本书主要利用的数据来源于中国综合社会调查。中国综合社会调查的主要目的是了解改革开放以来,中国居民的就业、教育、社会关系、生活方式和生活环境等方面的状况。针对多年的数据,本书结合四大动机理论中提及的相应变量,选取了性别、收入、流动性预期、社会经济地位和社会公平认知五个方面描述10多年中国居民的再分配意愿变化的大体特征,考察居民再分配动机理论对于当下中国的变化是否仍然具有解释能力。

1. 性别和再分配意愿的变化

在我国,女性支持再分配的意愿程度稍高于男性,符合规避风险动机。由图6-2可知,女性和男性的再分配意愿开始趋同,甚至出现了女性低于男性的情况,体现了女性再分配意愿已经发生较大改变。利用上述动机理论解释为女性在风险规避、公平信念和声誉理想动机与男性具有较大差异。

2. 收入水平与再分配意愿的变化

由图6-3可知,从收入层次看待居民再分配意愿可以发现,不同收入层次的居民近年来对于再分配的意愿存在比较明显的上升趋势。同时,低收入人群的再分配需求出现了先下降后上升的趋势,且与中等收入人群相比,诉求相对低一些。这说明在当代中国的转型背景下,社会群体的心态变化是微妙

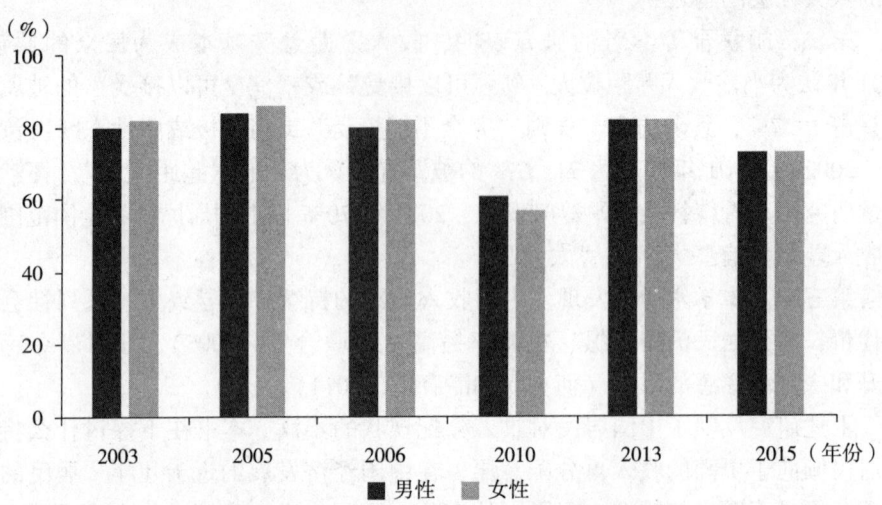

图 6-2 同意再分配中的性别分布情况

数据来源：根据 CGSS 计算整理。

的。市场化的改革使得人们的分配观从"平均原则"过渡到"应得原则"，随着改革的不断发展，市场化意识在中国群体中的普及和深入会部分缓解人们的再分配需求。

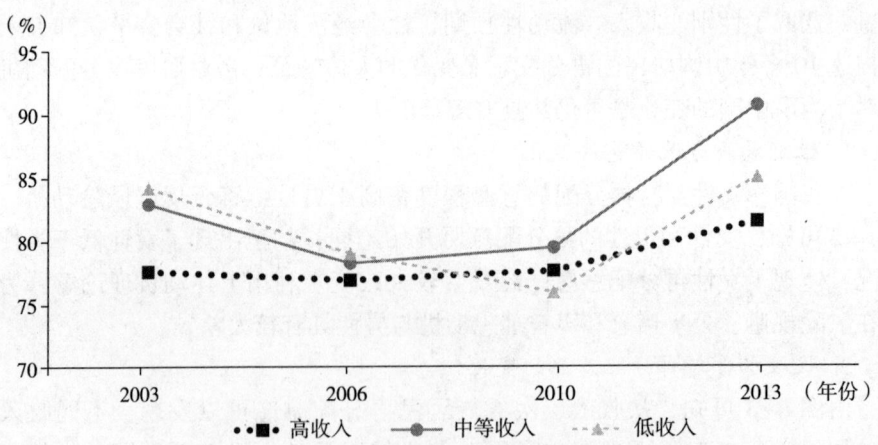

图 6-3 不同收入层次的居民同意再分配的变化情况

数据来源：根据 CGSS 计算整理。

3. 流动性预期与再分配意愿的变化

考虑收入的动态变化时，个体向上或向下的收入流动性预期成为影响人们对再分配政策态度的中心因素。从图6-4可以看出，具有向下流动预期的居民拥有较高的再分配需求，处于上升预期的居民表现出了较低的再分配意愿，这也体现了居民的规避风险动机。而在2013年，该现象出现了变化，具有向下流动预期的居民的再分配意愿比例首次低于具有向上流动预期的居民再分配意愿比例，且2015年出现了继续下降的结果，说明流动性预期的影响机制可能有更为复杂的因素在发挥作用。受限于本书作者的研究水平，对于该变化尚未找到较为合理的理论进行解析，有待进一步研究。

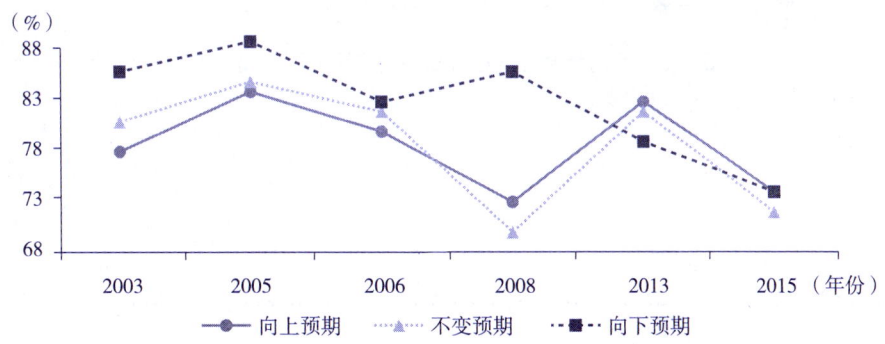

图6-4 不同流动性预期居民同意再分配的情况变化

数据来源：根据CGSS计算整理。

4. 社会经济地位与再分配意愿的变化

与同辈群体比较，社会经济地位更低会增加对再分配政策的诉求，经济地位较高者的再分配意愿相对较低，由图6-5可知，不同社会经济地位群体的再分配意愿整体趋势相同，再分配意愿呈现出先上升后下降再上升的趋势。

5. 社会公平认知和再分配意愿的变化

CGSS问卷对于社会公平认知问题的设置，不同年份之间存在一定的差异，本书为方便起见，剔除了2003年的数据，因为其问题选项只有"公平"和"不公平"两项，不利于与其他年份进行直观的比较。由图6-6中数据的变化趋势可以看出，2005年居民再分配的意愿普遍较高，随后年份人们的再分配意愿出现波动，总体情况为先下降后上升再下降。人们对总体社会公平的感知是影响人们再分配需求的重要因素。马明德认为，当居民认为当前社会不公平时，

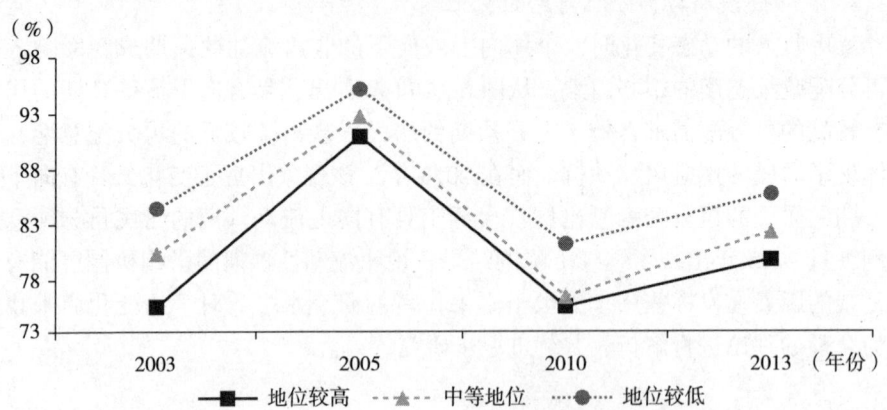

图 6-5 不同社会经济地位居民同意再分配的情况变化

数据来源：根据 CGSS 计算整理。

对再分配的需求就高，反之就低。图 6-6 中数据和该看法有一定的偏差，具有不同社会公平认知的居民再分配意愿没有特别明显的差别，只是在不同年份表现出了较大差异。同时整体而言，认为社会非常公平和认为社会非常不公平的人群的再分配意愿较高，持中立态度的人群，他们的再分配意愿相对来说是最低的。

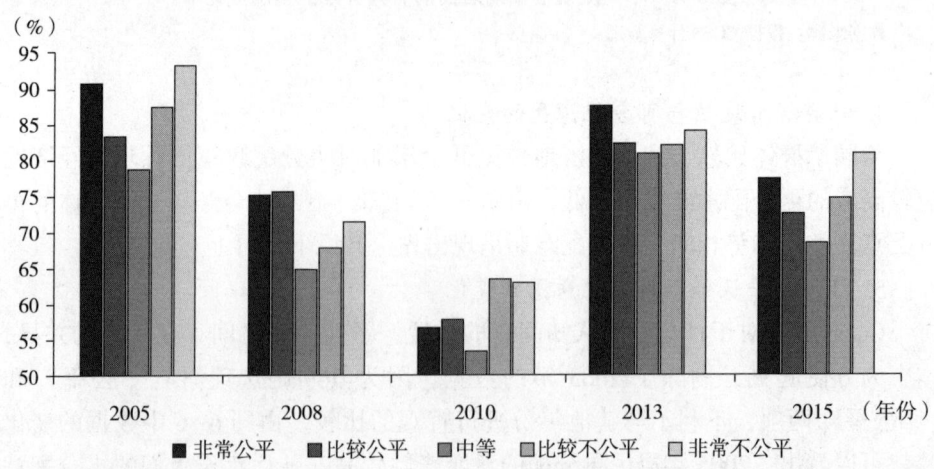

图 6-6 不同社会公平认知的居民同意再分配变化情况

数据来源：根据 CGSS 计算整理。

综合上述分析可以知道，在中国经济转型过程中，不同身份特征的居民的再分配意愿变化的趋势和程度存在较大的差异。总体而言，居民的再分配意愿总体处在较高水平，从可得数据处理的结果来看具有先增加后下降再上升的趋势。而女性的再分配意愿开始出现低于男性的情况，收入水平较低的群体也始终存在更高的再分配意愿，具有向下流动预期的居民表现出了和往年研究不太一致的变化，并不是具有向下流动预期的居民的再分配意愿更高，值得探讨。处在较低社会地位的人同时会伴随着较低的收入，故其再分配需求规律性地表现更高，但近年来该现象也出现了变化，具有不同社会公平认知的居民总体上具有相同的再分配意愿。以上这些发现也对下文要进行的实证分析给予了一定的启发，在设置模型时，必须要考虑每个因素的作用力不一定是同方向的，同时还要考虑因时因地的具体特征，实际研究中还应注意所得结论的局限性。

四、中国居民的收入再分配意愿实证分析

（一）再分配意愿指标的选取

本书实证部分数据来源于中国综合社会调查调查 CGSS2003～2015 年（CGSS2003、CGSS2006、CGSS2010、CGSS2013、CGSS2015）进行调查得到的数据。在样本处理方面，本书剔除了对问题不做回答或者回答不符合要求的数据，诸如剔除再分配意愿变量的无效样本，即对"应该从收入高的人那里征更多的税来帮助穷人"问题不予回答的样本。

以下将对被解释变量、控制变量和依照四大动机框架选定的变量进行说明。本书依据以下几个规则来选取影响因素的指标：①依据四大动机理论框架，建立反映动机的指标。②通过比较以往研究中不同学者使用的指标的有效性，对指标的选取进行相应的修正和完善，结合相关系数分析，去掉具有强烈共线性而非必要的变量。③根据不同年份问卷设置的情况，最大限度地保持不同年份之间变量的一致性，用比较分析的方法得出相应问题对应的指标。

1. 再分配意愿指标的选取

问卷调查中反映人们再分配意愿的问题有"是否同意应该从有钱人那里征收更多的税来帮助穷人？" 1~5 分别表示非常不同意、不同意、无所谓、同意和非常同意。沿用既往使用调查数据对人们的再分配意愿进行的实证研究的惯例

(Fong, 2001; Corneo and Gruner, 2002; Alesina and Giuliano, 2009; 马明德和陈福平, 2010; 潘春阳和何立新, 2011; 李清彬, 2012), 本书以此作为人们再分配意愿的代理变量, 去掉未对问题作答的样本缺失值后进行回归分析, 从 1 到 5, 数值越大表明人们更支持再分配。

2. 控制变量的选取

本书的主要控制变量在于身份特征, 身份特征中影响到再分配意愿的主要有性别、年龄、民族、婚姻状况、户籍、健康状况、受教育水平、样本所处区域等。其中"是否汉族"的指标设立是为了检验中国少数民族政策是否会影响人们的再分配意愿; 城乡二元制的户籍制度在一定程度上限制了城乡间的流动性, 影响居民福利, 关系到四大动机的表现; 中东西部地区的划分则主要考虑区域经济发展不平衡可能会带来意愿差异。

3. 四大动机理论对应变量的选取

经济利益动机中, 主要使用受访者的家庭收入、对社会经济地位的认知、流动性预期表示。其中, 人们的流动性预期分为以下三种: 向上预期、向下预期和不变预期。为了检验 POUM 假说, 本书以向下预期为基准, 将其余两种预期加入回归分析。

风险规避动机中, 使用为避免失业而学习新技能、职业技能的专门性来表示。学习新技能体现了人们规避和消除风险的动机, 而职业技能的专门性越高, 越难以在失业后找到新工作, 但其实他们较普通人而言失业概率更低, 风险的影响是两方面的。

公平信念动机的指标包含人们对贫富差距是否能调动工作积极性的看法、社会总体的公平程度以及对成功归因, 由于部分年份没有对贫富差距进行提问, 作者用对个人收入的满意程度代替了该变量。认为贫富差距有助于提高积极性的人通常支持市场经济中的差距, 认为社会公平的人也更愿意接受再分配, 而将成功归于外因的人则更希望通过再分配达到收入的调节。

声誉理想动机采用两个指标: 是否为党员、是否有宗教信仰。党员身份是声誉理想动机的重要变量, 在实证中更多地表现为经验问题。在宗教信仰方面, 不对具体的宗教进行区分, 而是以有无信仰作为标准。

4. 计量模型和变量的描述性统计

参照上述提及学者的相关研究, 为了考察在其他因素不变的情况下单个因素的影响, 我们建立多元回归模型, 来考察影响居民对再分配态度的因素, 本书所选取的变量指标均与上述理论动机相关。实证的结果参照从单个动机检验到综合因素检验的思路进行，依次考察身份特征对再分配意愿的影响、四大动机的影响和综合因素的影响。其中，在对四大动机考察的过程中也注重身份特征的控制变量的一致，最后按照年份的顺序对四大动机下的居民再分配意愿进行说明，探究随着年份变化的同时，居民的再分配意愿是否也出现相应的改变。

由于被解释变量为顺序离散随机变量，本书采用 ordered logit 回归。以潜变量形式描述如下：

$$R = X\beta + \varepsilon \tag{6-1}$$

R 为居民对再分配政策的支持程度，取值 1~5 表示依次从"非常不同意"到"非常同意"。X 为影响居民对再分配政策的数据矩阵，β 为斜率系数，由于年份较多，考虑篇幅问题，正文部分仅将 2015 年的变量描述和综合的实证结果进行介绍，变量的描述性统计如表 6-2 所示。

表 6-2 变量的描述性统计（CGSS2015 个数：7078）

变量	变量描述	最小值	最大值	均值	标准差
再分配意愿	1~5 分别表示低到高	1	5	3.78	0.93
性别	1 表示女，0 表示男	0	1	0.53	0.50
年龄	岁	18	95	50.12	16.61
户口状况	1 表示农村户口，0 表示城镇户口	0	1	0.68	0.47
民族	1 表示汉族，0 表示少数民族	0	1	0.92	0.27
政治面貌	1 表示党员，0 表示其他	0	1	0.09	0.28
宗教信仰	1 表示有宗教信仰，0 表示没有	0	1	0.11	0.31
婚姻状况	1 表示未婚，0 表示其他	0	1	0.10	0.30
自评健康状况	1 表示非常满意，4 表示非常不满意	1	4	1.62	0.86
受教育程度	见注释	0	17	7.38	3.75
自评社会经济地位	1 表示高层，3 表示底层	1	3	2.30	0.54
流动性预期	分别设置 2 个变量表示上升和差不多	0	1	0.11	0.31
社会公平认知	1 表示不公平，5 表示非常、公平	1	5	2.79	1.00
个人收入水平	月收入取对数	0	16.1	7.99	3.81

续表

变量	变量描述	最小值	最大值	均值	标准差
机会不平等认知	问题中：对后代的机会均等的态度进行区分，认同度高设为1，程度下降数值上升	1	5	3.53	1.07
收入差距公平认知	问题中：对收入差距是否有利于调动积极性的回答区分，认同度高设为1，程度下降数值上升	1	5	3.51	1.04

注：变量选择的解析：再分配意愿：1表示非常不同意，2表示不同意，3表示无所谓，4表示同意，5表示非常同意；政治面貌：1表示党派成员，包括共产党党员、民主党派和共青团员，0表示群众；婚姻状况：1表示未婚，具体包括从未结过婚、离婚、丧偶，0表示已婚，包括已婚有配偶、同居、分居；教育年限：根据学历对应的在校年份进行区别；流动性预期的确定在问题"和三年前相比，您的社会经济地位发生了什么变化？"中确定，以以往的流动方向作为流动性预期的变量。由于中国综合社会调查问卷的设置的问题每年都会有变动，无法保证通过样本数据处理得到本书所需的所有变量。因此，根据实际情况，如果该年问卷中某些变量缺失，则动机理论中某些动机无法得到检验，为了能够得到一个较为准确的结果，本书做了如下的设置：要么能够找到可以替代影响因素的其他问题，要么直接不对缺失动机进行考察。

（二）再分配意愿影响因素的实证结果

身份特征影响再分配意愿一般是综合性的，其中包含四大动机发挥的作用（见表6-3）。考虑到篇幅问题，将着重分析显著性较高且影响大的变量的变化。本次实证的结果和以往的发现稍有不同，女性再分配意愿在2010年和2013年出现系数为负的结果，这与前面数据分析的结果吻合，说明女性的再分配意愿随着社会变迁发生了更大幅度的变化，但本书中关于性别这个变量的实证结果显著性都不算高，结果不是稳健的，需要进一步探讨性别变量对意愿的影响。

表6-3 身份特征

变量	2003年	2006年	2010年	2013年	2015年
female	0.043	0.017	−0.049	−0.036	0.001
age	0.080***	—	0.043**	0.017**	0.036***
age^2	−0.001***	—	0.000***	0.001	0.001
han	−0.205	0.173	0.056	−0.035	−0.12

续表

变量	2003 年	2006 年	2010 年	2013 年	2015 年
unmarried	0.261**	-0.004	-0.041	-0.08	0.042
health	—	0.015	-0.001	0.017	-0.001
edu	-0.037***	-0.001	-0.001	-0.022***	-0.003
rural	-0.049	-0.016	-0.156***	0.101**	0.097
central-China	-0.014	0.151**	-0.022	-0.141***	0.003
western-China	-0.203**	0.109	-0.094***	-0.212***	0.002
income	-0.012	-0.012	0.010**	-0.025***	-0.003
status	0.01	0.116***	0.100***	0.086***	0.1
cut1	0.603	-1.27	-0.139	-0.647	-1.23
cut2	—	-0.191	0.699	—	0.001
cut3	—	1.232	1.299	—	0.522
cut4	—	—	2.365	—	2.008
样本量	1980	1188	8167	6497	7078

注：cut 值是指对待再分配意愿的态度区分时估计阈值 μ，由于不同年份的调查问卷所提的问题选项有所不同，我们在对不同年份的数据进行估计时所用到的 cut 值也有所不同。cut1 表示同意和不同意的区分，cut1、cut2 和 cut3 则是非常同意、同意、不同意、非常不同意的区分，cut1、cut2、cut3 和 cut4 则是非常、同意、无所谓、不同意和非常不同意的区分；***、**、* 分别表示在 1%、5%、10%的水平上显著；由于篇幅有限，省去了稳健标准差，下同。

年龄与再分配意愿的关系更加复杂，根据倒"U"形理论，本书按照马明德、陈福平（2010）的方法加入了平方项进行回归，验证了倒"U"形理论，在统计上也相对显著。进一步地计算分析得出，居民的再分配意愿最高时出现在 55~65 岁，超过这个年龄段意愿逐步下降。

教育程度低的人更支持再分配，同时与教育密切相关的收入水平变量也显示了较常见的结论：穷人更支持再分配，因为受教育程度越高，通过教育改善生活水平的可能性就越大，从而可以获得更高且更稳定的工资收入，因此对再分配的支持程度就越低。

作为中国特色的城乡二元制户籍对再分配意愿的影响也是比较特殊的，本书得到的结果和目前主流的研究观点一致：城镇居民的再分配意愿高于农村户口,但在2013年之后,该变量的系数发生了改变。根据怀默霆(2009)的研究结果可知,早年间农村居民特别是从事农业的农民相对于城市居民而言,他们不认为当前的情况不过分,而是相对公平的;同时城乡居民对政府再分配态度的差异可能是公平观念现代化程度不同,城镇居民在再分配中得到的益处相对来说更高些,也导致了城镇居民具有更高的支持再分配的倾向。农村居民再分配意愿意识的增强,反映出上述理论的解释力度开始削弱。

社会经济地位越高,人们的再分配倾向越高,总体而言,经济地位变量有较高的显著性,和以往的研究结果保持了一致性。

1. 经济利益动机与再分配意愿

在保留身份特征的基础上,分别加入表示经济利益动机的两个层面的变量,包括人们对当下家庭收入的权衡(family income)和对未来预期(mobility)的考量。可以发现,加入变量后模型中其他身份特征与再分配意愿的关系并没有改变,个人现期收入越高时,支持再分配的程度就越低,但家庭收入越高时,相对来说再分配的意愿会略高些。而考察预期变化时,具有向上流动预期的居民的意愿系数为正,与POUM假说出现了偏差,不过变量的显著性不高,而认为未来收入不变的居民则较具有向上流动预期的居民有着更低的再分配意愿,这样的结果显示了居民的保守心态,而处在向上预期中的居民则更多地表现出了对未来经济收入增长的信心,即在可预见的收入增长预期中,强大的经济活力促使人们更乐于接受再分配(见表6-4)。

表6-4 经济利益动机

变量	2003年	2006年	2013年	2015年
female	0.04	0.019	-0.029	0.003
age	0.082***	—	0.016**	0.036***
age^2	-0.001***	—	0.001	0.000***
han	-0.207	0.163	-0.031	-0.119**
unmarried	0.266**	0.009	-0.1	0.041
health	—	0.023	0.015	-0.002
edu	-0.038***	-0.001	-0.019***	-0.003
rural	-0.048	-0.022	0.055	0.097***
central-China	-0.011	0.148**	-0.168***	-0.002

续表

变量	2003 年	2006 年	2013 年	2015 年
western-China	-0.201**	0.099	-0.234***	0.001
income	-0.015	-0.013	-0.018***	-0.006
status	0.01	0.123**	0.092***	0.105***
family income	0.012	—	-0.076***	0.005
upward mobility	0.015	0.074	0.257***	-0.01
same mobility	—	-0.041	-0.178***	-0.077*
cut1	0.717	-1.252	-1.225	-1.255
cut2	—	-0.173	—	-0.026
cut3	—	1.252	—	0.496
cut4	—	—	—	1.983
样本量	1980	1188	6497	7078

2. 风险规避动机与再分配意愿

和前文的操作一样，控制身份特征后，加入代表风险规避的变量，诸如对工作所需技能的掌握是否超过一年？或者是否愿意为了不失业而去学习一项有新技能的工作等。值得说明的是，由于部门年份的问卷并没有对该变量设置相应的问题，进行实证时选取了 2003 年、2006 年和 2015 年的数据，说服力受到一定的削弱。通过实证发现对 2015 年数据进行实证时，身份特征中未婚变量的系数由正变为负，说明在考虑工作面临的失业风险时，未婚居民表现出了较为乐观的态度，即风险规避心理不是特别强。这与大部分研究保持了一致性。成立家庭后的居民需要更加综合地看待就业问题，因此也难以承受失业带来的变动。而需要专门技能的指标对再分配意愿是负向影响，显著性较高，说明那些掌握专门技能（skill）的人通常具有较高的收入，工作也相对稳定，失业的风险是相对较小的，因此再分配意愿较低（见表 6-5）。

表 6-5 风险规避动机

变量	2003 年	2006 年	2015 年
female	0.054	0.022	0.086

续表

变量	2003年	2006年	2015年
age	0.083***	—	-0.013
age^2	-0.001***	—	0.001
han	-0.213	0.206	-0.440**
unmarried	0.267**	-0.094	-0.033
health	—	0.008	-0.033
edu	-0.039***	0.012	-0.007
rural	-0.055	0.004	0.108
central-China	-0.019	0.142**	-0.078
western-China	-0.220**	0.175**	-0.084
income	-0.013	-0.018	0.034
status	0.01	0.106***	0.024
skill	-0.128*	-0.304**	-0.194***
cut1	0.663	-1.347	-3.032
cut2	—	-0.252	-1.385
cut3	—	1.155	-0.831
cut4	—	—	0.631
样本量	1980	987	418

3. 公平信念动机与再分配意愿

控制身份特征加入对公平信念看法的因素有对社会总体公平的认知（socialfair）、对收入差距的存在是否公平认知（accept income gap）、对成功归因（extrinsic factors for success）来考察公平信念对再分配的影响。实证结果中有趣的是身份特征中，女性变得不再那么支持再分配，不同于处于规避风险动机中对再分配的高意愿，女性基于公平认知下意愿发生了较大程度的转变，印证了不同动机的作用机制不同的假设。作者认为这是社会观念的一个转变，女性独立意识的增强让她们倾向于通过自己的努力获得经济独立，而不再过度依靠丈夫；户口变量中，农村户口居民较以往更加支持再分配，这和控制身份特征下的实证结果保持了一致性，且显著性较强。公平信念中，如果认为社会相对公平的话，2010 年前人们的再分配意愿不高，2013 年后看到该变量对再分配意愿的影响由负变为正，认为收入差距是公平的居民也表现出了较强的再分配意愿，反映出随着时代的变迁，人们即使认为社会总体不公平时也未必会有更强的再分配意愿。但由于个人的学术水平有限，未能找到很好的理论来进行阐释。另外如果认为一个人的成就更多地依赖于不可控因素时也更加愿意支持再分配（见表 6-6）。

表 6-6　公平信念动机

变量	2003 年	2006 年	2010 年	2013 年	2015 年
$female$	0.031	-0.015	-0.050**	-0.042	-0.003
age	0.076***	—	0.042***	0.017**	0.036***
age^2	-0.001***	—	0.000***	0.001	0.000***
han	-0.219	0.153	0.049	-0.034	-0.130***
$unmarried$	0.252**	0.001	-0.039	-0.076	0.053
$health$	—	0.02	-0.009	0.021	-0.008
edu	-0.035**	0.002	-0.001	-0.022***	-0.001
$rural$	-0.019	-0.011	-0.138***	0.102***	0.092***
$central\text{-}China$	-0.003	0.127*	-0.021	-0.140***	0.004
$western\text{-}China$	-0.194	0.085	-0.072**	-0.211***	-0.009
$income$	-0.013	-0.013***	0.011**	-0.025***	-0.004
$status$	0.011	0.117	0.071***	0.081**	0.091***
$socialfair$	-0.281***	—	-0.047***	0.021	0.095***
$accept\ income\ gap$	—	0.107***	0.049***	—	0.026*
$extrinsic\ factors\ for\ success$	—	0.134**	0.045***	—	—
$cut1$	0.261	0.135*	-0.119	-0.432	-1.297
$cut2$	—	-0.906	0.724	—	-0.059
$cut3$	—	0.184	1.327	—	0.468
$cut4$	—	1.62	2.398	—	1.975
样本量	1980	1188	8167	6497	7078

4. 声誉理想动机与再分配意愿

控制身份特征变量后加入反映声誉理想动机的变量：宗教信仰（belief）和政治面貌（party），结果显示宗教信仰负向影响人们的再分配倾向，实证结果与李清彬的研究结论一致，这与人们对宗教信仰者的常有看法不一致：通常认为具有宗教信仰的人会更大程度支持再分配，在此本书结合宗教信仰的观点给出一些看法，宗教信仰者会更注重内心的追求，对通过再分配达到收入的平等的欲望不强烈，作为对个人理想而言则不需要通过再分配得到收入的调整，对社会公平的追求更多表现为非物质层面上关注人性、服务社会。党员身份对再分配的意愿影响总体呈现出由负转为正的趋势，说明党员的再分配需求逐步增强，而早些年份中意愿更多是与国家政策一致的，但需要注意的是该变量的显著程度不高，不具有很高的说服力（见表6-7）。

表6-7 声誉理想动机

变量	2003年	2006年	2010年	2013年	2015年
female	0.041	0.009	-0.048**	-0.036	0.001
age	0.080***	—	0.043***	0.016**	0.037***
age^2	-0.001***	—	0.000***	0.001	0.000***
han	-0.204	0.131	0.055	-0.058	-0.101*
unmarried	0.259**	-0.002	-0.041	-0.079	0.041
health	—	0.017	-0.001	0.018	-0.001
edu	-0.036***	-0.001	-0.001	-0.022***	-0.004
rural	-0.049	-0.031**	-0.156***	0.097**	0.100***
central-China	-0.013	0.14	-0.022	-0.141***	0.004
western-China	-0.201**	0.106	-0.095***	-0.210***	0.002
income	-0.012	-0.013	0.010**	-0.025***	-0.003
status	0.01	0.110***	0.100***	0.083**	0.103***
belif	—	-0.183**	-0.005	-0.078	—
party	-0.022	-0.117	0.01	-0.046	0.043
cut1	0.612	-1.41	-0.138	-0.696	-1.185
cut2	—	-0.326	0.7	—	0.045

续表

变量	2003 年	2006 年	2010 年	2013 年	2015 年
cut3	—	1.099	1.3	—	0.567
cut4	—	—	2.367	—	2.054
样本量	1980	1188	8167	6497	7078

5. 综合变量的实证结果

基于身份特征的基础上,将四大动机所代表的变量综合在一起进行实证,对比前面5个模型的实证结果可以发现,某些原本显著的因素在综合的结果中变得不再显著,甚至系数也发生了较大变化(例如 age^2),这里反映的问题是考虑的控制变量过多容易使各个动机指标间的交叉作用明显,从而无法解释变量在单独检验时的作用了,这在一定程度上说明了并非变量越多越能解释居民的再分配意愿,必须找出关键指标,排除指标间的相互影响,提高模型的稳健性。当然这也说明了单独检验动机的合理性,再一次印证了四大动机理论的解释能力(见表6-8)。

表6-8 综合变量实证结果

变量	2003 年	2006 年	2010 年	2013 年	2015 年
female	0.036	−0.007	−0.049**	−0.014	0.067
age	0.081***	—	0.042***	0.013	−0.007
age^2	−0.001***	—	0.000***	0.001	0.001
han	−0.227	0.133	0.047	−0.051	−0.438*
unmarried	0.261**	−0.069	−0.039	−0.096	−0.025
health	—	0.025	−0.009	0.023	−0.044
edu	−0.038***	0.01	−0.001	−0.019***	0.001
rural	−0.025	−0.004	−0.137***	0.066	0.073
central-China	−0.005	0.102	−0.022	−0.161***	−0.115
western-China	−0.207**	0.133	−0.073**	−0.238***	−0.102
income	−0.016	−0.022*	0.011**	−0.004	0.072*
status	0.011	0.102**	0.072***	0.085**	−0.009

续表

变量	2003 年	2006 年	2010 年	2013 年	2015 年
family income	0.01	—	—	-0.088***	-0.052
upward mobility	0.036	0.016	—	0.251***	-0.298
same mobility	—	-0.074	—	0.180***	-0.401*
skill	0.118	-0.288**	—	—	-0.201***
socialfair	-0.281***	—	-0.048***	0.026	0.124**
accept income gap	—	0.133***	0.048***	-0.057	-0.032
chance	-0.095	—	—	0.221***	-0.114**
extrinsic factors for success	—	0.139*	0.010***	—	—
belief	—	-0.239**	-0.005	-0.072	—
party	-0.025	-0.098	0.019	-0.043	-0.011
cut1	0.441	-1.097	-0.115	-1.087	-3.409
cut2	—	0.021	0.728	—	-1.756
cut3	—	1.452	1.33	—	-1.193
cut4	—	—	2.402	—	0.302
样本量	1980	987	8167	6478	418

五、结论与启示

本节利用 CGSS 数据，从个人对收入再分配的态度角度切入考察收入分配问题，试图探究在中国经济转型阶段居民收入再分配态度是否出现了较大的变化，通过比较分析总结居民再分配意愿的变化特征，希冀能够为未来的政策制定提供实证层面的依据，为处理收入再分配问题、制定再分配政策提供有益的启示，从而提高再分配对收入的调节作用，缩小收入差距，为促进家庭教育投资从而影响人力资本积累创造一个更为适宜的条件，也能间接影响需求层次和产业结构从而作用于生产率提升。民众的收入再分配意愿也从侧面反映了当前我国税收制度推行的实际效果，对于下节深入探讨我国的个人所得税对收入分配的影响提供了微观层面的依据。

(一) 不同时间截面下居民再分配意愿的比较

在中国经济转型过程中，不同身份特征的居民的再分配意愿变化的趋势和程度存在较大的差异。居民的再分配意愿总体仍处在较高水平，从可得数据处理的结果来看，居民的再分配意愿出现先增加后下降再上升的趋势。

总体而言，早年女性的再分配倾向略高于男性，但近几年女性的意愿出现了下降趋势，显示出观念转变，依据传统的规避风险动机无法完全解释这个现象，作者认为这主要是因为女性独立意识的不断增强，导致她们对于进出劳动市场的忧虑有所降低。年龄特征依然符合倒"U"形理论，居民的再分配意愿随着年龄的增加而增加，到达一定的年龄阶段后再分配意愿逐渐下降，年龄阶段集中在55~65岁。受教育程度高，相对的居民收入也更高些，个人的社会经济地位也更高，这类居民的再分配意愿较低。农村户口的居民近年来的再分配意愿逐步增强；地区变量中，相对于东部地区而言，西部地区居民的再分配意愿较弱，中部地区相对来说意愿强一些。

(二) 不同动机理论下影响居民的再分配意愿比较

经济利益动机：考虑现期家庭收入水平的情况下，居民的再分配意愿会高些，而具有向上流动预期的居民表现出了和往年研究不太一致的变化，并不是具有向上流动预期的居民再分配意愿更低，与传统的POUM假说有一定的差异，值得日后继续探讨。具有向上流动性预期的居民较收入预期不变的居民的意愿更高，作者认为这体现了他们对中国经济的乐观态度，并且乐于接受再分配。

风险规避动机：加入技能专门化指标后2015年实证中未婚居民再分配意愿的系数由正变为负，其他动机模型中该系数均保持了正的系数。这说明考虑失业风险的时候，未婚居民更加乐观，意愿更低。掌握专门性技能的居民失业风险较低，再分配意愿更低，在年份间没有明显的变化。

公平信念动机：女性的再分配意愿随着对社会公平认知的改变而逐步减弱，作者认为这是性别平等观念不断深入人心的结果，同时这也印证了不同动机作用机制不同的假设。农村居民也逐步增强了再分配的意愿，同时不同社会公平认知的居民近年来对再分配的态度出现了一定程度的改变，认为社会不公平程度越高的居民未必会有更高的再分配倾向，但将成功归于外因的居民依旧存在较高的再分配意愿。

声誉理想动机：拥有宗教信仰的居民再分配意愿系数为负，与人们的主观认识存在偏差，可能的原因是宗教信仰者对于个人理想和"利他主义"的追求不是物质层面的。党员身份变量的系数近年来发生了由负变为正的改变，受限于本人的学术水平，无法找到合理的解释。

总体而言，四大动机理论在实证过程中都得到了一定程度的印证，但随着时代的变迁，影响人们再分配意愿的因素也变得更为复杂，部分理论的解释能力出现了一定程度的下降，这启示我们在关注问题的时候，必须用一种全面的发展的眼光去看待问题，不断地修正理论和模型，为更好地解释中国居民的再分配意愿建立更完善的理论机制。

（三）启示

基于上述居民再分配意愿的演变，为了更切实有效地减小收入差距，作者将从以下几个角度提出自己的政策意见和建议。

（1）就中国目前的分配制度来看，居民的再分配意愿程度依然较高，反映了我国分配制度的不合理以及人们对现有分配制度的不满，基于公平信念动机，居民在追求自身利益的同时也有显著地追求社会公平的动机，对此要通过构建合理的分配制度，在缩小收入差距和提高中低收入者收入水平的同时，创造一个机会均等、公平竞争的社会环境。但我们必须认识到当前社会阶层固化的问题严重，而要促进阶层流动，降低财富的代际转移，政府应该将重点放在教育机会的均等化方面，增加公共教育投入，改善不平等的教育环境，通过教育的力量让更多来自社会中下层的人们获得向上阶层流动的机会，这也是为提升生产率而积累人力资本的重要举措，这势必是任重而道远的。

（2）从居民的再分配意愿程度上看，我国政策设计中的再分配力度应该加强，同时更多地站在民众的角度考虑再分配政策制定和实施的顺序。我国的再分配政策有明显的城市倾向，城镇居民是再分配政策的主要受益者，面对再分配意愿的城乡差异，要打破城乡二元制度下制定政策时引发的弊端，加大对农村再分配政策的优惠程度，努力缩小城乡收入差距，构建更为全面平等的基本公共服务体系。

（3）政府可以根据不同特征因素的机制和影响程度，更有针对性地制定再分配政策，并通过"提高激励力度"来提高政策实施效率。例如，上述分析显示，人们对社会公平的认知对再分配意愿的影响很重要，不同认知水平的居民再分配意愿随着时间的推移发生了改变，打破了人们对那些认为社会非常不公平的居民将会有更高意愿的看法，重新审视政策的作用和意义。这提醒我们思考再分配政策是否真的促进了社会公平，缩小了贫富差距，启示我们应当深入了解这些持有不同社会公平认知的居民相对不支持再分配的原因，并予以解决。在制定和执行再分配政策的时候，应该植根于各类动机的土壤，关注政策实施的执行效率，考察其是否符合政策指向的社会群体的行为动机。

（4）应当关注居民再分配意愿的微观机制和再分配政策的宏观视野的结合，从居民的民意出发，以微观层面的认知把握宏观政策制定的方向，在制度改革和制度设计体系中，充分体现民意，有助于社会政治体制的改革创新。

第二节 个人所得税对收入分配的影响

随着我国经济的发展，居民的收入水平显著提升的同时，收入差距也呈现扩大的趋势，越来越受到社会各界人士的重视。税收是政府用来调控收入分配的手段之一，个人所得税作为我国税种中唯一具备累进性的直接税，应主动担负起调节居民收入差距的责任，提高税制的公平性。就目前而言，我国个人所得税对收入分配具有一定的调节作用，但作用效果并不明显，有待进一步发挥。本节选取 2009~2016 年中国 31 个省市区城乡收入和个人所得税的相关数据，建立固定效应面板模型，从个人所得税的规模和结构两方面探讨个人所得税对收入分配的影响。

一、个人所得税对调节收入分配的作用

改革开放 40 年来，我国市场经济不断发展，形成"以按劳分配为主体，多种分配方式共存"的分配格局。居民的收入水平显著提升的同时，收入差距也呈现扩大的趋势，贫富差距问题越来越受到社会各界人士的重视。国家统计局数据显示，我国基尼系数 2008 年达到最高值 0.491，随后慢慢回落。虽然我国基尼系数整体呈下降趋势，但仍超越国际警戒线 0.4，说明我国收入差距仍然很大，严重影响了我国经济和社会的可持续发展。

个人所得税是一种直接税，在调节收入分配中起着重要作用，但随着市场经济的快速发展，个人所得税在运行过程中矛盾日益突出，逐渐呈现出税制、

税率不合理等问题。这些问题的存在直接削弱了个人所得税的运行效率，难以体现其对收入差距的有效调节，甚至背离了税种设置的初衷，使得当前社会居民收入分配仍然缺乏公平。为加强个人所得税的调节作用，我国多次修订了《中华人民共和国个人所得税法》。2011年，个人所得税法对工薪所得的税率结构及免征额等重新进行了调整，税率结构从九级降为七级，第一档税率从5%降到3%，取消了15%和40%两档税率，免征额由2000元提高到3500元，减轻了大多数纳税人的税收负担，但这种非差异化的扣除方式不能从根本上解决矛盾，并且削弱税基并不利于纳税人培养现代化的纳税意识。

作为宏观调控手段的个人所得税，完善个人所得税改革，充分发挥个人所得税的调节作用，不仅能有效防止收入差距过大，而且有助于实现社会的公平与正义，对促进国民经济持续稳定的发展具有积极作用。当前我国的经济发展进入了"新常态"，为了适应新时代的发展要求，个人所得税制度改革迫在眉睫。个税改革不仅是调节收入差距的重要手段，合理的个人所得税制度也有助于通过影响收入分配促进产业升级和保持国际竞争力。

因此，探讨我国个人所得税对收入分配的影响是深化我国个人所得税改革的重要前提，加大个人所得税制度对收入分配的调节力度是促进收入分配良性演进的重要途径。

二、个人所得税调节收入分配的文献回顾

（一）国外研究状况

国外学者对个人所得税调节收入分配的作用进行了大量的实证研究。Kakwani（1977）通过对美国、英国、加拿大、澳大利亚的税制进行比较，探讨所得税在调节居民收入分配中的作用，他利用税前基尼系数与税后基尼系数之差来衡量税制的累进性，从而得出所得税的累进性比整体税制要高的结论。Bogetic Z.、Hassan F.（2005）基于保加利亚家庭预算相关数据的分析发现，城镇居民比农村居民承担更高比例的税收，得出个人所得税的累进性降低了城镇和农村的收入差距的结论。Richard M. Bird 和 Eric M. Zolt（2005）对发展中国家的个人所得税收入分配效应进行了研究，发现个人所得税对于调节收入分配的作用有限，原因在于发展中国家个人所得税收入在全部税收中所占的比例过小，个人所得税实施效果不理想和个人所得税的累进程度不高。他们据此倡议政府应实施相

关的税收配套措施以充分发挥个人所得税对收入分配的调节效应。Denvil Duncan 和 Klara Sabirianova Peter（2008）运用面板数据对发展中国家个人所得税的收入分配调节作用进行实证分析，他们指出由于个人所得税过高的累进性，会导致富人逃税避税，这样反过来减轻了个人所得税的累进性对于收入分配的调节作用。J. Creedy、J. Enright、N. Gemmell 和 Nick McNabb（2010）基于新西兰低收入者的纳税特征，比较了初始免税额以及受税收和转移支付共同影响之间的差异，发现降低低收入者的免税额并不一定是缩小贫富差距的最佳选择。

（二）国内研究状况

我国个人所得税对收入分配影响的实证研究存在以下三种不同结论：个人所得税可以调节收入分配、调节效果微弱和无法调节收入分配。

1. 个人所得税可以调节收入分配

王亚分、肖晓飞和高铁梅（2007）通过计算中国不同收入阶层的平均税率和税前税后基尼系数，发现 2002 年以来我国个人所得税起到了逐渐缩小居民收入差距的作用。石子印（2013）从公众收入中的隐性收入入手，认为低结构累进所得税可以起到调节收入分配的作用。蔡秀云和周晓君（2014）在对居民收入进行分组的基础之上，计算了收入分配效应指数，税前、税后基尼系数，Kakwani 累进性指数和平均税率，通过比较分析发现个人所得税的平均税率具有累进性，征收个人所得税有助于降低基尼系数并缩小收入差距。高亚军（2015）基于中国健康和营养调查（CHNS）的微观数据探讨了我国个人所得税的税收模式和累进税率。通过比较九级累进税率、七级累进税率和综合个人所得税对收入分配的调节作用，发现我国个人所得税可以调节收入分配，对缩小居民的收入差距起到了一定的作用，其中综合所得税制的税收调节效果更加明显。

2. 个人所得税调节收入分配效果微弱

刘小川、汪冲（2008）利用 Kakwani 累进性指数衡量税负对地区间收入差距的影响，发现个人所得税对收入分配的调节作用较弱。并指出其原因在于税制结构欠合理：在工资性收入中，税负逐渐递增；而在财产性和经营性收入中，税负逐渐递减，这不利于发挥个人所得税对收入分配的调节作用。李延辉、王碧珍（2009）采用"万分法"实证研究我国个人所得税调节前后基尼系数变化，发现个人所得税对城镇居民收入差距的调节，从强烈的逆向调节效应转向正向调节效应，但正向调节效应较弱。万莹（2011）使用 Kakwani 分解公式探讨了我国1997~2008年个人所得税的收入分配效应，通过分组分析发现个人所得税对调节居民收入差距的作用不明显，其主要原因在于平均税率过低。岳希明、徐静（2012）基于我国城镇住户调查数据，从横向公平和纵向公平的角度探讨个人所得税对收入分配的调节作用，发现其作用非常微弱甚至可以忽略。谭定军（2012）通过测算我国城乡居民人均可支配收入与平均税率，研究发现我国居民收入差距仍在扩大，个人所得税对调节分配有一定作用，但效果不明显。张迪（2014）通过计算我国个人所得税比例和各收入阶层的平均税率，研究发现个人所得税对收入差距的调节作用微弱，其原因在于税制模式、税率设计和费用扣除等方面都欠合理，待改善。郑敏（2015）通过分析个人所得税对城镇居民收入分配差距的调节也得到个人所得税的调节功能不强的结论，并指出个人所得税的累进性高而平均税率低是主要原因。庞淑芬（2016）基于2008~2014年北京市城镇居民数据研究，发现个人所得税对收入分配的调节作用很弱，其原因在于个人所得税收入占总收入的比重很小。

3. 个人所得税无法调节收入分配

万莹（2008）基于2008年我国区域数据，探讨工薪类、经营类、财产类个税累进性对收入差距的影响，发现这几种个税都没有呈现累进性，因此对调节收入差距没有起到很好的作用。周肖肖、杨春玲（2008）通过比较浙江省1997~2006年的税前、税后基尼系数，发现税后基尼系数大于税前基尼系数，得到了个人所得税对收入分配起到了逆向调节作用的结论。古建芹、张丽微（2011）比较了我国税前、税后基尼系数，发现我国实际个人所得税税率较低，税负是累退的，因此产生了逆向调节效应。李青（2012）利用我国2000~2009年税前、税后收入差距和平均税率，分析了个税的再分配效应。研究发现增加隐性收入后，弱化了个税的累进性和收入再分配效应，使得收入差距呈现扩大的趋势。徐建炜等（2013）利用我国微观住户调查数据，探讨了1997年以来个人所得税的收入分配效应。分析发现，1997~2005年个人所得税的收入分配效应呈现上升趋势，2006~2011年三次税制改革中免征额都有所提高，2011年调整了税率层级，提高了个税累进性，降低了平均有效税率，抑制了个人所得税的收入分配效应。赵阳阳、王琴梅（2013）基于中国31个省（市、区）2001~2011年城镇居民收入的分组数据进行比较分析，认为个税调节大部分集中在中低收入组，对高收入组没有实际作用，其调节效果不理想，甚至出现逆向调节的倾向。陈建东等（2014）利用我国城镇家庭就业者的收入分布函数，分析工资薪金所得七级超额累进税率存在的问题，发现我国现行的七级超额累进税率级次设定过多,适用于高收入者的边际税率几乎起不到作用。孔翠英(2017)通过对个人所得税收入与城镇居民收入的变动趋势进行对比分析,发现税收收入与税基结构变动的不匹配,现行税制存在明显的逆向调节作用,提出应尽快改革征税模式,将个税征税重点转向财产性收入并完善监管体系的建议。

三、我国个人所得税制度概述

(一) 我国现行税收制度的简述

我国现行税制结构按照课税对象的性质不同,分为流转税类、所得税类、资源税类、财产税和行为税五大税类。

如图6-7所示,1996年税收收入达6909.82亿元,到2016年税收收入增长到130360.7亿元,相比1996年增长了近20倍,平均每年增长近千亿元。所得税也是每年以一定的速度增加,截至2016年,所得税达38940.34亿元,较1996年增加40倍之多,其中个人所得税为10088.98亿元,仅占所得税的26%。

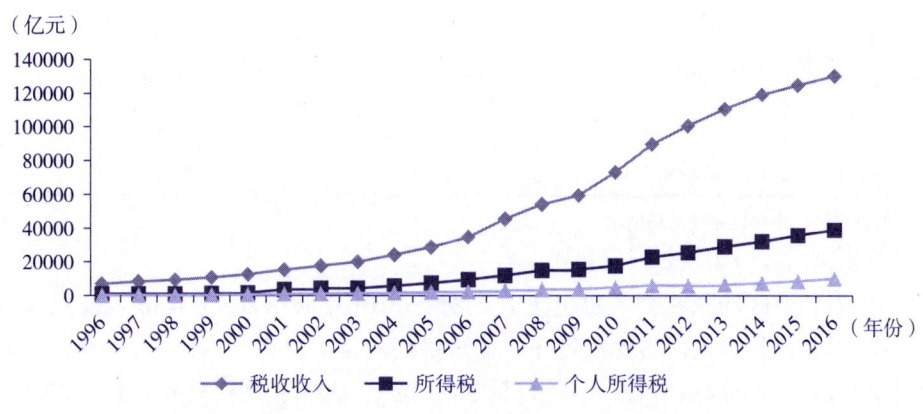

图6-7 1996~2016年我国税收收入和所得税的变化趋势

数据来源:中国国家统计局网站。

2000年以来,我国税收收入的规模逐年增大,财政收入也逐年增加,税收收入占全省财政收入的比重总体有下降趋势。2016年,我国的税收收入达130360.73亿元,占全国财政收入的81.68%,比2000年降低了12个百分点,但依旧是全国财政收入的主要来源(见表6-9)。

表 6-9　2000~2016 年我国税收收入情况

年份	财政收入（亿元）	税收收入（亿元）	税收收入占财政收入的比重（%）
2000	13395.23	12581.51	93.93
2001	16386.04	15301.38	93.38
2002	18903.64	17636.45	93.30
2003	21715.25	20017.31	92.18
2004	26396.47	24165.68	91.55
2005	31649.29	28778.54	90.93
2006	38760.2	34804.35	89.79
2007	51321.78	45621.97	88.89
2008	61330.35	54223.79	88.41
2009	68518.30	59521.59	86.87
2010	83101.51	73210.79	88.10
2011	103874.43	89738.39	86.39
2012	117253.52	100614.3	85.81
2013	129209.64	110530.7	85.54
2014	140370.03	119175.3	84.90
2015	152269.23	124922.2	82.04
2016	159604.97	130360.73	81.68

数据来源：中国国家统计局网站。

我国各地区的税收收入也呈上升趋势，2016 年我国 31 个省市区按照各省财政收入中税收收入所占比重排序，比重最高的是上海市，占比 87.82%；广东省位居第 6 位，税收收入占广东省财政收入的 77.94%；湖南省税收收入占比最低，占 57.50%（见表 6-10）。

表 6-10　2016 年我国各省市区税收收入占比排序

地区	财政收入（亿元）	税收收入（亿元）	占比（%）
上海	6406.41	5625.9	87.82
北京	5081.26	4452.97	87.64

续表

地区	财政收入（亿元）	税收收入（亿元）	占比（%）
浙江	5301.98	4540.09	85.63
江苏	8121.23	6531.83	80.43
海南	637.51	504.96	79.21
广东	10390.35	8098.63	77.94
辽宁	2200.49	1687.45	76.69
青海	238.51	176.48	73.99
福建	2654.83	1962.72	73.93
黑龙江	1148.41	827.85	72.09
山东	5860.18	4212.59	71.88
贵州	1561.34	1120.44	71.76
河北	2849.87	1996.12	70.04
安徽	2672.79	1857.53	69.50
吉林	1263.78	872.97	69.08
四川	3388.85	2329.23	68.73
河南	3153.47	2158.44	68.45
湖北	3102.06	2122.93	68.44
江西	2151.47	1471.1	68.38
新疆	1298.95	869.18	66.91
甘肃	786.97	526	66.84
山西	1557	1036.67	66.58
广西	1556.27	1036.22	66.58
内蒙古	2016.43	1335.88	66.25
陕西	1833.99	1204.39	65.67
云南	1812.29	1173.52	64.75
重庆	2227.91	1438.45	64.56
宁夏	387.66	246.55	63.60

续表

地区	财政收入（亿元）	税收收入（亿元）	占比（%）
西藏	155.99	99.05	63.50
天津	2723.5	1624.22	59.64
湖南	2697.88	1551.33	57.50

数据来源：中国国家统计局网站。

据统计，2016 年，我国公共财政收入达到 159604.97 亿元，其中税收收入达 130360.73 亿元。各项税收收入中，流转税的比重占 49.89%，接近一半，次之是所得税占 29.87%，行为税占 7.49%，资源税占 7.22%，财产税占比最小仅为 5.53%（见图 6-8）。

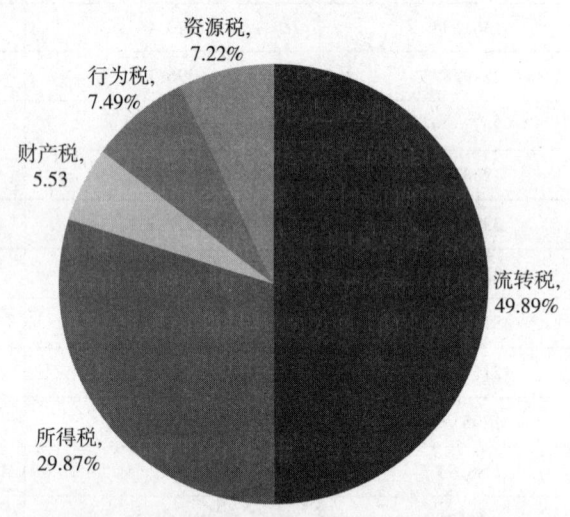

图 6-8　2016 年我国税收收入项目占比情况

数据来源：根据中国国家统计局数据整理计算得出。

（二）我国现行所得税制度的简述

我国现行所得税类主要有两种，分别是企业所得税和个人所得税。从图 6-9 中可以看出，2000 年以来，我国所得税收入总额逐年增加，个人所得税收入也逐年递增，但是增幅并不大。

第六章 中国居民收入再分配意愿与个人所得税的影响

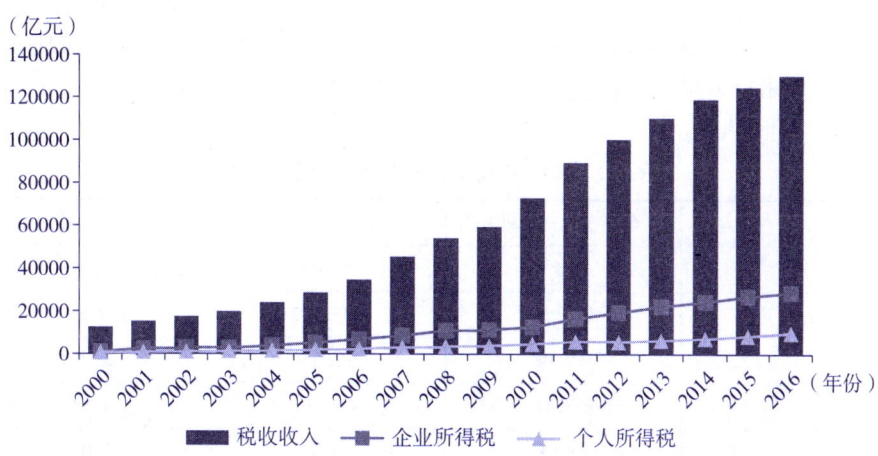

图 6-9 我国现行所得税税制状况

数据来源：中国国家统计局网站。

随着我国所得税收入增加，企业所得税在所得税中的比重也有所提高，2000年企业所得税在所得税中占比 60.25%，2016 年增加到 74.09%；而个人所得税比重明显下降，2000 年个人所得税在所得税中占比 39.75%，2016 年比重下降到25.91%，而个人所得税在税收收入中占比一直仅处在 5%~8% 之间（见图 6-10）。

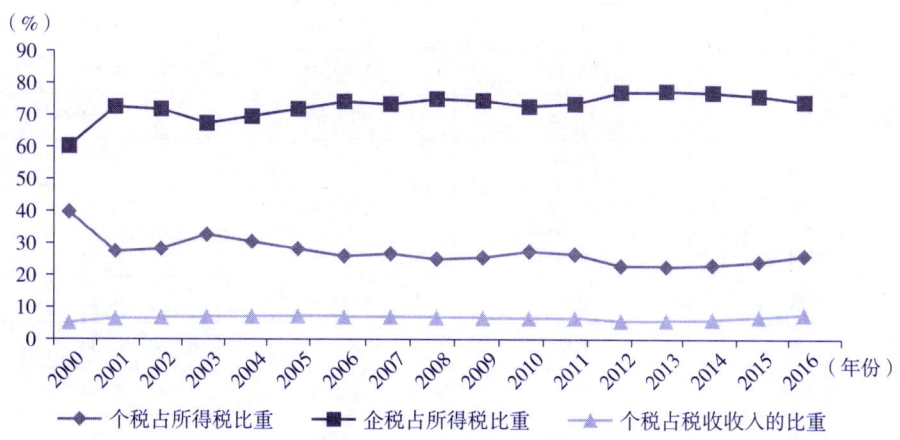

图 6-10　2000~2016 年我国个税比重趋势

数据来源：根据中国国家统计局数据整理计算得出。

我国个人所得税占税收收入的比重普遍偏低,2016年我国31个省市区按个税比重排序,排在首位的是西藏,占比13.12%;广东位居第6位,占比仅为7.88%;贵州排名最低,占比只有3.13%(见表6-11)。

表6-11 2016年我国各省市区个税占比排序

地区	个税收入(亿元)	税收收入(亿元)	占比(%)
西藏	13	99.05	13.12
北京	571.26	4452.97	12.83
上海	593.08	5625.9	10.54
广东	638.11	8098.63	7.88
新疆	61.23	869.18	7.04
浙江	317.1	4540.09	6.98
福建	123.5	1962.72	6.29
天津	96.78	1624.22	5.96
江苏	382.37	6531.83	5.85
四川	128.4	2329.23	5.51
陕西	58.85	1204.39	4.89
湖南	74.62	1551.33	4.81
吉林	41.72	872.97	4.78
辽宁	76.68	1687.45	4.54
黑龙江	37.28	827.85	4.50
云南	52.54	1173.52	4.48
湖北	92.98	2122.93	4.38
海南	21.47	504.96	4.25
重庆	58.54	1438.45	4.07
宁夏	9.85	246.55	4.00
内蒙古	52.69	1335.88	3.94
甘肃	20.55	526	3.91
广西	40.16	1036.22	3.88
青海	6.41	176.48	3.63

续表

地区	个税收入（亿元）	税收收入（亿元）	占比（%）
河北	71.52	1996.12	3.58
山东	143.15	4212.59	3.40
山西	35.18	1036.67	3.39
江西	49.79	1471.1	3.38
河南	71.75	2158.44	3.32
安徽	59.28	1857.53	3.19
贵州	35.08	1120.44	3.13

数据来源：中国国家统计局网站。

（三）我国现行个人所得税制度的简述

1. 个人所得税的征税范围

目前我国个人所得税采用分类征收模式，《中华人民共和国个人所得税法》规定，个人所得税的应税所得包括11项：工资、薪金所得，个体工商户的生产经营所得，对企事业单位的承包经营、承租经营所得，劳务报酬所得，稿酬所得，特许权使用费所得，利息、股息、红利所得，财产租赁所得，财产转让所得，偶然所得和其他所得。

2. 个人所得税的税率设定

我国征收个人所得税的税率分为两种形式：比例税率和累进税率。其中，工薪所得适用七级累进税率，范围为3%~45%（见表6-12）。对个体工商户的生产经营所得，对企业、事业单位的承包经营、租赁经营所得，采用五级累进税率，范围为5%~35%（见表6-13）。劳务报酬所得实行加成征收，适用20%、30%、40%的三级超额累进税率，其他所得均按照20%的比例税率征收。

表6-12 工资、薪金类个人所得税适用税率

级数	含税级距	不含税级距	税率	速算扣除数
1	不超过1500元	不超过1455元	3%	0
2	超过1500元至4500元	超过1455元至4155元	10%	105
3	超过4500元至9000元	超过4155元至7755元	20%	555

续表

级数	含税级距	不含税级距	税率	速算扣除数
4	超过 9000 至 35000 元	超过 7755 元至 27255 元	25%	1005
5	超过 35000 元至 55000 元	超过 27255 元至 41255 元	30%	2755
6	超过 55000 元至 80000 元	超过 41255 元至 57505 元	35%	5505
7	超过 80000 元	超过 57505 元	45%	13505

表 6-13 个体工商户生产经营所得和对企事业单位承包经营、承租经营所得适用税率

级数	全年应纳税所得额		税率
	含税级距	不含税级距	
1	不超过 15000 元的	不超过 14250 元的	5%
2	超过 15000 元至 30000 元的部分	超过 14250 元至 27750 元的部分	10%
3	超过 30000 元至 60000 元的部分	超过 27750 元至 51750 元的部分	20%
4	超过 6000 元至 100000 元的部分	超过 51750 元至 79750 元的部分	30%
5	超过 100000 元的部分	超过 79750 元的部分	35%

3. 个人所得税的费用扣除标准

我国个人所得税的扣除标准有三种：定额扣除、定率扣除和核算扣除。为了适应我国社会发展，个人所得税的扣除标准由 800 元/月调高至 3500 元/月，减轻了中低收入群体的税收负担（见表 6-14）。

表 6-14 我国个人所得税费用扣除标准

	扣除办法	所得项目
可以扣除费用	定额扣除（每月 3500 元，外籍每月 4800 元）	工资、薪金所得
	定额（800 元）和定率（20%）扣除（劳务报酬加成征收，稿酬减征 30%）	劳务报酬所得；稿酬所得；特许权使用费所得；财产租赁所得
	核算扣除	个体工商户生产经营所得；财产转让所得；对企事业单位的承包经营、承租经营所得；其他所得中的受赠房产
	不得扣除费用	利息、股息、红利所得；偶然所得；其他所得（受赠房产除外）

(四) 我国个人所得税比例的变化

我国现行税制结构是以流转税和所得税为双主体的结构,但是现在的税收逐渐发展成"重流转税、轻所得税"的趋势。从表6-15可以看出,2000年至今,流转税占比远大于所得税占比。2016年,我国的所得税占比为29.87%,而三大流转税的占比为47.89%。其中,营业税占比降幅较明显,是因为2016年5月1日,中国全面实施营改增,取消了营业税,使增值税制度更加规范。从以上数据可以得出,我国的税制结构是以流转税为主,所得税为辅,其中个人所得税在总税收中的份额较小。

表6-15 2000~2016年我国个人所得税在总税收中占比比较

年份	税收收入（亿元）	所得税			国内流转税		
		个人所得税收入（亿元）	个人所得税占比（%）	企业所得税占比（%）	增值税占比（%）	消费税占比（%）	营业税占比（%）
2000	12581.51	659.64	5.24	7.95	36.19	6.82	14.85
2001	15301.38	995.26	6.50	17.19	35.01	6.08	13.49
2002	17636.45	1211.78	6.87	17.48	35.03	5.93	13.89
2003	20017.31	1418.03	7.08	14.58	36.15	5.91	14.21
2004	24165.68	1737.06	7.19	16.38	37.32	6.22	14.82
2005	28778.54	2094.91	7.28	18.57	37.50	5.68	14.71
2006	34804.35	2453.71	7.05	20.23	36.73	5.42	14.74
2007	45621.97	3185.58	6.98	19.24	33.91	4.84	14.43
2008	54223.79	3722.31	6.86	20.61	33.19	4.74	14.06
2009	59521.59	3949.35	6.64	19.38	31.05	8.00	15.14
2010	73210.79	4837.27	6.61	17.54	28.81	8.29	15.24
2011	89738.39	6054.11	6.75	18.69	27.04	7.73	15.24
2012	100614.3	5820.28	5.78	19.53	26.25	7.83	15.65
2013	110530.7	6531.53	5.91	20.29	26.07	7.45	15.59

续表

年份	税收收入（亿元）	所得税			国内流转税		
		个人所得税收入（亿元）	个人所得税占比（%）	企业所得税占比（%）	增值税占比（%）	消费税占比（%）	营业税占比（%）
2014	119175.3	7376.61	6.19	20.68	25.89	7.47	14.92
2015	124922.2	8617.27	6.90	21.72	24.90	8.44	15.46
2016	130360.73	10088.98	7.74	22.13	31.23	7.84	8.82

数据来源：中国国家统计局网站。

我国的税收收入从分税制改革到现在增长迅速，从2000年的12581.51亿元增长到2016年的130360.73亿元，年均增长率为15.73%。个人所得税也实现了大幅增长，2000~2005年，个人所得税占比从5.42%增长到7.28%，究其原因是个人收入的攀升，个人所得税税负在累进税率设置下不断增加，导致个人所得税在总税收中的比例有所提高。

如图6-11所示，总体来看，我国的个人所得税总量除了2012年出现下降外，整体在不断增长，但个人所得税占比仍然在低位徘徊。

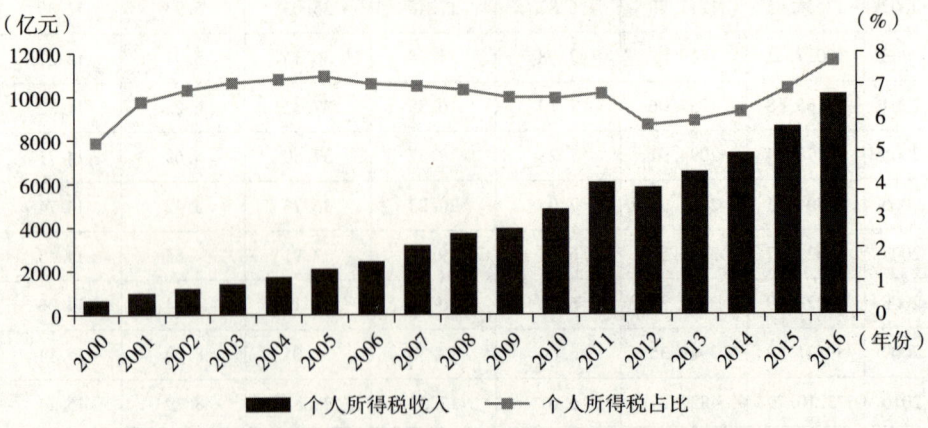

图6-11 2000~2016年我国个人所得税的总量与占比总趋势

数据来源：中国国家统计局网站。

(五) 我国个人所得税三大分项收入的变化

由于部分税目所涉及的个人收入性质相同以及数据获取的难易程度，本书在剔除了研究意义不大的偶然所得和其他所得的基础上，将其余九项归纳为三大分项收入进行后续研究（见表6-16）。

表6-16 我国个人所得税的三大分项收入

个人所得税分项收入类别	包含项目
工资性所得税收入	工资、薪金所得
经营性所得税收入	个体工商户生产、经营所得
	企事业单位承包、承租经营所得
	劳务报酬所得
	稿酬所得
	特许权使用费所得
财产性所得税收入	利息、股息、红利所得
	财产租赁所得
	财产转让所得

如表6-17所示，2000~2016年，在经济高速增长、居民收入不断增加的背景下，我国工资性收入、经营性收入、财产性收入总体上均呈现持续快速增长的态势，个别年份曾出现增长率骤降甚至负增长的情况。

表6-17 2000~2016年我国个人所得税三大分项收入

年份	工资性收入（亿元）	经营性收入（亿元）	财产性收入（亿元）
2000	283	169	192
2001	411	207	352
2002	561	233	388
2003	741	256	389
2004	940	310	454

续表

年份	工资性收入（亿元）	经营性收入（亿元）	财产性收入（亿元）
2005	1162	370	528
2006	1289	416	705
2007	1751	503	875
2008	2245	612	794
2009	2488	638	737
2010	3158	782	809
2011	3902	909	1144
2012	3590	845	1265
2013	4095	879	1429
2014	4820	892	1518
2015	5481	906	1639
2016	6168	921	1798

数据来源：中国国家统计局网站。

如图6-12所示，2000~2016年，工资性所得税收入增长率受税制改革的影响，费用减除标准和税率级距不断调整，导致改革当年的增长率比上一年度有所下降，甚至2012年出现负增长；经营性所得税收入增长率受全球金融危机影响，2009年增长率比2008年有所下降，2011年由于个人所得税进行了综合改革，扩大了个体工商户生产、经营所得和企事业单位承包、承租经营所得的税率级距，使得当年增长率有所下降，并直接导致2012年负增长；财产性所得税收入增长率因1999年恢复征收储蓄存款利息所得而迅速提高，随后由于储蓄存款利息所得的征收效应减弱而下降，又因2007年储蓄存款利息所得减按5%征收，2008年暂停征收而出现两年负增长。

如图6-13所示，工资性收入占比除2006年和2012年由于税收改革有明显下降以外，总体呈上升趋势，经营性收入除2008年略微上升以外，总体呈下降趋势，财产性收入所占比重2010年以前总体呈下降趋势，2011年以后有所上升，但是上升速度缓慢。由图6-13可知，我国工资性所得税收入一直处于主力状态，财产性所得税收入次之，经营性所得税收入最少。

第六章 中国居民收入再分配意愿与个人所得税的影响

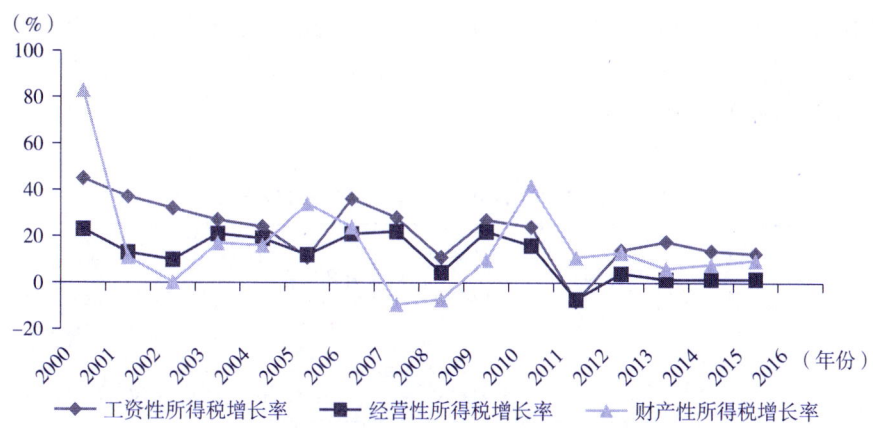

图 6-12 2000~2016 年我国个人所得税三大分项收入增长率
数据来源：中国国家统计局网站。

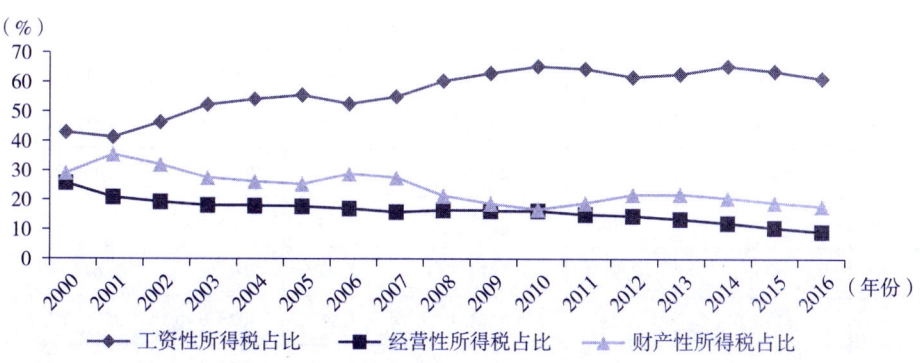

图 6-13 2000~2016 年我国个人所得税三大分项收入占总收入的比重
数据来源：中国国家统计局网站。

四、我国城乡居民收入演变趋势

（一）我国城乡居民收入基本状况

随着经济迅猛发展，中国的居民收入水平显著提高，城镇居民的人均可支

— 205 —

配收入和农村居民的人均纯收入水平也有所提高。截至 2016 年底,城镇居民的人均可支配收入达 33616.2 元,比 1990 年人均 1510.2 元增长 22 倍,年均增长 12.46%;农民人均纯收入 12363.4 元,比 1990 年人均纯收入 686.3 元增长 18 倍,年均增速 11.61%(见表 6-18)。

表 6-18 1990~2016 年我国城乡居民收入状况

年份	城镇居民人均可支配收入(元)	环比增速(%)	农村居民人均纯收入(元)	环比增速(%)	城乡收入差距(元)	城乡收入相对差距(农村居民为1)
1990	1510.2	—	686.3	—	823.9	2.200495
1991	1700.6	12.61	708.6	3.25	992.0	2.399944
1992	2026.6	19.17	784.0	10.64	1242.6	2.584949
1993	2577.4	27.18	921.6	17.55	1655.8	2.796658
1994	3496.2	35.65	1221.0	32.49	2275.2	2.863391
1995	4283.0	22.50	1577.7	29.21	2705.3	2.714711
1996	4838.9	12.98	1926.1	22.08	2912.8	2.512279
1997	5160.3	6.64	2090.1	8.51	3070.2	2.468925
1998	5425.1	5.13	2162.0	3.44	3263.1	2.509297
1999	5854.0	7.91	2210.3	2.23	3643.7	2.648509
2000	6280.0	7.28	2253.4	1.95	4026.6	2.786900
2001	6859.6	9.23	2366.4	5.01	4493.2	2.898749
2002	7702.8	12.29	2475.6	4.61	5227.2	3.111488
2003	8472.2	9.99	2622.2	5.92	5850.0	3.230951
2004	9421.6	11.21	2936.4	11.98	6485.2	3.208555
2005	10493.0	11.37	3254.9	10.85	7238.1	3.223755
2006	11759.5	12.07	3587.0	10.20	8172.5	3.278366
2007	13785.8	17.23	4140.4	15.43	9645.4	3.329582
2008	15780.8	14.47	4760.6	14.98	11020.2	3.314876

续表

年份	城镇居民人均可支配收入（元）	环比增速（%）	农村居民人均纯收入（元）	环比增速（%）	城乡收入差距（元）	城乡收入相对差距（农村居民为1）
2009	17174.7	8.83	5153.2	8.25	12021.5	3.332822
2010	19109.4	11.26	5919.0	14.86	13190.4	3.228485
2011	21809.8	14.13	6977.3	17.88	14832.5	3.125822
2012	24564.7	12.63	7916.6	13.46	16648.1	3.102936
2013	26467.0	9.73	9429.6	12.37	17037.4	3.030059
2014	28843.9	9.00	10488.9	11.20	18355.0	2.970178
2015	31194.8	8.20	11421.7	8.90	19773.1	2.951198
2016	33616.2	7.76	12363.4	8.24	21252.8	2.719009

数据来源：根据中国国家统计局数据整理计算得出。

（二）我国城乡居民收入分配差距

国际上通常使用基尼系数测定社会居民收入分配的差异程度，低于0.2表示收入过于公平，0.4是社会分配不平均的警戒线，所以基尼系数应保持在0.2~0.4，高于0.4表示社会不安定。2000年以来我国总体基尼系数一直超过警戒线0.4，甚至达到0.45以上，这足以说明我国城乡居民收入差距十分明显，社会不平等日益加剧，收入分配调节问题应该引起高度关注。

城乡收入之比，是衡量城乡收入之间分配差距大小的相对性指标，国际上通用的标准是1.7∶1，即城镇与农村的收入差距之比最好小于1.7。从图6-14可以看出，1990年以来，城乡居民收入之比呈现波浪起伏，但总体呈上升趋势。历年城乡收入之比明显高于2.5，虽然2010年以来有所下降，但比例仍然较高，说明城乡之间的收入差距依然明显存在。1990年城乡收入相对差距为2.20∶1，2009年达到最高比例3.33∶1，2016年为2.72∶1，说明我国城乡收入差距依然明显存在。

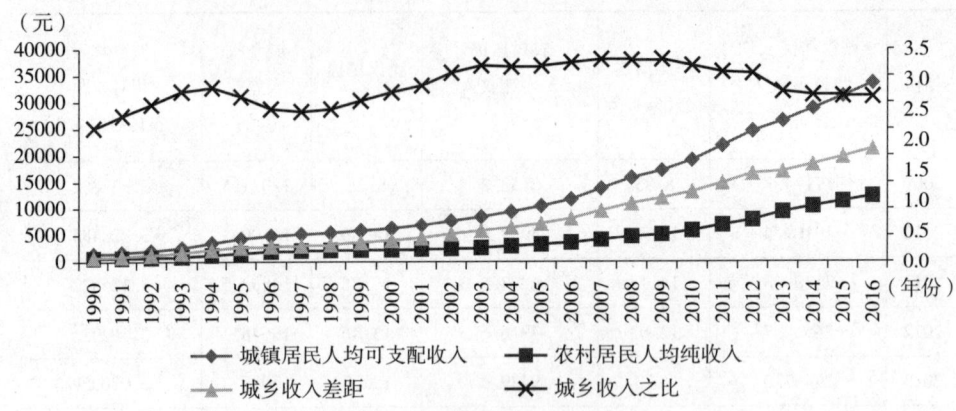

图 6-14 我国城乡居民收入差距

数据来源：中国国家统计局网站。

五、个人所得税对调节收入分配的实证分析

(一) 数据来源及模型构建

1. 数据来源

本书实证研究的数据主要选取的是 2009~2016 年中国 31 个省市区的城乡收入差距、人均个人所得税、个人所得税比重、工资性所得税比重、经营性所得税比重、财产性所得税比重、人均 GDP、人均财政支出、公路基础设施以及非农产业就业人数比重。所有数据均来源于中国国家统计局数据经整理计算得出。

2. 模型构建

本书主要从个人所得税的规模和结构两方面研究个人所得税对城乡居民收入分配的影响。个人所得税的规模主要研究人均个人所得税和个人所得税占所得税的比重对城乡居民收入分配的影响，个人所得税的结构主要研究工资性所得税比重、经营性所得税比重和财产性所得税比重对城乡居民收入分配的影响。

在个人所得税的规模方面，构建固定效应模型为：

$$gap = \alpha + \beta_1 pper + \beta_2 gap_{-1} + \sum_{i=1}^{5} \gamma_i x_i + \mu \qquad (6-2)$$

$$gap = \alpha + \delta_1 perr + \delta_2 gap_{-1} + \sum_{i=1}^{5} \varepsilon_i x_i + \mu \qquad (6-3)$$

式（6-2）和式（6-3）考察的是个人所得税的规模对城乡居民收入分配的影响，式（6-2）是研究人均个人所得税对城乡居民收入分配的影响，式（6-3）是研究个人所得税占所得税比重对城乡居民收入分配的影响。

式（6-2）和式（6-3）中，gap 是因变量，表示城乡居民收入差距，等于城镇居民人均可支配收入与农村人均纯收入之差；$pper$ 和 $perr$ 是自变量，分别表示人均个人所得税和个人所得税占所得税总量的比重；gap_{-1} 表示滞后一期的城乡收入差距；$\sum_{i=1}^{5} \gamma_i x_i$ 表示控制变量，在本书模型设定中主要包括：人均 GDP、人均 GDP 的二次方、人均财政支出、公路基础设施和非农产业就业人数比重。采用人均 GDP 作为控制变量，剔除了时间变化、人口增减变化及 GDP 增减变化对城乡收入差距的影响，由于城乡收入差距大小与人均 GDP 之间呈倒"U"形曲线关系，故本书增加人均 GDP 的二次方作为控制变量。采用人均财政支出作为控制变量，剔除了人均财政支出大小对城乡收入差距的影响。采用公路基础设施作为控制变量，剔除了公路基础设施建设变化对城乡收入差距的影响，公路基础设施等于地方公路里程占地方总面积的比重。采用将非农产业就业人数比重作为控制变量，剔除了历年非农产业就业人数比重变化对城乡收入差距的影响，非农产业就业人数比重等于第二产业和第三产业的就业人数占总就业人数的比重。

在个人所得税的结构方面，构建固定效应模型为：

$$gap = \alpha + \rho_1 R_{gz} + \rho_2 gap_{-1} + \sum_{i=1}^{5} \vartheta_i x_i + \mu \qquad (6-4)$$

$$gap = \alpha + \sigma_1 R_{jy} + \sigma_2 gap_{-1} + \sum_{i=1}^{5} \tau_i x_i + \mu \qquad (6-5)$$

$$gap = \alpha + \varphi_1 R_{cc} + \varphi_2 gap_{-1} + \sum_{i=1}^{5} \omega_i x_i + \mu \qquad (6-6)$$

式（6-4）、式（6-5）和式（6-6）考察的是个人所得税的结构对城乡居民收入分配的影响，式（6-4）是研究工资性所得税收入比重对城乡居民收入分配的影响，式（6-5）是研究经营性所得税收入比重对城乡居民收入分配的影响，式（6-6）是研究财产性所得税收入比重对城乡居民收入分配的影响。

式（6-4）、式（6-5）和式（6-6）中，R_{gz}、R_{jy}和R_{cc}是自变量，分别表示工资性所得税收入、经营性所得税收入和财产性所得税收入占三大分项税收总收入的比重，其他变量表示与式（6-2）和式（6-3）一致。

3. 变量描述性统计

如表6-19所示，从描述性统计结果来看，各变量均发生着巨大变化。我国城乡差距最小是7359.2元，最大达34965.8元，平均相差27606.6元。对我国31个省市区来说，各省城镇与农村发展情况不同，有些省份历年来城乡收入差距都比较大，例如贵州、云南、青海，浙江的城乡收入差距最小。

表6-19 模型中各变量的描述性统计

变量	观测值	均值	标准差	最小值	最大值
城乡收入差距（元）	248	14978.2	4320.929	7359.2	34965.8
滞后一期的城乡收入差距（元）	217	14344.65	3918.987	7359.2	32290.5
人均个人所得税（元）	248	242.0204	393.3545	24.6622	2628.9
个人所得税比重（%）	248	25.9056	6.7533	14.0448	73.6961
工资性所得税比重（%）	248	72.3087	6.8784	54.8494	90.4498
经营性所得税比重（%）	248	22.3947	6.8258	3.2672	38.2086
财产性所得税比重（%）	248	5.2966	3.5884	0.7462	19.4426
人均GDP（万元）	248	4.4049	2.2369	1.0971	11.8198
人均GDP的二次方	248	24.3872	26.4751	1.2036	139.7077
人均财政支出（元）	248	10437.33	6491.677	3062.886	47975.23
公路基础设施（万/公里）	248	0.8590	0.4901	0.0438	2.0965
非农产业就业人数比重（%）	248	96.8719	4.8869	76.7661	99.9631

数据来源：根据Stata12.0统计软件分析数据整理得出。

我国人均个人所得税最小值是24.6622元，最大值达2628.9元，最大值与最小值之间差距比较大，说明2009~2016年我国人均个人所得税波动幅度比较大。近年来，我国个人所得税总量有明显提高，但是个人所得税比重仍然偏低。个人所得税占所得税比重最小值为14.0448%，最大值达73.6961%，均值为25.9056%，可以看出个人所得税占所得税比重普遍偏低。

在三大分项税收收入中,工资性所得税比重最大,2009~2016年各地区一直保持在50%以上,次之是经营性所得税,最小的是财产性所得税。可以看出,工资性收入是我国城乡居民收入的主要来源,也是我国个人所得税收入的主要来源。

(二)实证结果分析

1. 个人所得税的规模对收入分配的影响

如表6-20所示,人均个人所得税的系数是-1.54,t统计量为1.71,且在10%的水平下有显著性影响,说明对城乡收入差距是负向影响,即人均个人所得税的增加会缩小城乡收入差距。个人所得税比重的系数是-956.86,t统计量为-1.84,且在10%的水平下显著,说明个人所得税占所得税比重对城乡收入差距是负向影响,即个人所得税占所得税比重的增加会缩小城乡收入差距。

表6-20 个人所得税的规模对城乡居民收入差距的实证结果

变量	城乡收入差距	城乡收入差距
人均个人所得税	-1.54* (1.71)	
个人所得税比重		-956.86* (-1.84)
滞后一期的城乡收入差距	83.45*** (23.83)	87.61*** (25.06)
人均GDP	553.49** (2.50)	90.75 (0.85)
人均GDP的二次方	-27.52 (-1.40)	4.34 (0.36)
人均财政支出	7.37*** (3.65)	9.82*** (3.74)
公路基础设施	385.84 (0.41)	221.17 (0.25)

续表

变量	城乡收入差距	城乡收入差距
非农产业就业人数比重	-844.04 (-0.79)	-642.95 (-0.59)
常数项	1145.48 (0.76)	2067.26 (1.49)
F-statistic	888.77	1355.32
R^2	0.96	0.96
观测值	248	248

注：括号内的是 t 统计，***、**、*分别表示在1%、5%、10%的水平上显著。

2. 个人所得税的结构对收入分配的影响

如表6-21所示，工资性所得税比重的系数是-12.11，说明对城乡收入差距是负向影响，即工资性所得税比重的增加会减少城乡收入差距，且工资性所得税比重的 t 统计值为-0.84，对城乡收入差距的影响不显著。个人所得税税收收入主要来源于工资性所得税收入，但目前我国个人所得税的比重不高，故工资性所得税对城乡收入差距的影响作用没有体现显著性。不过，工资性所得税比重增加，个人所得税比重也会相应增加，从而缩小城乡收入差距，有利于个人所得税调节城乡收入分配。

表6-21　个人所得税的结构对城乡居民收入差距的实证结果

变量	城乡收入差距	城乡收入差距	城乡收入差距
工资性所得税比重	-12.11 (-0.84)		
经营性所得税比重		-3.51 (-0.28)	
财产性所得税比重			31.83 (0.88)
滞后一期的城乡收入差距	87.20*** (24.79)	87.69*** (26.57)	85.73*** (20.81)

续表

变量	城乡收入差距	城乡收入差距	城乡收入差距
人均 GDP	131.12 (1.15)	144.68 (1.24)	172.50 (1.56)
人均 GDP 的二次方	3.63 (0.35)	2.66 (0.23)	-2.07 (-0.41)
人均财政支出	8.18*** (3.04)	87.57*** (3.56)	89.68*** (3.39)
公路基础设施	388.57 (0.44)	289.99 (0.32)	540.42 (0.62)
非农产业就业人数比重	-663.86 (-0.61)	-678.90 (-0.62)	-700.25 (-0.64)
常数项	2643.66 (1.53)	1621.21 (1.13)	1583.75 (1.10)
F-statistic	4221.83	1027.55	2585.94
R^2	0.968	0.965	0.967
观测值	248	248	248

注：括号内的是 t 统计，***、**、* 分别表示在 1%、5%、10%的水平上显著。

经营性所得税比重的系数是-3.51，说明对城乡收入差距也是负向影响，即经营性所得税比重的增加也会缩小城乡收入差距。t 统计值为-0.28，对城乡收入差距的影响不显著。这是由于经营性所得税收入在个人所得税总收入中占比比较低，对城乡收入差距的影响更加小。

财产性所得税比重的系数是 31.83，说明对城乡收入差距是正向影响，即财产性所得税收入比重的增加会拉大城乡收入差距。t 统计值为 0.88，对城乡收入差距没有显著影响。因为财产性所得税收入在个人所得税总收入中占比很低，而且财产性收入属于衍生性收入，存在"马太效应"，会使穷者更穷，富者更富，导致城乡收入分配更加不均等。另外，财产性收入缺乏流动性，容易造成贫富阶层的固化。所以，财产性所得税比重的提高不仅不利于缩小城乡收入差距，甚至会进一步恶化贫富差距。

(三) 存在的问题

1. 个人所得税税收规模偏小

我国个人所得税总量偏大,但人均个人所得税并不是很大,个人所得税占税收总收入比重一直在5%~8%徘徊,比重明显偏低,而且个人所得税占所得税的比重也不高,这种现状严重影响了个人所得税对我国城乡居民收入分配的调节作用。

我国个人所得税占比偏低的主要原因在于以间接税为主的税制设置,也与直接税体系不完善、个税税基过窄有关。虽然近年个人所得税的规模有逐步增大的趋势,但是无论是占总税收的比重还是占所得税的比重依然很小,难以发挥其调节收入分配的作用。

2. 个人所得税税制设计欠合理

(1) 我国个人所得税采用分类征收模式,对十一大类应税收入分别设置不同的税率。在个人所得税三大分项收入中,中低收入群体的工资性收入占总收入的比重较大,但高收入群体的工资性收入占总收入的比重较小,其收入来源较为广泛,这就助长了高收入群体合理避税的发生,他们可以通过从不同类别中纳税达到合理避税的效果。另外,相同收入群体有不同来源的所得和不同的纳税金额,也会造成收入相同的个人缴纳不同个人所得税情况。经营性收入与工资性收入性质相近,同属于劳动性、经常性收入,对城乡收入差距具有负向作用,实质上具备综合计税的基础。

(2) 我国个人所得税采用累进税制,对中低收入群体的累进级距过窄。我国对工薪类的税率设置还存在最高边际税率过高、适用范围小的问题,打消了高收入群体的工作积极性。而且财产性收入属于非劳动性、非经常性收入,对城乡收入差距具有正向作用。在个体经济水平不断上升的背景下,居民的私有财产逐渐增多,采用超额累进税率制度降低了居民利用自身财产的积极性,社会闲置财产增多,降低了资产利用率,削弱了个人所得税调节居民收入差距的作用。

(3) 我国个人所得税的扣除标准有待斟酌。一方面,我国地区差距较大,各地区的消费水平不同,采用"一刀切"的扣除标准不甚合理。另一方面,我国的个人所得税没有考虑家庭因素,无法充分反映纳税人的家庭真实收入,难以公平调节收入差距。

3. 个人所得税征管制度不完善

首先，我国个人所得税的法治化不够完善，奖惩力度不够，违法成本较低。其次，税务系统和相关部门的信息共享机制不完善，对个人收入的信息获取不充分，加大了监控难度。最后，工薪以外的个人所得税缴纳机制不健全，难以规避现金交易、股息和红利再分配等避税行为。

六、结论与启示

本节探讨了2009~2016年中国31个省市区的个人所得税对收入分配的影响。实证研究结果显示，我国个人所得税对收入分配的调节作用并不是很显著，从个人所得税的规模来看，人均个人所得税和个人所得税占所得税比重对城乡居民收入差距都是负向影响，且在10%的显著性水平下效果相对显著，这说明提高个人所得税的规模能够有效地缩小城乡收入差距。从个人所得税的结构来看，在个人所得税三大分项收入中，工资性所得税占比最高，工资性与经营性所得税对调节城乡居民收入差距有积极的意义，但财产性所得税则有不利的影响。因此，总的来看，个人所得税可以调节城乡收入分配，但是作用效果不是很明显，不能充分发挥其对城乡收入差距的调节作用。

总体而言，我国个人所得税在调节收入差距中的作用甚微的原因主要在于：一是个人所得税税收规模偏小；二是个人所得税税制设计欠合理；三是个人所得税征管制度不完善。我国是以间接税为首要税收来源的国家，个人所得税是直接税，其在整体税制中的占比比较小，在直接税中的比重也偏小。但实际上，直接税才是调节收入差距最有力的工具，尤其是个人所得税。因此，我国的税制结构从根本上制约了个人所得税发挥作用。而缩小城乡收入差距的关键是提高个人所得税的规模。具体而言，提高个人所得税税收规模，制定合理的个人所得税扣除标准，优化个人所得税的税率结构，加强个人所得税的征管等是所得税未来的调整方向。

第七章
总　结

中国当前处于中等偏上收入阶段。中等收入阶段是一国经济发展的重要阶段，能否顺利发展并跻身于高收入水平国家行列既取决于经济总量的扩张，更取决于经济增长质量的提升。衡量经济增长质量的重要宏观指标是生产率提升。

收入分配通过影响经济增长的"三驾马车"——"消费"、"投资"、"出口"而作用于生产率的提升。收入分配不仅通过影响一国的需求水平和需求结构作用于消费升级，还通过影响人力资本投资和要素禀赋结构作用于产业升级，并通过比较优势和国际分工影响出口升级。从收入分配的角度探讨生产率提升的机制和路径对于成功跨越"中等收入陷阱"，实现经济增长从量的扩张转变到质的提升具有现实意义。

一、内容总结

本书通过国际比较和中国现实相结合的方法，探讨了收入分配对中等收入阶段生产率提升的影响机制并测度其影响效应。

第一，本书在开放经济背景之下，从供给和需求的视角归纳了收入分配演进对中等收入阶段生产率提升的影响机制。基于供给的角度，收入分配通过影响要素禀赋和比较优势从而作用于生产率提升。从国内发展的视角来看，收入分配通过影响家庭的教育投资从而影响人力资本积累，人力资源禀赋是生产率提升的重要源泉。从国际贸易的视角来看，收入分配通过影响技术工人和非技术工人的相对工资从而影响比较优势，比较优势决定企业的技术选择和产品结构，当前发达国家和欠发达国家之间的贸易模式大多数可以用比较优势来解释。

基于需求的角度，收入分配通过影响需求层次和产业结构从而作用于生产率提升。从国内发展的视角来看，消费者的收入分配状况通过影响其产品多样

收入分配演进对中等收入阶段生产率提升的影响机制研究

化和质量改善的偏好和支付能力从而决定企业的技术选择和产业结构。从国际贸易的视角来看,收入分配影响本土市场对高质量和低质量产品的相对需求规模,而本土市场规模是促进出口产品质量升级的关键因素。

第二,本书通过国际比较和中国现实相结合的方法,实证研究了收入分配对中等收入阶段生产率提升的影响效应。本书采用跨国数据进行比较分析,同时结合中国数据的现实探析,从人力资本、经济转型、需求升级和技术进步4个维度探讨收入分配对中等收入阶段生产率提升的影响机制并测度其影响效应。

通过国际比较研究,我们分析了收入分配对生产率提升的影响在不同经济发展水平经济体的差异化特征;通过中国现实探析,我们探讨了收入分配对生产率提升的影响在中国不同地区的差别化含义。

二、主要结论

本书通过国际比较和中国现实相结合的方法,从人力资本、经济转型、需求升级和技术进步四个维度探讨收入分配对中等收入阶段生产率提升的影响机制并测度其影响效应,得到了一些有意义的结论。

(一) 收入分配对中等收入阶段生产率提升的影响——人力资本

收入分配通过影响家庭的教育投资对国民受教育水平乃至人力资本产生重要的影响,这种影响在面临经济增长方式转变的中等收入阶段经济体现得尤为关键。

跨国比较研究表明:①收入差距的扩大对大多数国家的国民受教育水平有负面影响,但在低人类发展指数的国家,情况出现一定程度的逆转。银行信贷增加对国民受教育水平有正向作用,且在人类发展指数越低的国家表现得越为明显。②收入分配、信贷约束对国民受教育水平存在滞后影响,收入差距的扩大对未来国民受教育水平的抑制作用增强,银行信贷的增加对当期国民受教育水平的提升作用更为明显。③收入分配、信贷约束对国民受教育水平存在交互影响,在收入差距越大的经济体,增加信贷供给对国民受教育水平的提升效应越明显;在信贷供给越充裕的经济体,缩小收入差距对国民受教育水平的提升作用越显著。

中国数据分析发现:①收入不平等不利于各省份受高等教育人口比例的提高,而信贷供给缓解了流动性约束,促进了各省份受高等教育人口比例的提高。

②收入不平等、流动性约束对东、中、西部各省份高等教育人口比例存在不同影响,降低基尼系数对东部地区受高等教育人口比例的边际效应最为明显,对中部地区的作用最小。③减少流动性约束对中部地区受高等教育人口比例的作用更加有效,对东部地区的作用最小。

对于处于中等收入阶段的经济体,在面临公共教育投入不足和信贷约束的背景下,短期而言,收入差距扩大也许有利于人力资本积累;但长期而论,随着经济发展水平的不断提高,收入差距的进一步扩大会成为人力资本积累和经济可持续发展的"绊脚石"。因此,适度的收入差距对于发展更高质量、更加公平的教育具有重要的意义。此外,应通过教育投资降低劳动者接受教育的直接成本,利用教育补贴、助学金等政策措施激励贫困家庭子女接受教育,降低由收入分配所导致的受教育水平差异。最后,实行以增加知识价值为导向的收入分配政策以提升高等教育激励,如完善技术工人激励政策、抑制房地产泡沫及对各类资产的过度投机性炒作等,促进机会公平和结果公平。

(二) 收入分配对中等收入阶段生产率提升的影响——经济转型

收入分配通过影响家庭的教育投资而影响国民受教育水平和人力资本结构,人力资本是经济转型和生产率提升的关键决定因素。

跨国比较研究表明:①高等教育入学率对高收入水平经济体的出口产品技术复杂度提升的作用更为显著,中等教育入学率对低收入水平经济体的出口产品技术复杂度提升的作用更为明显。②不同形式的人力资本对出口产品技术复杂度的作用呈现阶段化的特征,并阶段性符合新增长理论边际产出递增的假定。③人力资本至少部分通过影响国内产业结构升级和国际贸易分工演变而作用于出口产品技术复杂度的提升。这种传导机制在中等收入水平经济体更为明显。

中国数据分析发现:①非技术工人的工资相对于技术工人的工资上涨是促进出口产品技术升级的重要引擎。②顺应非技术工人工资相对技术工人工资差距缩小的趋势,增加企业的成本压力,是激发企业提高出口产品技术水平的内在驱动力。

当前,中国经济增长的驱动力正由物质资本向人力资本转变,成功跨越比较优势陷阱需要特别重视人力资本积累在经济转型中的关键作用。随着刘易斯转折点的到来,以非技术工人与技术工人的工资差距缩小为特征的收入分配演变是中国劳动力供求变化的必然趋势。在 R&D 投入对中国出口产品技术升级作用式微的条件下,适应劳动力成本提高的动态比较优势变化,有助于中国出口产品技术升级和经济增长方式改变。

(三) 收入分配对中等收入阶段生产率提升的影响——需求升级

收入分配影响本土市场对高质量和低质量产品的相对需求规模，而本土市场规模是促进出口产品质量升级的关键因素。

跨国比较研究表明：①对于出口产品质量水平较高的经济体，收入差距的缩小有助于提高出口产品质量水平；对于出口产品质量水平较低的经济体，收入差距的扩大倾向于提升出口产品质量水平。②对发达经济体而言，控制收入差距，培育强大的中产阶级更为重要；对于发展中经济体而言，适当的收入差距有利于激励产品质量升级。

金砖五国的研究显示：①人均收入水平的提高促进了国内需求结构升级，庞大的人口规模所形成的规模经济提高了创新的成功概率，为出口产品结构优化提供了有力的需求保障，而收入差距的扩大起到了不利的影响。②由于过分依赖外部市场会让金砖国家陷入比较优势陷阱，而增加R&D投入强度也会出现边际报酬递减，因此，充分发挥本土市场优势来实现规模经济，从而培育与提升出口产品竞争优势，是金砖国家外贸可持续发展的必然选择。

当前中国正处在20世纪90年代拉美国家跌入"中等收入陷阱"时相似的发展阶段，适度降低贫富差距比提高收入水平具有更为关键的意义。通过创造公平的竞争环境，扩大就业规模，降低财富的代际转移，保障改善民生等政策降低贫富差距，让本土消费者的需求升级成为出口产品质量提升的驱动力，有助于充分发挥国内"市场优势"，调整并优化贸易结构，从而实现内需与外需的交互促进，进而实现国民福利改善和贸易结构优化。

(四) 收入分配对中等收入阶段生产率提升的影响——技术进步

收入分配通过供给和需求两种渠道，经微观层面的家庭效用最大化决策影响企业利润最大化的技术选择，作用于宏观层面的本国产业升级和出口技术提升，从而对技术进步产生影响。

金砖五国的研究显示：①收入差距与全要素生产率和前沿技术进步之间呈显著的倒"U"形关系，因此，激励技术创新存在一个收入适度差距问题。②当前金砖国家中南非、巴西用基尼系数所衡量的收入差距已经超过倒"U"形曲线顶点的临界值，采取切实有效的措施减小收入差距，促进国内需求和激励技术创新是保持经济持续增长的关键。

中国数据分析发现：①降低基尼系数对东部地区 TFP、TC、EC 的提高都有积极的影响，对中西部地区 EC 的提高也有积极的作用。②缩小收入差距不仅从需求的角度促进生产率提升，而且从供给的角度对提高 R&D 投入的产出效率起到了相辅相成的作用。

不同于发达国家的经济增长主要源于全要素生产率增长的特征，中国东中西部大部分省市近年来的经济增长主要来源于要素的驱动，如何提高全要素生产率，实现经济增长从"量"的扩张向"质"的飞跃成了当前的焦点问题。采取切实有效的措施降低贫富差距，建立收入分配演进与需求驱动型技术创新的良好机制，对成功实现经济转型和可持续发展具有举足轻重的意义。

三、政策建议

当今世界面临百年未有之大变局，中国发展仍处于重要战略机遇期。尽管收入分配对生产率提升的影响渠道纷繁复杂，收入差距的扩大也并不必然抑制生产率提升，但是在当前基尼系数已超过 0.4 的国际警戒水平上，收入分配问题很大程度上成为了经济可持续发展的"绊脚石"。因此，采取切实有效的措施降低贫富差距，成为亟待解决的问题。有鉴于此，我们进一步探讨了中国居民收入再分配意愿和个人所得税对收入差距的影响，为政府制定更有针对性的再分配政策和构建合理的分配制度提供了理论支持。

本书指出收入不均对经济增长存在双向影响，强调"适度收入差距"对中等收入阶段生产率提升的关键作用；本书主张利用中等收入阶段收入分配改革的契机，通过逆转传统比较优势，实行"有限赶超"战略；本书提出中等收入阶段促进生产率提升的收入分配政策措施要充分考虑经济发展的阶段性、结构性特征；本书表达了适当的收入分配演进路径可以推动内需与外需的交互促进，实现增长方式转变和人民福利改善的良性互动的美好愿景。本书为政府制定更有针对性的再分配政策和构建合理的分配制度提供理论支持，对经济社会发展具有现实意义。

参考文献

［1］鲍晓华，金毓. 出口质量与生产率进步：收入分配的影响力［J］. 财经研究，2013（8）：64-74.

［2］才国伟，刘剑雄. 收入风险、融资约束与人力资本积累——公共教育投资的作用［J］. 经济研究，2014（7）：67-80.

［3］蔡秀云，周晓君. 我国个人所得税调节收入分配效应研析［J］. 税务研究，2014（7）：32-36.

［4］钞小静，沈坤荣. 城乡收入差距、劳动力质量与中国经济增长［J］. 经济研究，2014（6）：30-43.

［5］陈昌兵. 收入分配影响经济增长的内在机制［J］. 当代经济科学，2008（6）：15-21.

［6］陈建东，许云芳，吴茵茵，姚涛. 个人所得税税率及级次设定探究——基于收入分布函数的视角［J］. 税务研究，2014（3）：34-40.

［7］陈晓华，刘慧. 产品持续出口能促进出口技术复杂度持续升级吗［J］. 财经研究，2015（1）：74-86.

［8］陈永伟，顾佳峰，史宇鹏. 住房财富、信贷约束与城镇家庭教育开支——来自 CFPS2010 数据的证据［J］. 经济研究，2014（增1）：89-101.

［9］程锐，马莉莉. 人力资本结构高级化与出口产品质量升级——基于跨国面板数据的实证分析［J］. 国际经贸探索，2019，35（4）：42-59.

［10］崔杜勇. 再分配制度与居民收入差距［D］. 湘潭大学，2012.

［11］代谦，别朝霞. 人力资本、动态比较优势与发展中国家产业结构升级［J］. 世界经济，2006（11）：70-86.

［12］戴翔. 中国服务贸易出口技术复杂度变迁及国际比较［J］. 中国软科学，2012（2）：52-59.

［13］董志强. 我们为何偏好公平：一个演化视角的解释［J］. 经济研究，2011（8）：65-77.

[14] 范红忠. 有效需求规模假说、研发投入与国家自主创新能力 [J]. 经济研究, 2007（3）: 33-44.

[15] 高亚军. 我国个人所得税调节居民收入分配的有效性研究 [J]. 税务研究, 2015（3）: 72-78.

[16] 高越, 李荣林. 国际市场竞争与中国出口产品质量的提高 [J]. 产业经济研究, 2015（3）: 11-20.

[17] 古建芹, 张丽微. 税率调整: 强化我国个人所得税收入分配调节效应的选择 [J]. 国际税收, 2011（2）: 14-18.

[18] 郭克莎. 我国工业结构变动在加入 WTO 后面临的综合性影响 [J]. 中国工业经济, 2003（6）: 12-20.

[19] 郭其友, 王春雷. 跨越"里昂惕夫之谜": 古典贸易分工理论的适用性解释 [J]. 当代经济研究, 2011（5）: 19-23.

[20] 胡联合, 胡鞍钢. 贫富差距是如何影响社会稳定的? [J]. 江西社会科学, 2007（9）: 142-151.

[21] 怀默霆. 中国民众如何看待当前的社会不平等 [J]. 社会学研究, 2009（1）: 96-120.

[22] 黄乾. 国际贸易、外国直接投资与制造业高技能劳动力需求 [J]. 世界经济研究, 2009（1）: 40-46.

[23] 姜百臣. 技术创新的市场需求导向——来自消费者选择偏好的问卷分析 [J]. 科学与管理, 2009（1）: 20-25.

[24] 鞠建东, 林毅夫, 王勇. 要素禀赋、专业化分工、贸易的理论与实证——与杨小凯、张永生商榷 [J]. 经济学（季刊）, 2004, 4（1）: 27-54.

[25] 孔翠英. 中国个人所得税逆向调节作用研究 [J]. 云南社会科学, 2017（1）: 74-78.

[26] 李怀建, 沈坤荣. 出口产品质量的影响因素分析——基于跨国面板数据的检验 [J]. 产业经济研究, 2015（6）: 62-72.

[27] 李慧中, 祁飞. 中国制造业产品出口的母市场效应: 基于 ISIC 面板数据的研究 [J]. 世界经济研究, 2012（3）: 41-45.

[28] 李景睿. 收入分差距、本土市场需求与出口产品质量升级——基于跨国数据的传导机制比较与优化方向选择 [J]. 产业经济研究, 2017（1）: 14-24.

[29] 李坤望, 蒋为, 宋立刚. 中国出口产品品质变动之谜: 基于市场进入的微观解释 [J]. 中国社会科学, 2014（3）: 80-103.

［30］李青. 我国个人所得税对收入分配的影响：不同来源数据与角度的考察［J］. 财贸经济, 2012（5）：37-44.

［31］李清彬. 再分配倾向的决定：对既有文献的考察［J］. 经济评论, 2011（5）：119-129.

［32］李清彬. 中国居民收入再分配的倾向决定、政策形成和效应测算［D］. 南开大学博士学位论文, 2012.

［33］李世刚, 李晓萍, 江飞涛. 收入分配与产品质量前沿［J］. 中国工业经济, 2018（1）：24-40.

［34］李小彤. 缩小收入差距应一、二次分配并重——专家谈深化收入分配制度改革［J］. 劳动保障世界, 2015（12）：9.

［35］李延辉, 王碧珍. 个人所得税调节城镇居民收入分配的实证研究［J］. 国际税收, 2009（1）：38-42.

［36］刘冰. 技术创新的消费推动论［J］. 科学管理研究, 2007, 25（1）：9-12.

［37］刘嘉伟, 邵军, 施震凯. 收入不平等是否影响了出口贸易技术复杂度？［J］. 世界经济与政治论坛, 2018（6）：124-138.

［38］刘伟丽, 陈勇. 中国制造业的产业质量阶梯研究［J］. 中国工业经济, 2012（11）：58-70.

［39］刘伟丽, 袁畅, 曾冬林. 中国制造业出口质量升级的多维研究［J］. 世界经济研究, 2015（2）：69-77.

［40］刘小川, 汪冲. 个人所得税功能的实证分析［J］. 税务研究, 2008（1）：42-46.

［41］刘小玄, 吴延兵. 企业生产率增长及来源：创新还是需求拉动［J］. 经济研究, 2009（7）：45-54.

［42］刘煜. 浅析我国收入分配不公现状［J］. 经贸实践, 2018（5）：136.

［43］刘元春. 责任与担当：当代中国佛教信仰价值取向之讨论［J］. 法音, 2014（12）：54-58.

［44］陆铭, 陈钊, 万广华. 因患寡, 而患不均——中国的收入差距、投资、教育和增长的相互影响［J］. 经济研究, 2005（12）：4-14.

［45］陆万军. 收入分配对经济增长的影响机理与传导机制［J］. 经济学家, 2012（5）：36-43.

［46］马明德, 陈福平. 什么决定了居民对再分配的需求［J］. 南方经济, 2010, 28（7）：15-27.

[47] 潘春阳,何立新.独善其身还是兼济天下?——中国居民再分配偏好的实证研究[J].经济评论,2011(5):20-29.

[48] 庞淑芬.中国个人所得税的收入分配效应分析——基于北京市2008~2014年城镇居民的数据[J].云南社会科学,2016(6):57-62.

[49] 汝信,陆学艺等.中国社会形势分析与预测[M].北京:社会科学文献出版社,2011.

[50] 祁飞,李慧中.扩大内需与中国制造业出口结构优化:基于"母市场效应"理论的研究[J].国际贸易问题,2012(10):3-16.

[51] 钱学锋,黄云湖.中国制造业本地市场效应再估计:基于多国模型框架的分析[J].世界经济,2013(6):59-78.

[52] 钱雪亚,刘杰.中国人力资本水平实证研究[J].统计研究,2004(3):39-45.

[53] 钱雪亚,缪仁余.人力资本、要素价格与配置效率[J].统计研究,2014,31(8):3-10.

[54] 邱斌,叶龙凤,孙少勤.参与全球生产网络对我国制造业价值链提升影响的实证研究——基于出口复杂度的分析[J].中国工业经济,2012(1):57-67.

[55] 沈凌,田国强.贫富差别、城市化与经济增长——一个基于需求因素的经济学分析[J].经济研究,2009(1):17-29.

[56] 施炳展.中国出口产品的国际分工地位研究——基于产品内分工的视角[J].世界经济研究,2010(1):56-62.

[57] 石子印.我国个人所得税:如何调节收入分配[J].经济理论与经济管理,2013(2):59-65.

[58] 谭定军.个人所得税征收对我国城乡收入分配的调节作用研究[D].重庆师范大学硕士学位论文,2012.

[59] 田卫民.省域居民收入基尼系数测算及其变动趋势分析[J].经济科学,2012(2):48-59.

[60] 铁瑛,何欢浪.城市劳动供给与出口产品质量升级——"成本效应"抑或"技能效应"[J].国际贸易问题,2019(9):26-39

[61] 孙韩钧.我国产业结构高度的影响因素和变化探析[J].人口与经济,2012(3):39-44.

[62] 万莹.个人所得税对收入分配的影响:由税收累进性和平均税率观察[J].改革,2011(3):53-59.

[63] 王俊, 刘东. 中国居民收入差距与需求推动下的技术创新 [J]. 中国人口科学, 2009 (5): 58-67.

[64] 汪良军, 童波. 收入不平等、公平偏好与再分配的实验研究 [J]. 管理世界, 2017 (6): 63-81

[65] 王亚芬, 肖晓飞, 高铁梅. 我国收入分配差距及个人所得税调节作用的实证分析 [J]. 财贸经济, 2007 (4): 18-23.

[66] 王永进, 盛丹. 基础设施如何提升了出口技术复杂度 [J]. 经济研究, 2010 (7): 103-115.

[67] 王永兴. 转型期俄罗斯收入分配演进研究 [J]. 俄罗斯中亚东欧研究, 2006 (2): 15-21.

[68] 徐建伟, 马光荣, 李实. 个人所得税改善中国收入分配了吗——基于对1997~2011年微观数据的动态评估 [J]. 中国社会科学, 2013 (6): 5, 53-71.

[69] 颜鹏飞, 王兵. 技术效率、技术进步与生产率增长：基于DEA的实证分析 [J]. 经济研究, 2004 (12): 55-65.

[70] 阳立高, 龚世豪, 王铂, 晁自胜. 人力资本、技术进步与制造业升级 [J]. 中国软科学, 2018 (1): 138-148.

[71] 杨娟, 赖德胜, 邱牧远. 如何通过教育缓解收入不平等？[J]. 经济研究, 2015 (9): 86-99.

[72] 杨永梅. 我国个人所得税收入再分配效应的实证分析 [D]. 山东大学, 2013.

[73] 尹恒, 龚六堂, 邹恒甫. 收入分配不平等与经济增长：回到库兹涅茨假说经济研究 [J]. 经济研究, 2005 (4): 17-22.

[74] 易先忠, 晏维龙, 李陈华. 国内大市场与本土企业出口竞争力——来自电子消费品行业的新发现及其解释 [J]. 财经研究, 2016 (4): 86-100.

[75] 尹音频, 杨晓妹. 劳动力市场中的财政政策效应——基于中国经验数据的实证分析 [J]. 财经科学, 2015 (7): 60-69.

[76] 喻美辞, 熊启泉. 中间产品进口、技术溢出与中国制造业的工资不平等 [J]. 经济学动态, 2012 (3): 55-62.

[77] 袁方, 史清华. 不平等之再检验：可行能力和收入不平等与农民工福利 [J]. 管理世界, 2013 (10): 49-61.

[78] 岳书敬. 我国省级区域人力资本的综合评价与动态分析 [J]. 现代管

理科学, 2008 (4): 36-37.

[79] 岳希明, 徐静. 我国个人所得税的居民收入分配效应 [J]. 经济学动态, 2012 (6): 16-25.

[80] 曾国安, 李少伟, 胡晶晶. 关于国民收入再分配公平问题的几个问题 [J]. 福建论坛 (人文社会科学版), 2008 (12): 4-10.

[81] 张帆, 潘佐红. 本土市场效应及其对中国省间生产和贸易的影响 [J]. 经济学 (季刊), 2006, 5 (2): 307-328.

[82] 张帆. 中国的物质资本和人力资本估算 [J]. 经济研究, 2000 (8): 65-71.

[83] 张国强, 温军, 汤向俊. 中国人力资本、人力资本结构与产业结构升级 [J]. 中国人口·资源与环境, 2011, 21 (10): 138-146.

[84] 张国胜. 本土市场规模与产业升级: 一个理论构建式研究 [J]. 产业经济研究, 2011 (4): 26-34.

[85] 张杰, 郑文平, 翟福昕. 中国出口产品质量得到提升了么? [J]. 经济研究, 2014 (10): 46-59.

[86] 张军, 吴桂英, 张吉鹏. 中国省际物质资本存量估算: 1952-2000 [J]. 经济研究, 2004 (10): 35-44.

[87] 张鹏辉, 李若兰. 中国制造业出口贸易的本土市场效应研究 [J]. 财贸研究, 2013 (5): 86-93.

[88] 赵锦春, 谢建国. 收入分配不平等、有效需求与创新研发投入——基于中国省际面板数据的实证分析 [J]. 山西财经大学学报, 2013, 35 (11): 1-12.

[89] 赵锦春, 谢建国. 收入分配与进口需求——基于我国省际面板数据的门限回归分析 [J]. 国际贸易问题, 2013 (8): 13-24.

[90] 赵奇, 伟杨秋, 严兵. 市场分割、市场规模与中国制造业出口竞争力——对本土市场效应的再考察 [J]. 国际经济合作, 2016 (4): 67-73.

[91] 赵阳阳, 王琴梅. 个人所得税调节收入分配差距效果的实证研究——基于中国31个省 (直辖市、自治区) 的比较分析 [J]. 哈尔滨商业大学学报 (社会科学版), 2013 (5): 80-90.

[92] 钟利敏. 淌在血液里的再分配倾向 [J]. 当代外语研究, 2009 (10): 39-43.

[93] 周茂, 李雨浓, 姚星, 陆毅. 人力资本扩张与中国城市制造业出口升级: 来自高校扩招的证据 [J]. 管理世界, 2019, 35 (5): 64-77, 198-199.

[94] 周少甫, 王伟, 董登新. 人力资本与产业结构转化对经济增长的效应

分析——来自中国省级面板数据的经验证据 [J]. 数量经济技术经济研究, 2013, 30 (8): 65-77, 123.

[95] 周肖肖, 杨春玲. 个人所得税对浙江省城镇居民收入分配的影响 [J]. 经济论坛, 2008 (17): 19-22.

[96] 朱平方, 徐大丰. 中国城市人力资本的估算 [J]. 经济研究, 2007 (9): 84-95.

[97] Acemoglu D. and Pischke J. S. Changes in the Wage Structure, Family Income, and Children's Education [J]. European Economic Review, 2001 (45): 890-904.

[98] Acemoglu D. Technical Change, Inequality, and the Labor Market [J]. Journal of Economic Literature, 2002, 40 (1): 7-72.

[99] Aghion P., Bloom N., Blundell R., Griffith R. and Howitt P. Competition and Innovation: An Inverted-U Relationship [J]. The Quarterly Journal of Economics, 2005, 120 (2): 701-728.

[100] Aghion P., Howitt P. A Model of Growth through Creative Destruction [J]. Econometrical, 1992, 60 (2): 323-351.

[101] Alesina A. F., Giuliano P. Preferences for Redistribution [J]. Social Science Electronic Publishing, 2009, 1 (4056): 93-131.

[102] Alesina Alberto and Eliana La Ferrara. Preferences for Redistribution in the Land of Opportunities [J]. Journal of Public Economics, 2005, 89 (5-6): 897-931.

[103] Alesina Alberto and G. M. Angeletos. Fairness and Redistribution: US versus Europe [J]. Social Science Electronic Publishing, 2003, 95 (4): 960-980.

[104] Alesina Alberto and Paola Giuliano. Preferences for Redistribution [J]. Social Science Electronic Publishing, 2009, 1 (4056): 93-131.

[105] Amiti M. and Khandelwal A. Import Competition and Quality Upgrading [J]. Review of Economics and Statistics, 2013, 95 (2): 476-490.

[106] Ang J. B., Madsen J. B., Rabiul Islam M. The Effects of Human Capital Compositionon Technological Convergence [J]. Journal of Macroeconomics, 2011, 33 (3): 465-476.

[107] Aoki M., Yoshikawa H. Demand Saturation-creation and Economic Growth [J]. Journal of Economic Behavior & Organization, 2002, 48 (2): 127-154.

[108] Azariadis C., Drazen A. Threshold Externalities in Economic Development

[J]. Quarterly Journal of Economics, 1990 (105): 501-526.

[109] Banerjee Abhijit V. and Duflo Esther. Inequality and Growth: What can the Data Say? [J]. Journal of Economic Growth, 2003, 8 (3): 267-299.

[110] Barro R. Human Capital and Growth [J]. American Economic Review 2001, 91 (2): 12-17.

[111] Baum C. F., Schaffer M. E. and Stillman S. Instrumental Variables and GMM: Estimation and Testing [J]. Stata Journal, 2003, 3 (1): 1-31.

[112] Becker G. S. Human Capital, 2nd ed. [M]. Columbia: Columbia University Press, New York, 1975.

[113] Behrens K et al. Beyond the Home Market Effect: Market Size and Specialization in a Multi-country World [J]. Journal of International Economics, 2009, 79 (2): 259 -265.

[114] Belley P., Lochner L. The Changing Role of Family Income and Ability in Determining Educational Achievement [J]. Journal of Human Capital, 2007, 1 (1): 37-89.

[115] Benabou R. Equity and Efficiency in Human Capital Investment: The Local Connection [J]. Review of Economic Studies, 1996 (63): 237-264.

[116] Benabou R., Ok E. A. Social Mobility and the Demand for Redistribution: The Poum Hypothesis [J]. Quarterly Journal of Economics, 2001, 116 (2): 447-487.

[117] Benabou R. Unequal Societies: Income Distribution and the Social Contract [J]. American Economic Review, 2000, 90 (1): 96-129.

[118] Benassi C., A. Chirco and C. Colombo. Vertical Differentiation and the Distribution of Income [J]. Bulletin of Economic Research, 2006, 58 (4): 345-367.

[119] Berman E., Bound J. and Griliches Z. Changes in the Demand for Skilled Labor within US Manufacturing: Evidence from the Annual Survey of Manufactures [J]. Quarterly Journal of Economics, 1994, 109 (2): 367-397.

[120] Berman E., Bound J. and Machin S. Implications of Skill-biased Technological Change: International Evidence [J]. Quarterly Journal of Economics, 1998, 113 (4): 1245-1279.

[121] Birdsall N. The Indispensable Middle Class in Developing Countries [R]. In R. Kanbur and M. Spence (eds.) Equity and Growth in a Globalizing World. Washington, DC: The World Bank on behalf of The Commission on Growth

and Development, 2010: 158.

[122] Bodman P., Le T. Assessing the Roles that Absorptive Capacity and Economicdistance Play in the Foreign Direct Investment-productivity Growth Nexus [J]. Apply Economics, 2013, 45 (8): 1027-1039.

[123] Bogetic Z., Hassan F. Personal Income Tax Reform and Revenue Potential in Transition [J]. Public Economics, 2005, 1 (1): 24-36.

[124] Bound J. and Johnson G. Changes in the Structure of Wages in the 1980's: An Evaluation of Alternative Explanations [J]. American Economic Review, 1992, 82 (3): 371-392.

[125] Caballero R. J., Jaffe A. B. How High are the Giants' Shoulders: An Empirical Assessment of Knowledge Spillovers and Creative Destruction in a Model of Economic Growth [M]. Cambridge MIT Press, 1993: 15-74.

[126] Caminada K. and Goudswaard K. International Trends in Income Inequality and Social Policy [J]. International Tax & Public Finance, 2001, 8 (4): 395-415.

[127] Caron J., Fally T., Markusen J. International Trade Puzzles: A Solution Linking Production and Preferences [J]. Quarterly Journal of Economics, 2014, 129 (3): 1501-1552.

[128] Charnes A., Cooper W. W. & Rhodes, E. Measuringthe Efficiency of DecisionMaking Units [J]. European Journal of Operations Research, 1978, 2 (6): 429-444.

[129] Che Y. and Zhang L. Human Capital, Technology Adoption and Firm Performance: Impacts of China's Higher Education Expansion in the Late 1990s [J]. The Economic Journal, 2018, 128 (614): 2282-2320.

[130] Chen, Been-Lon. An Inverted-U Relationship between Inequality and Long-run Growth [J]. Economics Letters, 2003 (78): 205-212.

[131] Chi W., Qian X.. Human Capital Investment in Children: An Empirical Study of Household Child Education Expenditure in China, 2007 and 2011 [J]. China Economic Review, 2016 (37): 52-65.

[132] Ciccone A., Papaioannou E. Human Capital, the Structure of Production And Growth [J]. Review of Economic Statistics, 2009, 91 (1): 66-82.

[133] Corneo Gand Grüner H. P. Individual Preferences for Political Redistribution [J]. Journal of Public Economics, 2002, 83 (1): 83-107.

[134] Corneo G. and P. H. Gruner, Social Limits to Redistribution [J]. Ameri-

can Economic Review, 2000, 90 (5): 1491-1507.

[135] Creedy J., Enright J., Gemmell N., et al. Income Redistribution and Direct Taxes and Transfers in New Zealand [J]. Australian Economic Review, 2010, 43 (1): 39-51.

[136] Crozet M., Head K. and Mayer, T. Quality Sorting and Trade: Firm-level Evidence for French Wine [J]. The Review of Economic Studies, 2012, 79 (2): 609-644.

[137] Crozet M., Trionfetti F. Trade Costs and the Home Market Effect [J]. Journal of International Economics, 2008, 76 (2): 309 -321.

[138] Danquah M., Amankwah-Amoah J. Assessing the Relationships between Human Capital, Innovation and Technology Adoption: Evidence from sub-Saharan Africa [J]. Technological Forecasting & Social Change, 2017 (122): 24-33.

[139] Danquah M., Ouattara B. Productivity Growth, Human Capital and Distance to Frontier in Sub-Saharan Africa. J. Econ. Dev. 2014, 39 (4): 27.

[140] Daron A. Patterns of Skill Permian [J]. Review of Economic Studies, 2003, 70 (1): 199-230.

[141] David de la Croix, Matthias Doepke, Inequality and Growth: Why Differential Fertility Matters [J]. The American Economic Review, 2003, 93 (4): 1091-1113.

[142] Davis, Donald R., and Weinstein, David E. Market Access, Economic Geography and Comparative Advantage: An Empirical Test [J]. Journal of International Economics, 2003, 59 (1): 1-23.

[143] Denvil Duncan, Klara Sabirianova Peter. Tax Progressivity and Income Inequality [J]. Ssrn Electronic Journal, 2008 (6): 1-47.

[144] Dingel Jonathan I. The Determinants of Quality Specialization [R]. US Census Bureau Center for Economic Studies Paper, No. CES-WP-15-15, 2015.

[145] Durlauf S. N. A Theory of Persistent Income Inequality [J]. Journal of Economic Growth, 1996, 1 (1): 75-93.

[146] Ebaidalla E. M. Determinants of Household Education Expenditure in Sudan [R]. Economic Research Forum Working Paper Series, No. 1138, 2017.

[147] Fack G., Grenet J. Improving College Access and Success for Low-income Students: Evidence from a Large Need-based Grant Program [J]. American

Economic Journal: Applied Economics, 2015, 7 (2): 1-34.

[148] Fajgelbaum, Pablo D., Grossman, Gene M. and Helpman E. Income Distribution, Product Quality, and International Trade [J]. Journal of Political Economy, 2011, 119 (4): 721-765.

[149] Fajgelbaum P., Grossman G. M. and Helpman E. Income Distribution, Product Quality, and International Trade [J]. Journal of Political Economy, 2011, 119 (4): 721-765.

[150] Farrell Michael J. The Measurement of Productive Efficiency [J]. Journal of the Royal Statistical Society, 1957, 120 (3): 253-281.

[151] Feenstra Robert C. and Romalis J. International Prices and Endogenous Quality [J]. The Quarterly Journal of Economics, 2014, 129 (2): 477-527.

[152] Fernández R., Rogerson R. Income Distribution, Communities, and the Quality of Public Education [J]. Quarterly Journal of Economics, 1996, 111 (1): 135-164.

[153] Fieler A. C. Non-Homotheticity and Bilateral Trade: Evidence and a Quantitative Explanation [J]. Econometrical, 2011, 79 (4): 1069-1101.

[154] Fishman A., Simhon A. The Division of Labor [J]. Inequality and Growth. Journal of Economic Growth, 2002 (7): 117-136.

[155] Flach L. and Janeba E. Income Inequality and Export Prices Across Countries [R]. CESifo Working Paper Series, No. 4298., 2013.

[156] Flam H. and Helpman E. Vertical Product Differentiation and North-South Trade [J]. American Economic Review, 1987, 77 (5): 810-822.

[157] Foellmi R. and Zweimüller J. Income Distribution and Demand-induced Innovations [J]. Review of Economic Studies, 2006, 73 (4): 941-960.

[158] Fong C. Social Preferences, Self-interest, and the Demand for Redistribution [J]. Journal of Public Economics, 2001, 82 (2): 225-246.

[159] Fontagne L., Gaulier G. and Zignago S. Specialization across Varieties within Products and North-South Competition [J]. Economic Policy, 2008, 23 (53): 51-91.

[160] Forbes J. K. A Reassessment of the Relationship between Inequality and Growth [J]. American Economic Review, 2000, 90 (4): 869-887.

[161] Galor O. and Zeira J. Income Distribution and Macroeconomics [J]. Re-

view of Economic Studies, 1993, 60 (1): 35-52.

[162] Galor O. Inequality, Human Capital Formation and the Process of Development [J]. Handbook of The Economics of Education, 2011 (4): 441-493.

[163] Galor O. Moav O. From Physical to Human Capital Accumulation: Inequality and the Process of Development [J]. Review of Economic Studies, 2004, 71 (4): 1001-1026.

[164] Grossman G. M., Helpman E. Innovation and Growth in the Global Economy [M]. Cambridge: MIT Press, MA, 1991.

[165] Gürbüz A. A. Comparing Trajectories of Structural Change [J]. Cambridge Journal of Economics, 2011 (35): 1061-1085.

[166] Hallak, Juan Carlos and Schott, Peter K. Estimating Cross-Country Differences in Product Quality [J]. Quarterly Journal of Economics, 2011 (126): 417-474.

[167] Hallak J. C. A Product-quality View of the Linder Hypothesis [J]. Review of Economic Statistics, 2010, 92 (3): 453-466.

[168] Ham S., Mulligan C. Human Capital, Heterogeneity, and Estimated Degrees of Intergenerational Mobility [R]. NBER Working Paper, No. 7678, 2000.

[169] Hanushek E. A., Wößmann L. Schooling, Educational Achievement, and the Latin American Growth Puzzle [J]. Journal of Development Economics, 2012, 99 (2): 497-512.

[170] Hartwig J. Structural Change, Aggregate Demand and Employment Dynamicsin the OECD, 1970~2010 [J]. Structure Change of Economic Dynamics, 2015 (34): 36-45.

[171] Haskel J. E. and Slaughter M. J. Does the Sector Bias of Skill-biased Technical Change Explain Changing Wage Inequality? [R]. NBER Working Paper, No. 6565, 1998.

[172] Hausmann R., Hwang J. and Rodrik D. What You Export Matters [J]. Journal of Economic Growth, 2007, 12 (1): 1-25.

[173] Hirschman A. O., Rothschild M. The Changing Tolerance for Income Inequality in the Course of Economic Development with A Mathematical Appendix [J]. Quarterly Journal of Economics, 1973, 87 (4): 544-566.

[174] Holmes T J., Stevens J. J. Does Home Market Size Matter for the Pattern

of Trade? [J]. Journal of International Economics, 2005, 65 (2): 489-505.

[175] Horowitz A. W., Lai L. C. Patent Length and Rate of Innovation [J]. International Economic Review, 1996, 37 (4): 785-801.

[176] Hummels David and Klenow Peter J. The Variety and Quality of a Nation's Exports [J]. American Economic Review, 2005, 95 (3): 704-723.

[177] Inyong Shin. Income Inequality and Economic Growth [J]. Economic Modelling, 2012 (29): 2049-2057.

[178] Jarreau J., Poncet S. Export Sophistication and Economic Growth: Evidence from China [J]. Journal of Development Economics, 2012, 97 (2): 281-292.

[179] Jones C. I. R&D-based Models of Economic Growth [J]. Journal of Political Economy, 1995, 103 (4): 759-784.

[180] Kakwani N. C. Measurement of Tax Progressivity: An International Comparison [J]. The Economic Journal, 1977, 87 (345): 71-80.

[181] Keuning S. and Thorbecke E. The Impact of Budget Retrenchment on Income Distribution in Indonesia: A Social Accounting Matrix Application [R]. OECD Development Centre Working Papers, 1989.

[182] Khandelwal A. The Long and Short of Quality Ladders [J]. Review of Economic Studies, 2010 (77): 1450-1476.

[183] Krishna P. and Maloney W. F. Export Quality Dynamics [R]. Policy Research Working Paper, No. 5701, 2011.

[184] Krugman P. Scale Economies, Product Differentiation and the Pattern of Trade [J]. America Economic Review, 1980, 70 (5): 950-959.

[185] Krugman P. Technology, Trade and Factor Prices [J]. Journal of International Economics, 2000, 50 (1): 51-71.

[186] Lall S., Weiss J., Zhang J. The "sophistication" of Exports: A New Trade Measure [J]. World Development, 2006, 34 (2): 222-237.

[187] Latzer Hélène and Mayneris, Florian. Income Distribution and Vertical Comparative Advantage [EB/OL]. http://perso.uclouvain.be/helene.latzer/latzer_mayneris_jan2014.pdf., 2014.

[188] Li H., Li L., Wu B. and Xiong, Y. The End of Cheap Chinese Labor [J]. Journal of Economic Perspectives 2012, 26 (4): 57-74.

[189] Linder B. An Essay on Trade and Transformation [M]. Uppsala: Almqvst

and Wiksells, 1961.

[190] Linder Staffan B. An Essay on Trade and Transformation [M]. New York: Wiley, 1961.

[191] Liu Y. The Impact of Income Distribution on Structural Transformation: The Role of Extensive Margin [J]. Economic Modelling, 2017 (64): 357-364.

[192] Lochner L., Monge-Naranjo A. Credit Constraints in Education [J]. E-conomics, 2012, 4 (4): 225-256.

[193] Lovenheim M. F. The Effect of Liquid Housing Wealth on College Enrollment [J]. Journal of Labor Economics, 2011, 29 (4): 741-771.

[194] Lovenheim M. F. Reynolds C. L. The Effect of Housing Wealth on College Choice: Evidence from the Housing Boom [R]. NBER Working Paper No. 18075, 2012.

[195] Lucas R. On the Mechanics of Economic Development [J]. Journal of Monetary Economics 1988, 22 (1): 3-42.

[196] Matsuyama K. A Ricardian Model with a Continum of Goods under Non-homothetic Preferences: Demand Complementarities, Income Distribution, and North-South Trade [J]. The Journal of Political Economy, 2000, 108 (6): 1093-1120.

[197] Melitz M. J. and Redding S. Heterogeneous firms and trade [R]. NBER Working Paper No. 18652, 2012.

[198] Melitz M. J. The Impact of Trade on Intra-Industry Reallocations and Aggregate Industry Productivity [J]. Econometrica, 2003, 71 (6): 1695-1725.

[199] Meltzer, Allan H., and Scott F. Richard. A Rational Theory of the Size of Government [J]. Journal of Political Economy, 1981, 89 (5): 914-927.

[200] Mitra Devashish and Trindade Vitor. Inequality and Trade [J]. Canadian Journal of Economics, 2005, 38 (4): 1253-1271.

[201] Molnár G., Kapitány Z. Mobility, Uncertainty and Subjective Well-being in Hungary [R]. Iehas Discussion Papers, 2006.

[202] Mora C. The Role of Comparative Advantage in Trade within Industries: A Panel Data Approach for the European Union [J]. Review of World Economics, 2002, 138 (2): 291-316.

[203] Murphy K. M., Shleifer A. and Vishny R. Income Distribution, Market Size, and Industrialization [J]. Quarterly Journal of Economics, 1989 (104): 537-564.

[204] Murphy K. M. and Shleifer A. Quality and trade [J]. Journal of Develop-

ment Economics, 1997 (53): 1-15.

[205] Noseleit F. Entrepreneurship, Structural Change, and Economic Growth [J]. Journal of Evolution Economics, 2013, 23 (4): 735-766.

[206] Ocampo J. A. Income Distribution, Poverty and Social Expenditure in Latin America [J]. Revista Cepal, 1998 (65): 7-14.

[207] Osharin A., Thisse J. F., Ushchev P., et al. Monopolistic Competition and Income Dispersion [J]. Economics Letters, 2014, 122 (2): 348-352.

[208] Papageorgiou C. Distinguishing Between the Effects of Primary and Post-primary Education on Economic Growth [J]. Review of Development Economics, 2003, 7 (4): 622-635.

[209] Piketty T. Social Mobility and Redistributive Politics [J]. Quarterly Journal of Economics, 1995, 110 (3): 551-584.

[210] Popov A. Credit Constraints and Investment in Human Capital: Training Evidence from Transition [J]. Journal of Financial Intermediation, 2014 (23): 76-100.

[211] Posner M. V. International Trade and Technical Change [J]. Oxford Economic Papers, 1961 (13): 323-341.

[212] Publishing Oecd. Reviews of National Policies for Education: Tertiary Education in Colombia 2012. [J]. OECD Publishing, 2013 (100): 320.

[213] Ramos R., Suriñach J., Artís M. Human Capital Spillovers, Productivity and Regional Convergence in Spain [J]. Paper of Region Science, 2010, 89 (2): 435-447.

[214] Ravallion Martin and Michael Lokshin. Who Wants to Redistribute? The Tunnel Effect in 1990s Russia [J]. Journal of Public Economics, 2000, 76 (1): 87-104.

[215] Bird R. M., Zolt E. M. The Limited Role of the Personal Income Tax in Developing Countries [J]. Journal of Asian Economics, 2005, 16 (6): 928-946.

[216] Rodrik D. What So Special about China's Exports [R]. NBER Working Paper, No. 11947, 2006.

[217] Romer P. M. Endogenous Technological Change [J]. Journal of Political Economy, 1990 (5): 71-102.

[218] Schott Peter K. Across-Product versus within-Product Specialization in International Trade [J]. Quarterly Journal of Economics, 2004, 119 (2): 647-678.

[219] Silva E. G., Teixeira A. A. C. Does Structure Influence Growth? A Panel

Data Econometric Assessment of "Relatively Less Developed" Countries, 1979-2003 [J]. Industry Corporation Change, 2011, 20 (2): 457-510.

[220] Solow R. M. A Contribution to the Theory of Economics Growth [J]. Quarterly Journal of Economics, 1956, 70 (1): 65-94.

[221] Song Y., Zhou G. Inequality of Opportunity and Household Education Expenditures: Evidence from Panel Data in China [J]. China Economic Review, 2019 (55): 85-98.

[222] Stokey N. The Volume and Composition of Trade between Rich and Poor Countries [J]. The Review of Economics Studies, 1991, 58 (1): 63-80.

[223] Storm S. and Naastepad C. W. M. Wage-led or Profit-led Supply: Wages, Productivity and Investment [R]. Paper written for the project New Perspectives on Wages and Economic Growth: the Potentials of Wage-led Growth, 2012.

[224] Teixeira A. A. C, Queirós A. S. S. Economic Growth, Human Capital and Structural Change: A Dynamicpanel Data Analysis [J]. Research Policy, 2016 (45): 1636-1648.

[225] Teixeira A. A. C., Fortuna, N. Human Capital, R&D, Trade, and Long-runproductivity Testing the Technological Absorption Hypothesis for the Portuguese economy, 1960-2001 [J]. Research Policy, 2011, 39 (3): 335-350.

[226] Todd P. E., Kenneth I. Wolpin. The Production of Cognitive Achievement in Children: Home, School, and Racial Test Score Gaps [J]. Journal of Human Capital, 2007, 1 (1): 91-136.

[227] Vandenbussche J., Aghion P., Meghir C. Growth, Distance to Frontier and Compositionof Human Capital [J]. Journal of Economic Growth, 2006, 11 (2): 97-127.

[228] Verhoogen Eric A. Trade, Quality Upgrading, and Wage Inequality in the Mexican Manufacturing Sector [J]. The Quarterly Journal of Economics, 2008, 123 (2): 489-530.

[229] Vernon R. International Investment and International Trade in the Product Cycle [J]. The Quarterly Journal of Economics, 1966, 80 (2): 190-207.

[230] Vona F. and Patriarca F. Income Inequality and the Development of Environmental Technologies [J]. Ecological Economics, 2011 (70): 2201-2213.

[231] Wang X. et al. College Education and the Poor in China: Documenting

the Hurdles to Educational Attainment and College Matriculation [J]. Asia Pacific Education Review, 2011, 12 (4): 533-546.

[232] Wang Z., Wei S. What Accounts for the Rising Sophistication of China's Exports? [R]. NBER Working Paper, No. 13771, 2008.

[233] World Bank. Higher Education in Latin America: The International Dimension [R]. Washington, D. C., 2005: 625-630.

[234] Xu B., Li W. Trade, Technology, and China's Rising Skill Demand [J]. Economics of Transition, 2008, 16 (1): 59-84.

[235] Xu B., Lu J. Foreign Direct Investment, Processing Trade, and the Sophistication of China's Export [J]. China Economic Review, 2009, 20 (3): 425-439.

[236] Yang D. T., Chen V. and Monarch R. Rising Wages: Has China Lost Its Global Labor Advantage? [J]. Pacific Economic Review, 2010, 15 (4): 482-504.

[237] Young Allyn. Learning by Doing and the Dynamic Effects of International Trade [J]. Quarterly Journal of Economics, 1991, 106 (2): 369-405.

[238] Yurko A. How Does Income Inequality Affect Market Outcomes in Vertically Differentiated Markets [J]. International Journal of Industrial Organization, 2011, 29 (4): 493-503.

[239] Zhang Kevin H. FDI, Export Sophistications, and Export Upgrading in Emerging Economies: Evidence from Chinese Manufacturing [J]. International Economics, 2017, 70 (2): 245-260.

[240] Zweimuller J. Schumpeterian Entrepreneurs Meet Engel's Law: The Impact of Inequality on Innovation-Driven Growth [J]. Journal of Economic Growth, 2000 (5): 185-206.